太原统计年鉴

TAIYUAN STATISTICAL YEARBOOK2023

国家统计局太原调查队
太原市统计局 编

2023

中国统计出版社
China Statistics Press

图书在版编目（CIP）数据

太原统计年鉴 . 2023 = Taiyuan Statistical Yearbook 2023 / 太原市统计局，国家统计局太原调查队编 . -- 北京：中国统计出版社，2023.10
ISBN 978-7-5230-0233-9

Ⅰ . ①太… Ⅱ . ①太… ②国… Ⅲ . ①统计资料 – 太原 – 2023 – 年鉴 Ⅳ . ① C832.251-54

中国国家版本馆 CIP 数据核字 (2023) 第 175004 号

太原统计年鉴 2023

作　　者 / 太原市统计局　国家统计局太原调查队
责任编辑 / 罗　浩
执行编辑 / 宋怡璇
装帧设计 / 任志鹏
出版发行 / 中国统计出版社有限公司
地　　址 / 北京市丰台区西三环南路甲 6 号
邮政编码 / 100073
发行电话 / 邮购（010）63376909　书店（010）68783171
网　　址 / http://www.zgtjcbs.com
印　　刷 / 山西力新印刷科技开发有限公司
经　　销 / 新华书店
开　　本 / 880mm × 1230mm　1/16
字　　数 / 357 千字
印　　张 / 24
版　　别 / 2023 年 10 月第 1 版
版　　次 / 2023 年 10 月第 1 次印刷
定　　价 / 400.00 元

太原统计年鉴 2023

编委会和编辑工作人员

编 者 说 明

一、《太原统计年鉴 2023》收录了 2022 年全市和各县（市、区）经济、社会各方面的统计数据，是一部统计信息密集、综合性强、全面反映太原市国民经济和社会发展情况的资料性年刊。

二、全书内容共分十三个篇章，即：第一篇综合；第二篇人口、计划生育和社会治安；第三篇从业人员和劳动报酬；第四篇固定资产投资、建筑业；第五篇能源消费与库存；第六篇住户调查；第七篇农业；第八篇工业；第九交通运输和邮电；第十篇国内外贸易和旅游；第十一篇财政、金融、税务和物价；第十二篇科教、文卫、体育和民政；第十三篇县（市、区）经济概况。

三、本年鉴总量指标计算所采用的价格，除注明外均为当年价格。

四、本年鉴资料主要来自年度统计报表、抽样调查和业务部门统计年报。

五、本年鉴表中符号使用说明：

“空格”表示该项统计数据不详、不足计量单位或无。

“#”表示其中其中项。

六、读者在使用历史资料时，凡与本年鉴有出入的，均以本年鉴为准。

七、本年鉴中部分数据合计数由于单位取舍不同而产生的计算误差，均未作机械调整。

八、本年鉴出版发行，受到社会各界的关心和支持，对此深表谢意，并欢迎提出宝贵意见。

目 录

第四篇　固定资产投资、建筑业

第五篇　能源消费与库存

第六篇 住户调查

第七篇 农业

第八篇 工业

第九篇　交通运输和邮电

第十篇　国内外贸易和旅游

第十一篇 财政、金融、税务和物价

第十二篇 科教、文卫、体育和民政

第十三篇　县（市、区）

太原市情介绍

太原概况：太原市是山西省省会，是山西省的政治、经济、文化、教育、科技、交通和信息中心，在全国对外开放和经济发展布局中，具有承东启西、连接南北的双向支撑作用。太原有2500多年的建城史，是国家历史文化名城。

地形地貌：太原位于山西省境中央，太原盆地的北端，位于华北地区黄河流域中部，黄河的第二大支流——汾河，自北向南横贯太原市全境，流经境内约100公里。西、北、东三面环山，中、南部为汾河河谷平原，全市整个地形北高南低呈簸箕形。境内地貌形态复杂多样，山地、丘陵、平原、盆地、谷地均有分布。境内地势起伏较大，高低悬殊，位于境西北娄烦县的赫赫岩山，海拔2708米，为全市最高峰；最低处位于境内南部清徐县西青堆的汾河漫滩，海拔760米，高差1948米。

面积人口：太原国土面积6909.05平方公里，占全省的4.5%。据2022年人口抽样调查，年末全市常住人口543.50万人。现辖小店、迎泽、杏花岭、尖草坪、万柏林、晋源六城区，清徐县、阳曲县、娄烦县、古交市3县1市和山西转型综改示范区、中北高新技术产业开发区、清徐经济技术开发区、阳曲现代农业产业示范区、西山生态文化旅游开发区5个开发区。

自然气候：太原由于其地形复杂多样，海拔高度差异较大，形成了四季分明的北温带大陆性季风气候。冬季，受西伯利亚冷空气的控制，夏季受东南海洋湿热气团影响。随着季节的推移，两大气团在太原上空交互进退，此消彼长，发生着规律性的周期更替，形成了冬季干冷漫长，夏季湿热多雨，春季升温急剧，秋季降温迅速，春秋两季短暂多风，干湿季节分明的特点。2022年平均气温为10.5℃，一月平均 –4.1℃，七月平均23.3℃。

自然资源：太原矿产资源、物产丰富，已探明具有工业开采价值的矿石有20多种。金属矿产主要有铁矿、铝土矿、锰铁矿、铜矿、铅锌矿等；非金属矿产有煤、石膏、硫磺、硝石、耐火黏土、明矾、白云石、石灰石、云母、石英、大理石等。特别是煤炭、铁矿、石膏，被称为太原三大矿产。

市境中部、南部的平原和丘陵区为主要农耕区，以种植玉米、谷子、高粱、蔬菜为主；果类品种繁多，品质优良，主要有葡萄、苹果、梨、桃、杏、枣、核桃等。西部和北部山区，以产莜麦、荞麦、豆类、马铃薯及油料植物胡麻、向日葵为主。其中，清徐葡萄栽培历史悠久，为中国四大产地之一；晋祠大米，质量上乘，久负盛名；老陈醋独成系列，历史悠久，闻名于世。

境内野生植物资源种类繁多，适宜白皮松、落叶松、油松、侧柏的生长；党参、黄芪、麻黄、黄连、地黄等较贵重中药材遍布；沙棘、山梨、山桃等野生水果资源也非常丰富。野生动物资源数量、种类可观。

历史人物：太原简称“并”，古称晋阳。太原是国家历史文化名城，自古就有“锦绣太原城”之美誉，始建于公元前497年的春秋时期，具有2500多年建城史。悠久的历史孕育出太原深邃璀璨的晋阳文化，产生过李世民、武则天、狄仁杰等杰出的政治家和王之涣、元好问、罗贯中等伟大的文学艺术家。

旅游资源：太原旅游资源丰富，悠久的历史给太原留下了众多的名胜古迹，较为著名的有晋祠、天龙山石窟、永祚寺、纯阳宫、崇善寺、窦大夫祠等国家级重点文物保护单位38处和省级重点文物保护单位28处，被称为中国的“地上文物宝库”。其中晋祠圣母殿内宋塑侍女像栩栩如生，姿态各异，在海内外享有盛名。天龙山的北朝石窟及隋唐造像、崇善寺明代藏经、纯阳宫关羽立马铜像，在中国文学艺术史上占有辉煌的一席之地。此外，唐太宗李世民撰写的“贞观宝翰”《晋祠铭并序》碑文，是现存最早的唯一完好的唐太宗行书碑。

2022 年主要经济指标情况：地区生产总值 5571.17 亿元，增长 3.3%；服务业增加值 3057.00 亿元，增长 1.7%；规模以上工业增加值增长 8.5%；固定资产投资增长 0.2%；社会消费品零售总额 1761.40 亿元，下降 6.0%；外贸进出口总额 1467.07 亿元，下降 20.2%；一般公共预算收入 437.48 亿元，增长 3.3%；居民消费价格总指数（CPI）平均上涨 2.1%。

2023年政府工作报告

——2023年3月21日在太原市第十五届人民代表大会第三次会议上

太原市市长　张新伟

各位代表：

现在，我代表市人民政府向大会报告工作，请予审议，并请政协委员和其他列席人员提出意见。

一、2022年工作回顾

2022年是党和国家历史上极为重要的一年，也是太原发展进程中极不寻常、极不平凡的一年。一年来，全市上下坚持以习近平新时代中国特色社会主义思想为指导，全面贯彻党的二十大精神和习近平总书记考察调研山西重要讲话重要指示精神，全面落实“疫情要防住、经济要稳住、发展要安全”的重要要求，在省委、省政府和市委的坚强领导下，高效统筹疫情防控和经济社会发展，统筹发展和安全，摸透实情、真抓实干，全市经济社会发展取得新成效。

这一年，我们难中求成，稳住了经济向好趋势。有效应对多重超预期因素冲击，在煤炭产量占比仅为全省3.8%的情况下，顶住经济下行压力，推动全年地区生产总值实现5571.17亿元、增长3.3%，增速高于全国平均水平，总量在全国城市中排名持续保持50强，在全国省会城市中前进1位、排名第17位。“十四五”开局两年来的GDP增量合计达到1416亿元，相当于“十三五”时期五年增量。太原经济在爬坡过坎中砥砺奋进，在攻坚克难中稳步前行！

这一年，我们万众一心，防住了六轮新冠疫情。加急开设发热门诊（诊室）917个，建设方舱医院3个、床位1万张，集中增配负压救护车50辆、重症床位270张，数万名医务人员、公安民警、基层干部、网格员、志愿者挺身而出、勇敢逆行，539万太原市民风雨同舟、守望相助，取得疫情防控重大决定性胜利，共同书写了众志成城、坚忍不拔的抗疫史诗，在疫情大考中交出了优秀答卷。

这一年，我们未雨绸缪，守住了安全发展底线。全市粮食播种面积、产量实现双增长，粮食安全基础更加牢固。启动建设滹沱河供水工程，开辟省城第二水源地。完成燃气老旧管网改造393.8公里，30年以上城镇燃气老旧管网改造全面完工。全市生产安全亡人事故起数和死亡人数实现双下降。我们的城市更加安全、我们的市民更加安心。

回顾过去一年，成绩殊为不易，值得倍加珍惜，我们主要做了以下工作：

（一）强龙头、延链条，转型发展步伐坚实。工业高质量发展“百千万亿”工程全面推开，产业链链长制全面推行，太钢、富士康产值连续两年突破千亿元，新增亚鑫、太钢大明2户百亿级企业，太重智能装备成为国家级智能制造示范工厂，太航仪表获评2022年国家技术创新示范企业，京丰电务成为国家级制造业单项冠军企业，太钢双相不锈钢板材等4个产品成为国家级制造业单项冠军产品，培育国家级“小巨人”企业18户、省级“专精特新”中小企业346户。制造业增加值占规模以上工业增加值比重达64%。规模以上工业总产值保持两位数增长、达到5197.3亿元，创历史新高。规模以上工业增加值增长8.5%，位居全国省会城市第六、中部六省省会城市第一，转型太原正在跑出发展加速度。

（二）扩内需、提质量，消费活力加速释放。投放“晋情消费·悦享生活”政府消费券和汽车消费补贴，直接带动消费130亿元。便利店发展指数名列全国第二，入选全国第二批“城市一刻钟便民生活圈”试点。青龙古镇、太原植物园被评为国家4A级旅游景区。打造南海街、上马街等特色街区20个。钟楼街成为国家级旅游休闲街区，与太原古县城共同入选国家级夜间文化和旅游消费集聚区，城市“夜经济”不断升温、“烟火气”更加浓厚。

（三）提效率、抓进度，太忻一体化经济区强势起步。聚焦“一年见效、三年成形、五年成势、十年成城”目标，全速推进，聚力攻坚，太忻大道全线通车，太原科创驱动中心一期全面完工，道路交通、能源岛、中央绿轴等一大批基础设施建成投用，供水工程、防洪工程、标准化厂房和一批产业项目正在加快建设。不到一年的时间，大盂产业新城从无到有，从荒山野岭到规模凸显，创造了“太忻速度”，实现了强势起步、快速开局！

（四）优环境、强服务，市场主体蓬勃发展。倾力打造“三无”“三可”营商环境，全面拓展智慧政务，推行项目建设“全代办”“全代建”，一般投资项目30个工作日即可完成全流程审批，“一门一窗一网一次办”成为太原审批服务新名片。顶格落实国家减税降费政策，全年累计退减免缓税费494.81亿元。全年新设市场主体16.93万户、增长38.49%，总量达71.92万户、增长19.92%。设立13亿元招商引资专项资金，市党政代表团赴粤港澳大湾区开展招商引资，华为煤矿军团全球总部、深圳惠科等一批大项目、好项目签约落地，为高质量发展积蓄了强大势能。

（五）夯基石、谋未来，创新活力显著增强。第一实验室二期项目主体完工，国家第三代半导体技术创新中心（山西）揭牌成立。首批8个重大关键技术攻关“揭榜挂帅”项目全面启动实施。全年培育高新技术企业1018家，入库科技型中小企业3284家。清控创新基地连续三年入选国家小微企业双创示范基地。新增院士工作站1个、国家重大人才工程专家工作站2个。我市企业首获中国专利银奖。太原成为首批国家知识产权强市建设试点城市，创新太原取得丰硕成果。

（六）重保护、抓治理，蓝天碧水成为常态。持续推进国家可持续发展议程创新示范区建设，入选国家首批气候投融资试点，成为全国首批绿色出行达标城市、国家“无废城市”建设试点、国家废旧物资循环利用体系建设重点城市。完成营造林30.27万亩，全市林木覆盖率达41.96%，绿带环绕、森林围城。晋阳污水处理厂二期投入运行，北郊污水处理厂具备通水条件，6个国考断面水质全部达到Ⅲ类以上优良水体，汾河太原段水质实现根本性改善。完成迪爱生油墨厂退城搬迁和6家水泥企业超低排放改造，完成铸造行业能源清洁化改造，完成农村地区剩余15413户清洁取暖改造，全年市区优良天数同比增加17天，臭氧浓度在连续六年增长后首次出现下降。年度环境空气质量综合指数5.09，为2013年有监测数据以来历史最好水平，生态太原有了新的跃升。

（七）拓空间、提品质，城市魅力全面彰显。“三区三线”划定成果获批启用，圆满完成“批而未供”土地处置年度任务，获省奖励供地指标800亩，城市开发建设范围进一步扩大。武宿机场三期改扩建工程正式开工，地铁1号线进展顺利，龙城大街贯通、滨河东路南延二期竣工通车。建成旅游公路189公里、“四好农村路”184公里。城西燃气调峰厂等建成投用，新增供热能力900万平方米。集中开展“五治五提升”专项行动，文明城市创建迈出坚实步伐。成为亚太城市峰会会员城市，与全球18个国家的40余个城市共同探讨“新价值观、新城市”，分享城市治理经验，以更加开放自信的姿态，展现锦绣太原靓丽风采！

（八）守初心、担使命，民生福祉持续提升。新增城镇就业8.12万人。新增公办幼儿园学位5000个、基础教育学位2.4万余个，国科大太原能源材料学院获批并正式揭牌。获准实施国家级公立医院改革和高质量发展示范项目，北京大学第一医院太原医院正式揭牌。新增公共停车位1万余个，实施老旧小区改造688个，完成棚户区改造4213套，完成既有建筑节能改造508万平方米。筹集租赁住房3万套，首批保障性租赁住房正式投入运营。房屋产权登记确权颁证“清零行动”首次登记全部完成。新建城镇社区养老幸福工程6个，新增家庭养老照护床位3000余张，新建改造社区食堂160个。太原国际马拉松赛获评中国体育旅游精品项目。丁果仙大剧院主体完工，建成城市书房18个。扎实做好退役军人移交安置、拥军优抚等服务保障，军政军民团结局面更加巩固。承诺的民生实事全部兑现，西华苑小学、大东关小学等一批群众“急难愁盼”问题得到妥善解决。连续三年，每年冬天根据气候变化，提前供热、推迟停暖，幸福太原是有温度的！

（九）练内功、增本领，政府治理效能不断强化。严格执行重大行政决策法定程序，行政复议规范化和行政应诉制度化水平不断提升，入选第二批全国法治政府建设示范市。主动接受人大及其常委会、政协和各方监督，办理省、市人大代表建议382件、政协提案566件。全面加强政府系统党风廉政建设，严格落实中央八项规定精神及省市实施细则，驰而不息纠治“四风”。我们把狠抓落实作为政府工作的重中之重，心往一处想、劲往一处使，团结一致向前进，政府执行力、落实力、战斗力进一步增强。

各位代表，这一年，面对严峻的疫情防控形势，面对繁重的改革发展任务，我们的每一步都很不容易，每一步都铿锵有力，发展历程令人难忘，发展成绩令人鼓舞。这是以习近平同志为核心的党中央坚强领导的结果，是习近平新时代中国特色社会主义思想科学指引的结果，是省委、省政府正确领导的结果，是市委团结带领全市广大干部群众奋力拼搏的结果。在此，我代表市人民政府，向全市人民，向各民主党派、工商联和无党派人士，向各位人大代表、政协委员，向驻并部队、公安干警和中央、省驻并单位，向所有关心支持太原改革发展的各界朋友，表示崇高的敬意和衷心的感谢！

同时，我们也清醒地认识到，太原发展还面临不少困难和挑战：发展不平衡不充分特别是不充分的问题还比较突出，市场主体活力还没有充分激发，统筹城乡区域发展还存在短板，生态环境质量有待进一步提升，就业、教育、医疗、托育、养老、住房等民生工作与人民群众的新期待还有差距，等等。对于这些问题，我们要本着对人民高度负责的态度，采取有力措施，认真加以解决。

二、2023年工作安排

今年是全面贯彻落实党的二十大精神的开局之年，是实施“十四五”规划承上启下的关键之年。政府工作的总体要求是：以习近平新时代中国特色社会主义思想为指导，全面贯彻落实党的二十大精神，深入贯彻习近平总书记考察调研山西重要讲话重要指示精神，认真贯彻中央经济工作会议精神和全国两会精神，全面落实省委经济工作会议、省两会及市委经济工作会议精神，在市委的坚强领导下，坚持稳中求进工作总基调，完整、准确、全面贯彻新发展理念，主动服务和融入新发展格局，着力推动高质量发展，更好统筹疫情防控和经济社会发展，更好统筹发展和安全，全面深化改革开放，大力提振市场信心，把实施扩大内需战略同深化供给侧结构性改革有机结合起来，按照五个“更好发挥引领带动作用”的要求，舞起一个龙头、做强两大引擎、强化三产协同、推进四治一体，突出做好稳增长、稳就业、稳物价工作，有效防范化解重大风险，推动经济运行整体好转，实现质的有效提升和量的合理增长，为全面建设社会主义现代化国家开好局起好步作出更大太原贡献。

统筹考虑各方面因素，今年经济社会发展主要预期指标是：地区生产总值增长6.5%左右、实际工作中努力争取更好结果，固定资产投资增长8%，社会消费品零售总额增长7.5%，一般公共预算收入增长5%，城镇居民人均可支配收入增速与经济增长基本同步，农村居民人均可支配收入增速高于经济增长水平，城镇新增就业人数8万人，居民消费价格指数涨幅控制在3%左右。约束性指标不折不扣完成省下达任务。

落实总体要求，做好今年工作，要聚焦重点、久久为功，抢抓机遇、担当实干，以更加积极有为的进，稳预期、强信心。必须紧跟核心、感恩奋进，深刻领会“两个确立”的决定性意义，坚决做到“两个维护”，把习近平总书记的殷殷嘱托变为太原发展的生动实践。必须坚定信心、砥砺奋进，拿出超常规举措、付出超常规努力，不断提高太原在全省的首位度和全国的影响力。必须主动作为、拼搏奋进，树立“抢”的意识、“争”的劲头，尽可能争取更大政策支持，积极造势蓄能，更好在全省经济社会发展大局中挑大梁、当引领、作示范。必须直面挑战、破局奋进，在危机中育先机、于变局中开新局，依靠顽强斗争打开事业发展新局面。必须守牢底线、担当奋进，树牢底线思维、强化风险防控，牢牢把握工作主动权。必须团结一致、合力奋进，坚持系统观念，调动各方面积极性，汇聚起推动太原高质量发展的磅礴力量。

在统筹做好各项工作的同时，重点抓好以下工作：

（一）以制造业振兴为主攻方向，加快推动工业转型升级。坚持把发展经济的着力点放在实体经济上，把发展制造业、特别是先进制造业作为重要突破口，培育新动能、构筑新优势，更好发挥在加快转型发展、构建现代化产业体系上的引领带动作用。

推动制造业高端提质发展。积极创建国家制造业高质量发展试验区，全面提升先进制造业整体实力，推动更多产业迈向国家级、更多企业进入国家队。推进国家级智能制造试点示范建设，加快太重大型矿山起重设备、太钢综合能源智能装备等项目建设，打造一批“灯塔工厂”、智能车间。引进中国机械科学研究总院，改造提升太原工具厂，打造国内领先的高端刀具研发和制造基地。加大制造业单项冠军企业及产品培育力度，年内培育国家级“小巨人”企业 5 户、“专精特新”中小企业 100 户。

推动制造业集群集聚发展。充分挖掘资源禀赋和特色优势，因地制宜、梯次培育，加快建设一批特色专业镇。推进清徐老陈醋专业镇建设，支持紫林、水塔、美锦等龙头醋企上市发展，力争年内食醋全系列产品年产量突破 100 万吨，不断扩大中国醋都影响力。推进电机专业镇建设，发挥山西电机厂技术、产品优势，横向集聚、纵向延伸，打造全国最大的低压节能电机制造基地，力争 3 年内产值达到百亿级。推进碳纤维专业镇建设，以山西钢科为核心，集聚德州希本等上下游企业，着力构建完整产业链条，打造“原丝－碳纤维－复合材料－下游制品”综合性生产基地。推进半导体专业镇建设，支持源瀚科技、新昇半导体等相关优质企业，拓展细分领域、扩大产业规模，打造更具竞争力的半导体产业集群。推进不锈钢制品专业镇建设，以太钢工业园为承载，依托太钢大明、山西帝思曼等深加工企业，释放“工业园＋周边企业”集聚效应，打造全国最强的不锈钢特色产业集群。

推动制造业链式裂变发展。持续补链延链强链，把产业链向“微笑曲线”的两端、价值链的中高端延伸。特种金属材料产业链重点推进太钢冷轧取向硅钢、大明特殊钢深加工等项目建设，推动不锈钢材料成为全球行业领跑者。新一代电子信息制造产业链重点推进沪硅半导体硅片材料、惠科电子新材料、蓝宝石晶体二期、长城电源、中电科微电子装备等项目建设，支持富士康拓宽市场渠道、持续稳定增长，推动电子产品制造产业规模和创新能力进入全国前列。新型化工材料产业链重点推进美锦氢能零碳总部基地、梗阳焦炉煤气综合利用、亚鑫焦炉气减碳新材料、三强煤基新材料、赛鼎相变储能材料等项目建设，打造世界一流的千万吨级煤化工产业基地。高端装备制造产业链重点推进太重智能高端装备产业园、山西电机智慧工厂、东方米卡直升机等项目建设，打造全国重要的高端装备制造基地、引领全省的通用航空产业发展基地。新能源产业链重点推进中来光伏电池及硅基材料、矽盛光电高效单晶硅等项目建设，打造千亿级光伏全产业链集群。生物基新材料产业链重点推进合成生物产业生态园年产 50 万吨生物基戊二胺、90 万吨生物基聚酰胺等项目建设，打造全国首个合成生物规模化产业基地。

推动制造业数字赋能发展。推进落实数字经济全面发展实施方案和 2023 年行动计划，打造一流数字生态，为制造业高质量发展注入新动能。持续推进 5G、千兆光网建设，年内 5G 基站达到 1.4 万座以上。强化数字经济关键核心技术攻关，年内组织实施重点研发项目 10 项以上。加快太原算力枢纽节点建设，积极融入“东数西算”工程国家整体布局，打造全国一体化算力枢纽节点和集群。依托华为煤矿军团全球总部等龙头企业，大力发展智慧开采，推动煤炭行业向清洁化、智能化转型。加快数实融合，推动数转智改，打造国家级工业互联网产业示范基地。推进小店信创产业集聚区、迎泽数字经济总部产业园、杏花岭杨家峪数字转型板块、尖草坪数实融合样板区、万柏林中海数字经济领航圈、晋源晋阳湖数字经济产业园建设，打造一批具有引领性、示范性的数字产业集聚区。

各位代表，转型发展是习近平总书记为我们指引的康庄大道。太原作为国家老工业基地，制造业是最大“家底”。我们要坚定不移聚焦制造业、狠抓制造业、做大做强制造业，以制造业高质量发展为牵引，夯实工业经济基本盘，挺起转型发展硬脊梁！

（二）以消费升级为契机，全力促进服务业提质增效。

把恢复和扩大消费摆在优先位置，加快打造国家区域消费中心城市、会展中心城市，以高质量供给引领和创造新需求，多措并举稳定消费预期、提振消费信心。

改善生活性服务业消费条件。加快天美杉杉奥特莱斯、清徐多弗奥特莱斯及清源水城、吾悦广场、双塔汇等商业综合体建设，加快钟楼街二期、晋阳里二期等项目建设，提升长风、亲贤、柳巷、食品街、中正天街等重点商圈和特色街区服务功能，持续改善消费环境。大力发展夜间经济，推进迎泽区省级夜间经济试点建设，鼓励各县（市、区）举办特色购物消费活动，持续提升城市“烟火气”。

增强生产性服务业消费供给。大力发展会展经济，支持潇河、晋阳湖会展中心等举办国际国内知名会展活动，推动太原会展业朝着专业化、国际化、品牌化方向前进。大力发展现代金融，加快迎泽大街金融集聚区、信达国际金融中心、汾河金融城和晋阳金融城建设，打造区域性金融中心和全国金融综合服务基地。大力发展楼宇经济，持续完善相关政策举措，加快盘活闲置商务楼宇资源，在小店区打造省城现代商业商务中心和区域消费中心，在迎泽区建设金融集聚中心和消费升级引领区，在杏花岭区建设特色鲜明的现代化服务业集聚区，在尖草坪区大力发展创新性科技服务业，在万柏林区打造汾河以西消费中心，在晋源区打造商贸文旅融合集聚区。

拓展新兴服务业消费场景。持续推进信息消费、数字消费，鼓励发展直播带货、场景体验等新模式新业态，年内评定市级电商直播基地3–5家，扎实推进省级电商直播示范基地申报工作。加速推进商贸零售行业全渠道融合，推动美特好、唐久、金虎等传统零售业龙头做优线上平台，升级消费体验。持续优化新能源汽车消费环境，完善新能源汽车出行配套基础设施建设，进一步激发消费潜能。加快推进迎泽森栖小镇、杏花岭东山生态康养、万柏林长寿社区、清徐北城康养小镇、阳曲万向万亩康养等项目建设，打造康养产业基地，培育壮大“银发经济”。加快跨境电商综合试验区建设，推进综保区保税仓库等基础设施建设，积极推动与腾讯公司合作项目落地，力争年内创建跨境电商直邮出口示范园1–2个，两年内培育跨境电商直邮出口实绩企业50家以上。

（三）以创新驱动为引领，强化科技教育人才融合互促。加快释放“1+1+1>3”的合力和红利，更好发挥在强化创新驱动、构建高水平创新体系上的引领带动作用。

坚持教育优先发展。推进学前教育普及普惠安全优质发展，每个城区新建公办幼儿园不少于3所、三县一市不少于2所。推进义务教育优质均衡发展，建设改造一批寄宿制学校。提升普通高中整体质量。加快太原卫生职业学院设置和建设工作，推动太原学院建设省内一流应用型本科院校，办好办强国科大太原能源材料学院，支持山西大学、太原理工大学、中北大学等在并高校“双一流”建设。加快打造政府主导、职业院校牵头、企业主动参与的产业学院，深化产教融合，推进协同育人。

坚持创新驱动发展。全力创建国家区域科技创新中心，积极构建高水平创新体系，深化“揭榜挂帅”“赛马制”“里程碑制”改革，打造更具竞争力的创新生态。推动国家第三代半导体技术创新中心（山西）、第一实验室等重大创新平台发展，支持在并国家级、省级科研机构开展创新研究，培育建设国家半导体激光技术创新中心（山西），打造引领产业发展的战略科技力量。实施“双百攻关行动”，组织100家科技领军培育企业，开展100项关键核心技术研发攻关，打造引领产业转型升级的生力军。建立企业科技需求和高校科研院所科技成果长效征集、发布、对接机制，推动设立20亿元国家科技成果转化引导基金太原子基金，加快推进国科创中试基地建设，积极承接京津冀创新资源，让更多“国家队”“山西队”科技成果在太原转化。

坚持人才引领发展。用好10亿元人才资金，出台更多抓住人才择业“兴奋点”的政策举措，加快推行“人才绿卡”制度。深化省校合作“12大基地”建设，在驻并高校留住一批毕业生，从省外高校引回一批毕业生。实施科技人才梯队培养计划，遴选培养一批战略科学家、一流科技领军人才和创新团队、青年科技人才、高技能人才。鼓励支持柔性引智、柔性引才，对优秀人才“不求所在、但求所为”。推动市级人才公寓建成投用，多点布局人才驿站，全力营造人才安身、安心、安业良好环境。

各位代表，求贤若渴的太原，将以最大诚意招才引才、识才用才，让天下英才齐聚并州、共创辉煌！

（四）以创优营商环境为第一要件，加速市场主体集聚壮大。狠抓营商环境3.0版改革落实，扎实开展市场主体提升年活动，推动市场主体扩数量、提质量、增效益、优结构。

更高水平做好服务保障。按照“三无”“三可”要求，大力提升政务服务效能。加大政务服务办事环节精简和流程再造力度，全面推行“一件事一次办”，在药品、餐饮等行业试点推行“一业一证”改革。推动政务服务平台与投资项目、工程建设项目审批管理系统等深度融合，实现项目全程电子化申报、不见面审批、可追溯监管。不断优化“互联网+政务服务”，年内97%以上政务服务事项实现可全程网办，让数据多跑路、让群众少跑腿。

更加精准开展招商引资。整合招商力量，创新招商方式，力争年度签约项目计划投资额达到1000亿元以上。绘制重点产业链招商图谱，强化“政府+链主企业+产业园”招商合力，高频次开展靶向招商、小分队招商，实现“一企带一链，一链成一片”。建立一支百人专业化招商主体队伍，在北京和大盂产业新城设立驻点工作站，实施招商服务一站直达，力争全年落地百亿级重大产业项目5个以上。用好领导干部包联项目机制，对投资500万元以上的项目实施市县分级全覆盖包联。

更加鲜明支持民营经济。坚持“两个毫不动摇”“三个没有变”，始终把民营企业和民营企业家当作自己人，一如既往重视民营企业，一视同仁支持民营企业，一站到底服务民营企业。以更加务实的举措构建亲清政商关系，严格落实市领导联系企业、商会制度，在民营企业遇到困难的时候给予支持，在民营企业遇到困惑的时候给予指导。持续完善民营企业在权益保护、市场准入、要素保障、诉求反映等方面的政策机制，依法维护企业正常经营秩序。鼓励民营企业家发扬“四千”精神，谱写新的创业史。扎实开展“政策找企业、服务到企业”系列活动，打好“普惠式纾困+直达式支持+滴灌式帮扶”组合拳，让民营经济走向更加广阔的舞台。

（五）以舞起省会龙头为使命，引领带动山西中部城市群高质量发展。抢抓山西中部城市群发展进入国家规划的重大机遇，扛起省会担当，“舞龙头、带龙身”，在促进区域协调发展、构建山西中部城市群上更好发挥引领带动作用。

实施五市产业协同工程。强化与晋中市对接互动，积极发展“飞地经济”，联合建设“大学城智创谷”，高水平开发潇河新城、汾东新区，打造高端资源要素集聚的中央商务区和城市南部新中心。与忻州市联合建设国家级承接京津冀产业转移示范区，促进生产要素跨区域合理流动。协同吕梁市打造生态安全屏障和综合能源基地。协同阳泉市打造石太经济走廊重要枢纽。

实施城际路网畅通工程。全力服务保障机场三期改扩建、太绥高铁等项目建设，推动太原铁路枢纽西环线开工建设。启动大运路、泥向线北延、丈子头东延、晋阳大道南延、化章街等工程，开工建设古交－娄烦－方山高速，推进国道108线等太原过境段公路建设，加快青银二广高速连接线等项目建设，太原西北二环高速年底前竣工，推进绕城高速公路功能调整，打通交通堵点，畅通人流物流，打造区域内互联互通、高效便捷的路网体系。

实施南北引擎提速工程。加强与综改示范区对接联系，探索建立分工明确、责任共担、利益共享机制，共同谋划产业、共同招商引资，支持综改示范区建设RCEP国际产业合作园，联手打造支撑山西中部城市群的产业高地。加快太忻一体化经济区建设，推动大盂产业新城与现有开发区整合，推进标准化厂房、防洪设施等7项在建工程，启动大盂产业新城市政中心、启动区道路等16项工程，打造高品质产业新城。加快凌井店产业新城空间发展战略规划编制，推进道路、水、电、气、热、通信等配套基础设施建设，打造以科创研发、现代服务、先进制造、宜居生活为主要功能的活力新区。

（六）以品质提升为核心，打造宜居宜业幸福城市。加快建设国家区域中心城市，在唱好太原、大同“双城记”中扛起省会担当、展现头雁风采。

进一步增强城市承载能力。优化城市布局形态，加快城市更新步伐，强化汾河以西公共服务设施建设，加强地下空间开发利用，全方位拓展城市空间。加快以县城为重要载体的城镇化建设，因地制宜打造通勤便捷、功能互补、产业配套的专业功能县城。加快轨道交通1号线一期工程建设，启动轨道交通3号线一期工程、1号线二期工程。实施府东街东延、新建路、坞城南路、兴华街、滴汾街西延、新晋祠路等道路改造建设，进一步提升市域交通便捷度。加快第二水源滹沱河供水工程、西山地表水厂建设。阳曲热源厂年内建成投运，新增供热能力2000万平方米。开展完整居住社区试点建设，新开工改造老旧小区589个，完成既有居住建筑节能改造492万平方米。

进一步提升城市管理水平。全力冲刺决胜全国文明城市，深入开展七大整治攻坚行动，持续提升城市环境和城市品位。积极创建国家卫生城市，持续推进公厕达标和旱厕“清零”改造、河渠卫生和“三小四小”行业整治、“健康细胞”建设等系列专项行动。加快打造智慧城市，推进城市信息模型、建筑信息模型建设，努力实现“一网管全城”。做好全国双拥模范城考核验收工作，全力争创全国双拥模范城“十连冠”。

进一步筑牢城市安全屏障。积极创建安全发展城市，持续开展安全生产大检查，加强重点领域风险隐患排查整治，推进应急救援实训基地建设，切实提升本质安全水平。全力创建国家食品安全示范城市，严格落实食品药品安全监管责任，坚决守住“舌尖上的安全”。坚持和发展新时代“枫桥经验”，健全共建共治共享的社会治理模式，不断提升市域社会治理现代化水平。强化社会治安整体防控，健全完善捍卫政治安全、维护社会稳定、公共安全治理三大职能体系，推动常态化扫黑除恶斗争走深走实，打击治理电信网络诈骗等违法犯罪活动，确保社会安定有序、人民安居乐业。

各位代表，城市承载着美好生活，展现着并州风貌。我们要精心规划、用心建设，持续优化城市环境，全力构建高品质生活空间，把城市真正建设成为太原人民想要的样子！

（七）以文旅融合为路径，建设国际知名文化旅游目的地。文化是城市的灵魂，是太原的比较优势。要以文兴城、以文塑城，积极创建国家全域旅游示范区，全面提升城市软实力。

打造精品景区景点。加快晋祠天龙山创建国家5A级景区，支持太原古县城创建国家级旅游休闲街区，打造文旅景区标杆。推进老龙头区域生态治理工程，实施雁丘文化提升工程，加快汾河三期南延段航道治理，谋划汾河通航，开展光影夜游，打造太原的“诗与远方”。抓好府城历史街区保护开发，打造历史与现代交相辉映、传统与时尚完美融合的城市会客厅。

发展文博文创产业。推动晋祠博物馆、晋商博物院、太原市博物馆争创一级博物馆，年内开放北齐壁画博物馆，持续打造博物馆之城。组团开展文旅宣传推介，放大“满江红”效应，引一流导演、创顶流IP，打造文化领军企业和知名文化品牌，擦亮“唐风晋韵·锦绣太原”亮丽名片。

强化文物保护利用。深化“文明守望工程”，做好多福寺、晋祠圣母殿彩塑壁画等保护修复，提升文物保护水平。加快晋阳古城国家考古遗址公园建设，保护利用展示晋阳古城遗址四号建筑基址。推进文物流通领域交易登记制度试点工作。建设文物资源大数据库，让文物活态传承。

繁荣文化体育事业。深入挖掘太原厚重的晋阳文化、晋商文化，讲好太原故事，繁荣文艺创作。加快市民艺术中心、市艺校新校区建设，推进基层综合性文化服务中心和县级文化馆、图书馆建设，加强城市书房建设，打造公共文化数字平台。继续实施“百馆兴体”工程，加快推进体育训练基地、国家篮球训练基地、国家水上训练基地和老军营全民健身中心等基础设施建设，广泛开展全民健身活动，打造更高水平的“十五分钟健身圈”。

（八）以深化改革开放为关键一招，不断激发高质量发展动力活力。推动更深层次改革，实行更高水平开放，更好发挥在深化改革开放、构建高标准市场体系上的引领带动作用。

持续深化重点领域改革。深化国资国企改革。对国资监管企业进行重组整合，加快“僵尸企业”出清，稳步推进企业扭亏减亏三年攻坚行动，完成20%扭亏任务。深化金融体制改革。加快组建产业基金，发挥金融综合服务大厅、政府性融资担保机构作用，加大企业上市培育力度，增强金融服务实体经济能力，有效防范化解重大经济金融风险。深化财税体制改革。强化预算绩效管理，深入推进预算支出标准体系建设，加大政府债务风险防控力度，确保财政安全平稳运行。

构建高标准市场体系。严格落实“全国一张清单”管理模式，持续扩大市场准入。完善提升市场基础设施，深化国家级商贸流通标准化专项试点工作。提高要素供给质量效率，全力满足企业水、电、气、网络需求。推进“双随机、一公开”监管常态化，健全对新业态、新模式的包容审慎监管，构建以信用为基础的市场监管长效机制。强化知识产权保护和运用，建设全省知识产权“新高地”，冲刺全国知识产权“第一方阵”。

高质量推进开发区建设。加快推进中北高新区扩区工作，启动配套路网等基础设施建设，进一步发挥区内政策产业优势，打造国内知名的特色产业集聚区。西山示范区要严守生态底线，推动城郊森林公园高质量发展，加快打造国家文旅产业融合示范区、国家级旅游度假区。清徐开发区要依托现有企业，全方位强梁壮柱，延伸煤化工产业链条。阳曲示范区要发展智慧农业、农产品精深加工、康养教育等新产业、新业态，打造全国有影响力的现代农业产业示范区。稳步推进古交经济技术开发区设立。各开发区要高标准抓好基础设施配套，扎实推进“承诺制＋标准地＋全代办”改革，提高战略性新兴产业和重大转型项目占比，打造开发区建设升级版。

全方位扩大对外开放。聚焦建设内陆地区对外开放新高地，精准对接国家重大战略，主动加强与京津冀、长三角、粤港澳大湾区等联动发展。加快做大临空经济，坚持港产、港城、港铁融合发展，启动临空经济区核心区建设，进一步提升开放型经济水平。做强二手车出口试点业务，支持二手车企业扩大出口规模。加强国际友城合作，办好太原能源低碳发展论坛、太原国际通用航空博览会、晋阳湖峰会、中国（太原）人工智能大会等重大活动。办好环太原国际公路自行车赛、国际马拉松赛、汾河龙舟公开赛等品牌赛事，不断提升城市知名度、影响力。

（九）以绿色低碳为导向，持续改善省城生态环境质量。以建设国家可持续发展议程创新示范区为牵引，一体推进治山治水治气治城，擦亮“锦绣太原城”生态底色。

有序实施碳达峰太原行动。推进国家碳监测评估基础试点城市建设，加快先进适用节能低碳技术研发和产业化应用，探索能耗“双控”向碳排放总量和强度“双控”转变的有效方式，打造能源革命领跑城市。推动 2×1000MW 热电联产、古交抽水蓄能等项目开工建设，推进杏花岭区、清徐县 2 个整县区屋顶分布式光伏试点工作，支持迎泽区开展区域屋顶分布式光伏示范建设。加快气候投融资试点建设，建立完善气候投融资项目库，引导金融机构和社会资本加大减污降碳资金支持力度，打造气候投融资“太原样板”。

深入打好污染防治攻坚战。打好蓝天保卫战。全面完成太钢烧结、焦化工序超超低排放改造和无组织排放深度治理，完成清徐 3 家焦化企业超超低排放改造和铁路运输建设，提升古交兴能电厂铁路运输能力。开展建筑工地环保绩效评级，实施扬尘污染分级管控。加大污染源监测监控力度，完成首批 20 个乡镇站建设组网，强化氮氧化物、颗粒物、臭氧污染防治攻坚。打好碧水保卫战。实施太榆退水渠 3 公里范围内农村生活污水综合治理，加快龙城污水处理厂建设，推动工业园区工业废水近零排放，持续推进雨污分流和混接点改造，不断改善国考断面水质，力争省考断面达到Ⅳ类以上水体。打好净土保卫战。抓好建设用地、农用地土壤污染风险管控，加强重金属和新污染物治理。大力推行垃圾分类，加快县域垃圾焚烧处理设施跨区域协同处置，逐步实现全域生活垃圾“全焚烧、零填埋”。

持续推进生态保护修复。深入落实黄河流域生态保护和高质量发展国家战略，加快汾河娄烦、古交段生态治理工程建设，实施太原东西山调水工程，启动“九河复流”工程，推进晋阳湖、风峪河与汾河水系连通，推动晋祠泉水早日复流，真正形成“一湖点睛、一水中分、九河环绕”的水韵景致。实施国土绿化 10 万亩以上，完成森林质量提升 10 万亩以上，确保国家森林城市创建圆满收官。实施“百园增绿”工程，力争建成区万平方米以上公园达到 100 个，进一步提升城市绿化品质。深化太原及周边“1+30”生态环境一体化发展，完善生态保护补偿制度，持续筑牢生态屏障。

提高资源节约集约利用水平。大力发展循环经济，加强废旧钢铁、新能源汽车电池、高压电机等回收再利用，推进可循环快递包装投放回收，提升再生资源分拣加工利用水平。推进节水型城市建设，加快清徐全国再生水利用配置试点建设，推动再生水回用率达到25%以上。

各位代表，人不负青山，青山定不负人。我们要持续用力、久久为功，让良好生态成为太原最持久竞争力，让并州大地蓝天常在、绿水长流！

（十）以乡村振兴为抓手，扎实推动农业农村现代化。夯实粮食安全根基。抓住耕地和种子两个要害，落实最严格的耕地保护制度，加快现代种业科技示范区建设，新建和改造提升高标准农田6.64万亩，推进丘陵山区宜机化改造5000亩，确保粮食播种面积96.04万亩、产量5.18亿斤以上。

发展都市现代农业。新改扩建设施蔬菜5000亩，创建标准化畜禽养殖场10个，建设中药材标准化基地3000亩，加快古交万只林麝养殖基地建设。积极延伸和拓展农业产业链，打造酿品、乳品、预制菜品等特优产业集群。发展农村新产业新业态，加大农产品仓储保鲜冷链物流建设力度，推进农村寄递物流服务全覆盖提质升级，着力打造一批乡村e镇。开展“公用品牌全国行”推介活动，提升“山西陈醋”“阳曲小米”“晋祠大米”“娄烦山药蛋”“古交榛子”等区域特色品牌知名度和影响力。

建设宜居宜业和美乡村。大力实施乡村建设行动，推动基础设施向乡村延伸、公共服务向乡村覆盖，加快“四好农村路”建设，提档升级国家级、省级美丽休闲乡村18个，推进300个村庄生活垃圾分类处置，因地制宜改造农村户厕8708座，进一步改善农村人居环境。严格落实“四个不摘”要求，不断完善防止返贫动态监测和帮扶机制，巩固提升“三保障”和饮水安全成果，做好易地搬迁后续扶持，筑牢防止返贫致贫的坚实防线。积极推进省、市乡村治理试点县和示范村镇创建工作，进一步提升乡村治理能力。

（十一）以保障和改善民生为根本，全面提升群众幸福指数。坚持在发展中保障和改善民生，不断实现人民对美好生活的向往。

多措并举优化就业服务。落实落细就业优先政策，突出抓好高校毕业生等重点群体就业工作，常态化开展线上线下就业援助和就业招聘活动。加强技能人才队伍建设，完成职业技能培训3万人。启动退役军人服务保障信息化建设，提高安置就业质量。推动公益性零工市场县县全覆盖，让就业服务更有温度。

千方百计抓好兜底保障。稳妥推进社会保险精准扩面，努力实现应保尽保和法定人群全覆盖。完善救助标准动态调整机制，确保低保、特困人员供养标准与经济社会发展水平相适应。推进10个城镇社区养老幸福工程，持续完善基本养老体系。在每个县（市、区）建设1所80–150个托位的示范性公办综合托育机构。发展慈善事业，健全残疾人、孤儿、农村留守儿童关爱服务体系。

提质发展卫生健康事业。加强二级以上医院感染性疾病科建设，常态储备重大疫情救治专家组和中西医救治梯队。健全公立医院高质量发展体系，加快市第三人民医院迁建等项目建设，支持省肿瘤医院新院区建设，推动北京大学第一医院太原医院建设国家区域医疗中心。大力实施“中医药强市”工程，传承弘扬傅山中医药文化，统筹推进中医药传承创新发展等10项具体行动。持续推进“人才强卫”工程，年内培养领军人才5名、优秀学科带头人20名、业务骨干100名。

促进房地产市场健康发展。加强住房保障体系建设，支持刚性和改善性住房需求。推进长租房市场建设，筹集保障性租赁住房7000套（间），解决好新市民、青年人等住房问题。扎实做好保交楼、保民生、保稳定各项工作，满足房地产行业合理融资需求，有效防范化解房地产企业风险。

各位代表，民有所盼、政有所为，群众需要什么、我们就干什么。今年我们将在去年基础上，全力办好12件民生实事：新建社区食堂100个；新建二类以上公厕100座；新建惠民篮球场100块；新增公共停车位1万个以上；新建充电桩1万个以上；开通太原－忻州920路跨城公交线路；布局自助图书馆服务站点20个；为6–9岁儿童免费开展牙齿窝沟封闭1万颗；基本医疗保险参保率稳定在95%以上，困难群体实现应保尽保；对卡式居住证加载更多社会服务功能，提升流动人口均等化服务水平；实体化运行105个乡镇（街道）消防所，提升基层消防安全能力；规模化推广新建商品房项目“房证同交”，开展二手房“带押过户”，进一步解决不动产证办理难题。我们就是要始终把人民放在心中最高位置，站在人民立场思考问题，以人民群众利益为重，以人民群众期盼为念，把民生“痛点”作为施政“重点”，把“民生账单”变成“幸福清单”！

三、全面加强政府自身建设

加快推进政府治理体系和治理能力现代化，恪尽政府之责、提升政府之效、彰显政府之能，不断提高政治判断力、政治领悟力、政治执行力，全力打造人民满意的服务型政府。

强化政治建设，筑牢忠诚根基。始终旗帜鲜明讲政治，全面学习、全面把握、全面落实党的二十大精神，深入贯彻落实习近平总书记考察调研山西重要讲话重要指示精神，扎实开展学习贯彻习近平新时代中国特色社会主义思想主题教育，深刻领悟“两个确立”的决定性意义，自觉增强“四个意识”、坚定“四个自信”、做到“两个维护”，时刻牢记“国之大者”，坚持把党的领导贯穿到政府工作各领域、全过程，用实际行动诠释对党绝对忠诚。

强化依法行政，打造法治政府。深入贯彻习近平法治思想，严格遵守宪法法律，坚决落实重大行政决策程序制度，持续巩固拓展全国法治政府建设示范创建成果，确保政府工作始终在法治轨道上运行。扎实开展“八五”普法，优化创新普法路径，不断健全现代公共法律服务体系。自觉接受人大法律监督、政协民主监督和纪委监委、社会舆论等各方面监督，加强审计、统计监督，持续深化政务公开，让权力在阳光下运行。

强化服务意识，提升政府效能。坚持把服务作为天职，以企业和群众满意为检验标准，不断规范服务流程，提升服务品质，优化服务环境。加快数字政府建设，实施大数据利企便民工程，提高公共服务智能化普惠化便捷化水平。加强政务诚信，及时兑现各项便企利民优惠政策，真正做到“一诺千金”。

强化作风建设，永葆廉洁本色。坚决扛起政府系统全面从严治党主体责任，严格落实中央八项规定精神及省市实施细则，驰而不息纠治“四风”。紧盯廉政建设重点任务、重点领域，完善廉政风险防控机制，一体推进不敢腐、不能腐、不想腐，坚定不移打造廉洁政府。严控“三公”经费和一般性支出，以政府的“紧日子”换取企业的“稳日子”、群众的“好日子”。

强化责任担当，狠抓工作落实。大道至简、实干为要。我们要始终牢记政府抓执行、抓落实的基本定位，按照省委、省政府“十抓落实”“五个进一步”的工作要求，把一切工作的着力点放到抓落实、见成效上来。坚持一线工作法，大兴调查研究，眼睛向下、脚步向下，把情况摸清、把问题找准、把对策谋实。坚持账单式闭环管理，精细建账、精进交账、精准核账、精确销账，确保各项工作高效务实推进。坚持以日保旬、以旬保月、以月保季、以季保年，抓好工作调度，及时掌握进展情况，有效解决困难问题，确保各项工作定必干、干必成、成必优。

各位代表，新征程是充满光荣和梦想的远征，没有捷径、唯有实干。让我们更加紧密地团结在以习近平同志为核心的党中央周围，以习近平新时代中国特色社会主义思想为指导，在省委、省政府和市委的坚强领导下，脚踏实地、埋头苦干，笃实好学、尊重实际，求真务实、注重实效，靠实干开创更加美好的未来，奋力续写全面建设社会主义现代化国家太原篇章！

太原市 2022 年
国民经济和社会发展统计公报

太原市统计局

国家统计局太原调查队

2023 年 3 月 24 日

2022 年，市委、市政府坚持以习近平新时代中国特色社会主义思想为指导，全面贯彻落实党的二十大精神，深入贯彻习近平总书记考察调研山西重要讲话重要指示精神，坚持稳中求进工作总基调，完整、准确、全面贯彻新发展理念，主动服务和融入新发展格局，高效统筹疫情防控和经济社会发展，迎难而上、实干笃行，全市经济发展稳中求进、难中求成，在爬坡过坎中经济总体实现了量的合理增长和质的有效提升，在推动高质量发展取得新成效的征程中迈出了坚实步伐。

一、综 合

人口：据 2022 年人口抽样调查，年末全市常住人口 543.50 万人，比上年末增加 4.41 万人。其中：城镇人口 485.54 万人，增加 4.53 万人；乡村人口 57.96 万人，减少 0.12 万人。城镇化率 89.34%，比上年提高 0.11 个百分点。男性人口 278.44 万人，女性人口 265.06 万人，性别比为 105 ∶ 100（以女性为 100）。全年出生人口 3.95 万人，人口出生率 7.29‰；死亡人口 3.39 万人，死亡率 6.26‰；自然增长率 1.04‰。

经济增长：初步核算，全市实现地区生产总值（GDP）5571.17 亿元，比上年增长 3.3%。其中：第一产业增加值 48.07 亿元，增长 4.0%；第二产业增加值 2466.10 亿元，增长 5.8%；第三产业增加值 3057.00 亿元，增长 1.7%。三次产业增加值占地区生产总值的比重为 0.9%、44.2%、54.9%，分别拉动经济增长 0.04、2.18 和 1.08 个百分点。人均地区生产总值 102922 元，按 2022 年平均汇率计算为 15302 美元。

图 1 2018—2022 年地区生产总值

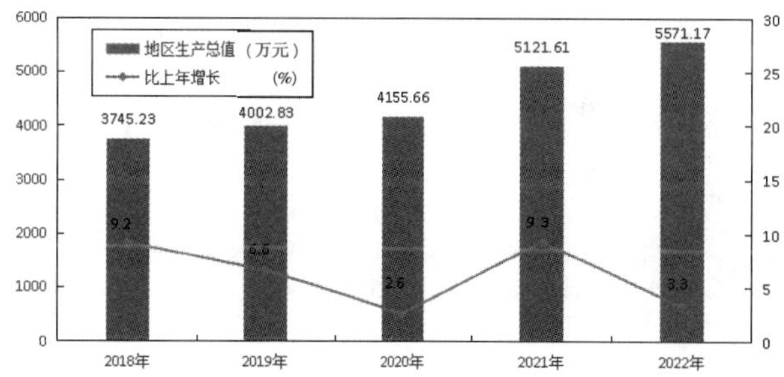

物价：居民消费价格比上年上涨 2.1%。其中：食品烟酒价格上涨 4.1%，医疗保健价格上涨 0.1%，教育文化和娱乐价格上涨 1.0%，衣着价格上涨 2.1%，其他用品和服务价格上涨 0.8%，生活用品及服务价格上涨 0.7%，居住价格上涨 0.4%，交通和通信价格上涨 4.3%。

图 2 2018—2022 年价格比上年涨跌幅度

单位：%

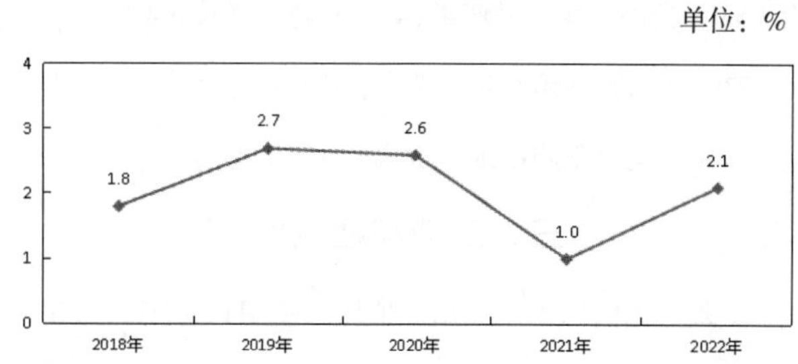

就业：城镇新增就业 8.12 万人。4.15 万名城镇失业人员实现再就业，其中就业困难人员再就业 0.41 万人。

经济新动能：规模以上工业中，战略性新兴产业增加值增长 12.3%，占全市规模以上工业增加值的比重为 30.9%，其中：新一代信息技术产业增长 10.0%，新能源汽车产业增长 22.0%，生物产业增长 34.5%。高技术制造业增加值增长

9.0%，占比为 13.5%。规模以上服务业中，快递服务业营业收入增长 5.5%。限额以上批发零售业单位通过互联网实现商品零售额 146.81 亿元。

市场主体：全年新登记市场主体 169307 户。年末市场主体（不含综改示范区）71.92 万户，其中企业 29.10 万户，个体工商户 42.48 万户，农民专业合作社 3351 户；综改示范区市场主体 5.10 万户，合计市场主体总数达 77.02 万户。

二、农 业

种植面积：全年农作物种植面积 81.15 千公顷。粮食种植面积 64.03 千公顷。其中：夏粮种植面积 0.05 千公顷，秋粮种植面积 63.98 千公顷。蔬菜种植面积 13.32 千公顷。药材种植面积 1.06 千公顷。

表 1 2022 年主要农产品产量

产品名称	产量（吨）	比 2021 年增长（%）
粮 食	257644	2.8
油 料	1060	75.6
蔬菜及食用菌	735524	5.0
水 果	97838	3.9
药 材	3826	–7.2

畜禽及水产品产量：年末生猪存栏 17.47 万头，比上年末增长 9.2%；生猪出栏 26.63 万头，比上年增长 3.5%。猪牛羊禽肉产量 3.35 万吨，增长 2.7%；禽蛋产量 2.91 万吨，下降 5.2%；牛奶产量 7.04 万吨，增长 2.9%。水产品养殖面积 3.55 千公顷，水产品产量 3430.00 吨，增长 6.4%。

农机及化肥施用：年末全市农业机械总动力 53.81 万千瓦。全年农用化肥施用量（折纯）21380 吨。

三、工业和建筑业

工业：规模以上工业增加值比上年增长 8.5%。其中：采矿业增加值增长 8.5%，占全市规模以上工业增加值的比重为 29.3%；制造业增加值增长 9.1%，占比为 64.0%；电力、热力、燃气及水的生产和供应业增加值增长 3.1%，占比为 6.7%。

图 3 2018—2022 年规模以上工业增加值增速

单位：%

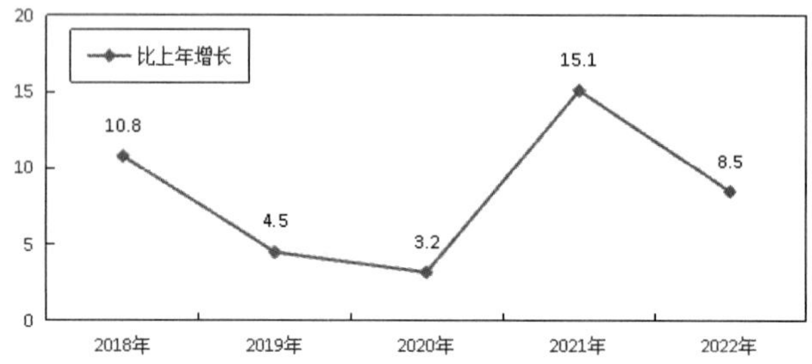

表 2 2022 年规模以上工业增加值分类

指 标	比 2021 年增长（%）
规模以上工业	8.5
其中：轻工业	1.7
重工业	9.0
其中：国有控股企业	2.8
其中：国有企业	7.0
民营企业	20.6
股份合作企业	–43.7
股份制企业	8.8
外商及港澳台商投资企业	5.8

表 3 2022 年规模以上工业十大行业增加值

行 业	比 2021 年增长（%）
钢铁行业	5.3
煤炭开采和洗选业	10.4
通信及计算机设备制造业	9.3
炼焦行业	28.7
电力、热力生产和供应业	2.0
烟草制品业	3.5
废弃资源综合利用业	22.7
通用设备制造业	–6.8
专用设备制造业	4.1
燃气生产和供应业	4.9

非传统产业增加值增长 8.3%，占全市规模以上工业增加值的比重为 43.4%，其中：装备制造业增加值增长 6.8%，占比为 21.5%。传统产业增加值增长 8.7%，占比为 56.6%。

表 4 2022 年规模以上工业企业主要产品产量

产品名称	单 位	产 量	比 2021 年增长（%）
生 铁	万吨	1023.45	–7.6
粗 钢	万吨	1383.67	–5.6
不锈钢	万吨	410.70	–8.2
钢 材	万吨	1353.58	–5.4
水 泥	万吨	579.72	–23.6
橡胶轮胎外胎	万条	62.13	–23.3
矿山专用设备	万吨	15.74	5.1
金属轧制设备	万吨	3.73	39.1
起重机	万吨	6.70	5.5
移动通信手持机	万台	2741.74	–0.4
电子计算机整机	万台	4.73	–81.3

续表

产品名称	单 位	产 量	比 2021 年增长（%）
卷 烟	亿支	153.00	0.3
食 醋	万吨	34.86	-3.1
白酒（折 65 度）	千升	20582.86	11.7
碳酸饮料	万吨	26.46	13.5

规模以上工业企业实现营业收入 5836.3 亿元，增长 11.3%。利税总额 375.8 亿元，下降 9.0%。利润总额 184.1 亿元，下降 24.5%。

规模以上工业企业每百元营业收入中的成本为 89.63 元，营业收入利润率为 3.15%，比上年同期下降 1.49 个百分点；年末资产负债率为 71.5%。

建筑业：具有建筑业资质等级的总承包和专业承包建筑业企业总产值 4219.91 亿元，增长 11.6%。建筑业企业房屋建筑施工面积 14664.67 万平方米，竣工面积 3801.96 万平方米。

四、能 源

能源生产：全年规模以上工业企业一次能源生产折标准煤 3691.21 万吨，比上年增长 6.0%，其中：原煤产量 5141.49 万吨，增长 6.1%。二次能源生产折标准煤 5142.71 万吨，增长 3.2%，其中：洗煤产量 3437.90 万吨，下降 1.7%；焦炭产量 1426.60 万吨，增长 13.9%；发电量 329.21 亿千瓦小时，下降 2.3%。

用电：全年全社会用电量 340.48 亿千瓦时，增长 6.7%。其中：农林牧渔业用电量 2.18 亿千瓦时，增长 0.8%；工业用电量（含电厂自用电）200.89 亿千瓦时，增长 7.7%，占工业用电量 69.1% 的煤炭、炼焦、化工、建材、冶金、电力等高耗能行业用电量 138.76 亿千瓦时，增长 8.8%；建筑业用电量 7.49 亿千瓦时，增长 5.0%；第三产业用电量 70.43 亿千瓦时，增长 3.8%；城乡居民生活用电量 54.56 亿千瓦时，增长 8.5%。

五、服务业

产业结构：全年非营利性服务业增加值 1085.60 亿元，占全市服务业增加值的比重为 35.5%，比上年增长 8.5%；金融业增加值 529.82 亿元，占比为 17.3%，增长 6.1%；营利性服务业增加值 410.10 亿元，占比为 13.4%，增长 2.5%；交通运输、仓储和邮政业增加值 220.82 亿元，占比为 7.2%，下降 2.8%；批发零售和住宿餐饮业增加值 511.19 亿元，占比为 16.7%，下降 7.6%；房地产业增加值 296.66 亿元，占比为 9.8%，下降 8.5%。规模以上服务业企业营业收入 2550.37 亿元，增长 4.8%。

交通运输：年末全市公路线路里程累计达到 6730.46 公里，其中高速公路 292.21 公里。公路密度 97.42 公里 / 百平方公里。太原地区铁路客运量 1290.03 万人次，下降 42.5%；铁路货运量 4346.18 万吨，下降 1.0%。航空客运量 552.70 万人次，下降 44.7%；航空货运量 4.01 万吨，下降 28.0%。

年末全市民用汽车保有量 205.51 万辆，比上年末增长 6.5%，其中：私人汽车 180.55 万辆，增长 6.5%。年末轿车保有量 120.77 万辆，增长 5.1%，其中：私人轿车 111.80 万辆，增长 5.3%。本年新注册汽车 15.06 万辆，下降 9.3%，其中：新注册轿车 7.50 万辆，下降 9.0%。

邮政电信：全年邮政行业业务总量 44.98 亿元，比上年增长 1.7%，其中：快递服务企业业务量 31145.64 万件，下降 3.2%；电信业务总量 80.56 亿元，增长 13.9%。移动电话用户 805.53 万户，其中：4G 移动电话用户为 368.23 万户，5G 移动电话用户为 395.28 万户。计算机互联网宽带用户 282.76 万户。

六、国内贸易

消费品零售：全年社会消费品零售总额 1761.40 亿元，比上年下降 6.0%。其中：城镇社会消费品零售总额 1636.04 亿元，下降 6.0%；乡村社会消费品零售总额 125.36 亿元，下降 5.5%。

图 4 2018—2022 年社会消费品零售总额

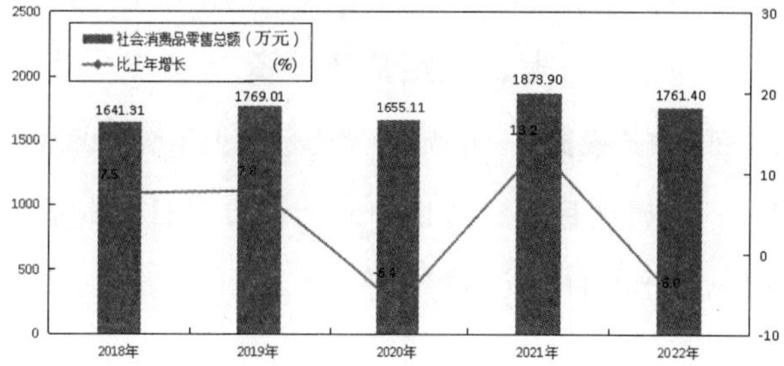

表 5 2022 年社会消费品零售总额

指　标	零售额（亿元）	比 2021 年增长（%）
社会消费品零售总额	1761.40	-6.0
分地域：城 镇	1636.04	-6.0
其中：城 区	1119.98	-15.8
乡 村	125.36	-5.5
限额以上消费品零售额	1014.54	-10.4
限额以下消费品零售额	746.85	-1.0

限额以上消费品零售额 1014.54 亿元，比上年下降 10.4%，占全市社会消费品零售总额的比重为 57.6%；限额以下消费品零售额 746.85 亿元，下降 1.0%，占比为 42.4%。

表 6 2022 年限额以上批发零售业商品零售类值

指　标	零售额（亿元）	比 2021 年增长（%）
汽车类	332.86	-5.4
石油及制品类	68.59	-20.9
文化办公用品类	9.72	6.0
通讯器材类	40.69	121.9
家用电器和音像器材类	54.10	-56.4
中西药品类	61.04	-0.4
建筑及装潢材料类	4.63	-19.2
日用品类	28.81	-1.0
家具类	2.00	-15.5
粮油、食品类	155.52	0.8
饮料类	11.56	3.0
烟酒类	51.14	3.6
服装、鞋帽、针纺织品类	68.43	-21.0
化妆品类	17.06	-14.5
金银珠宝类	16.88	-13.6

七、固定资产投资

固定资产投资：全年固定资产投资比上年增长 0.2%。其中：央属项目投资增长 40.5%，地方项目投资增长 54.2%，其他项目投资下降 36.9%。

图 5 2018—2022 年固定资产投资增速

单位：%

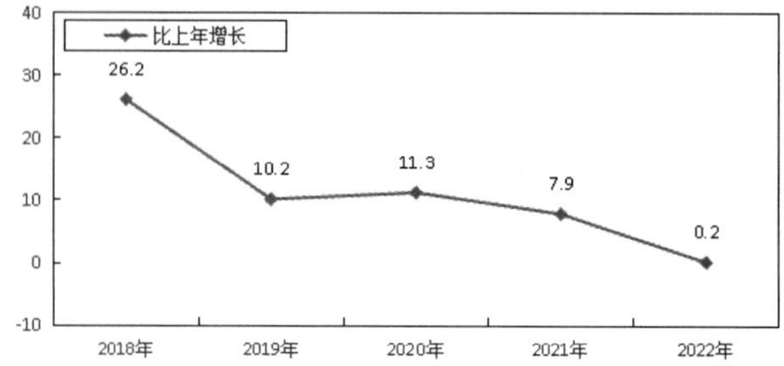

分产业看，第一产业投资增长 11.9%，第二产业投资下降 14.0%，第三产业投资增长 4.4%。工业投资下降 13.4%，其中：采矿业投资增长 73.4%，制造业投资下降 10.4%，电力、热力、燃气及水的生产和供应业投资下降 25.5%。城市基础设施建设投资增长 36.0%。

分经济类型看，国有投资增长 19.5%；非国有投资下降 23.2%，其中：民间投资下降 24.0%。

表 7 2022 年分行业固定资产投资

指　标	比 2021 年增长（%）
总 计	0.2
农、林、牧、渔业	9.1
采矿业	73.4
制造业	-10.4
电力、热力、燃气及水的生产和供应业	-25.5
建筑业	-86.7
批发和零售业	17.0
交通运输、仓储和邮政业	43.7
住宿和餐饮业	38.2
信息传输、软件和信息技术服务业	430.8
房地产业	-18.8
房地产开发	-18.6
租赁和商务服务业	21.2
科学研究和技术服务业	-2.1
水利、环境和公共设施管理业	25.5
居民服务和其他服务业	145.6
教育	19.4
卫生和社会工作	12.8
文化、体育和娱乐业	75.3
公共管理和社会组织	56.7

全年在建固定资产投资项目 1161 个。其中：5 亿元以

上项目245个，完成投资增长14.6%；10亿元以上项目126个，完成投资增长18.3%。

房地产开发：全年房地产开发投资下降18.6%。其中：住宅投资下降21.4%；商业营业用房投资下降20.7%。全年商品房竣工面积148.55万平方米，商品房销售额499.02亿元。

八、对外经济

进出口贸易：全年外贸进出口总额1467.07亿元，比上年下降20.2%。其中：出口额971.82亿元，下降14.6%；进口额495.25亿元，下降29.2%。

图6 2018-2022年外贸进出口总额

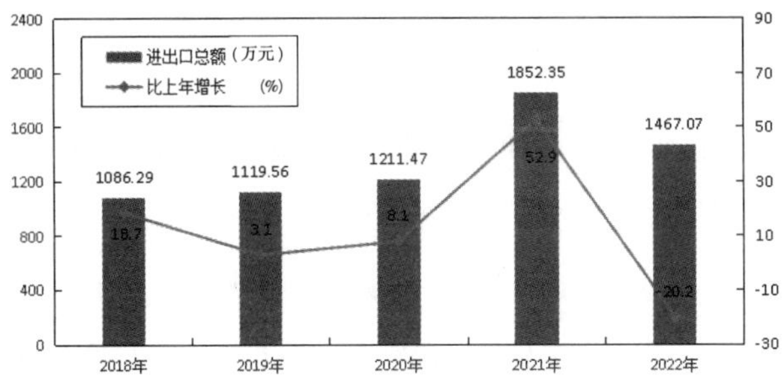

出口商品中，不锈钢材、机电产品分别为82.50亿元、829.17亿元，占出口额的93.8%。煤炭、焦炭、金属镁分别为6.93亿元、3.48亿元、12.25亿元，占出口额的2.3%。

表8 2022年外贸进出口总额

指　标	绝对数（亿元）	比2021年增长（%）
进出口总额	1467.07	−20.2
出口额	971.82	−14.6
其中：一般贸易	188.08	−2.5
加工贸易	779.58	−10.6
其中：机电产品	829.17	−17.0
高新技术产品	774.75	587.9
其中：国有企业	104.33	9.1
外商投资企业	780.60	−3.9
进口额	495.25	−29.2
其中：一般贸易	263.06	8.8
加工贸易	211.03	−44.2
其中：机电产品	249.06	−48.7
高新技术产品	203.78	−48.4
其中：国有企业	220.00	11.9
外商投资企业	31.68	−85.8

注：高新技术产品和机电产品分类有交叉。

招商引资：全年新设立外商投资企业41家。实际利用外商直接投资额3.05亿美元，增长76.9%。

九、财政金融

财政：一般公共预算收入437.48亿元，比上年增长3.3%，其中：税收收入332.34亿元，下降1.1%；非税收入105.14亿元，增长20.3%。

图7 2018—2022年一般公共预算收入

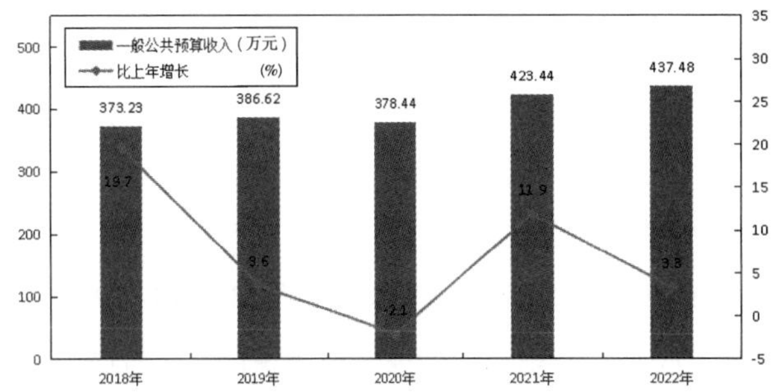

全年一般公共预算支出715.90亿元，比上年增长13.8%。其中教育、卫生健康、社会保障和就业、住房保障、交通运输、节能环保、城乡社区等民生支出551.82亿元，增长14.0%。

金融：年末全市金融机构本外币各项存款余额18288.01亿元，比年初增长14.9%；本外币各项贷款余额18162.14亿元，增长9.5%。人民币各项存款余额17982.06亿元，增长15.9%，其中：住户存款余额7761.93亿元，增长18.2%；人民币各项贷款余额17947.70亿元，增长10.1%。人民币贷款中，中长期贷款余额12793.35亿元，增长8.8%；短期贷款余额3152.53亿元，增长2.4%。

年末上市公司18家，其中：主板18家。“新三板”挂牌企业46家。

保险：全年原保险保费收入307.58亿元，增长6.01%。其中：寿险业务保费收入178.89亿元，增长3.94%；健康险业务保费收入50.62亿元，增长13.58%；意外伤害险业务保费收入7.13亿元，下降8.57%；财产险业务保费收入70.95亿元，增长8.04%。

支付各类赔款及给付102.90亿元，下降10.48%。其中：寿险业务给付35.59亿元，下降30.61%；健康险业务赔款及给付21.31亿元，增长23.30%；意外伤害险业务赔款2.26亿元，下降6.50%；财产险业务赔款43.74亿元，下降0.48%。

十、城市建设

基础设施建设：龙城大街打通工程、滨河东路南延二期竣工通车，中心街、大运路打通工程按序推进，太忻一体化经济区大盂产业新城核心区路网 11 条道路全部竣工通车，二期路网 6 条道路加快建设，已基本完成主体工程。完成滨河东路化章街口天桥等 11 座人行天桥建设。轨道 1 号线 21 座新建车站全部开工，封顶 17 座；24 个盾构区间始发 18 个，双向贯通 8 个。积极推进老旧小区改造，开工 688 个小区，已完工 564 个小区。开工既有建筑加装电梯 256 部，既有居住建筑节能改造（二期）PPP 项目 565 万平方米，已完成改造 508 万平方米。新增公共停车泊位 10151 个。城中村改造拆除旧村建筑面积 27.91 万平米，回迁安置房正在建设 5234 套。全市新开工建筑 371.75 万平方米，新增新建建筑验收面积 258.11 万平方米。新增绿色建筑 248.77 万平方米；新增可再生能源建筑应用面积 224.79 万平方米；新建装配式建筑面积 122.8 万平方米。

年末全市燃气供应量 13.78 亿立方米。集中供热面积扩网 502 万平方米。城市公交运营车辆保有量 2533 辆。公交运营线路长度 4103.98 公里，年客运量 1.88 亿人次。公共自行车服务点 1285 个，累计投放自行车 4.1 万辆。

城市绿化：完成兴瑀公园建设；龙城公园、动物园提质扩容工程接近尾声；启动千峰路泵站公园等一批公园前期手续办理工作。完成迎泽大街东延、化章街西延、森园路、大运路、滨河东路南延、龙城大街打通等多项新建续建道路配套绿化工程。全市共有综合性公园 21 个，社区公园 50 个，专类公园 17 个，游园 278 个。建成区绿化覆盖面积达到 16228.8 公顷，园林绿地 14378.4 公顷，公园绿地面积 5530.91 公顷，建成区绿化覆盖率 45.08％，绿地率 39.94%。

十一、教育和科学技术

教育：年末共有普通高等院校 53 所（其中高职院校 19 所），成人高等学校 2 所，中等职业教育学校 49 所，普通高中 91 所，普通初中 128 所，小学 409 所，幼儿园 800 所。

表 9 2022 年各类教育学生数

指 标	学校（所）	招生（人）	在校生（人）	毕业生（人）
高等教育	53	255301	768067	183291
研究生	4	19897	54862	13978
普通高等学校	47	153631	521442	139410
成人高等学校	2	81773	191763	29903
中等职业教育	49	19596	61411	17878
中等技术学校	30	10587	35397	11600
成人中等专业学校	2	2974	9900	2992
职业高中学校	17	6035	16114	3286
普通高中	91	27331	79133	26262
普通初中	128	50362	143169	43660
普通小学	409	62050	358448	51957
幼儿园	800	37845	129076	39656
特殊教育	9	273	1501	319

全市学前三年毛入园率 97.77%；小学、初中巩固率均达到国家标准；高中阶段毛入学率98.21%。2022年高考一本、二本达线率和录取率在全省稳居前列。

科学技术：全年技术市场共登记技术合同 2628 项，成交金额 265.65 亿元。拥有国家级技术中心 17 家，省级技术中心 140 家。截至年末，累计建成省级及以上重点实验室 107 个、省级工程技术研究中心 101 个、省级及以上科技企业孵化器 33 个、省级及以上众创空间 112 家，拥有院士工作站 75 个。年末累计认定高新技术企业 2220 家。获得省科技奖 165 项，占全省获奖总数 79.3%。全年发明专利授权量 3761 件，有效发明专利拥有量 16381 件。

十二、文化旅游、卫生健康和体育

文化：年末全市共有各类专业院团及具备规模的民营艺术表演团体 18 个。群艺文化馆 12 个，博物馆 21 个。公共图书馆 11 个，馆藏图书 679.06 万册。广播人口覆盖率 100%，电视人口覆盖率 100%。组织创作了国风舞蹈《宋时芳华》、晋剧《庄周试妻》、话剧《新报童》、儿童剧《哪吒闹海》等一批思想精深、艺术精湛、制作精良、不同风格、不同门类的优质文艺精品，全市文艺创作持续繁荣。组织开展第六批国家级非遗传承人和省级非遗代表性项目推荐申报，开展“文化和自然遗产日”非遗宣传展演展示、“新疆是个好地方”非遗展、“太原锣鼓”非遗专场、“太忻”非遗项目展演、晋源非遗展示展演、省级非遗项目文创产品微型展等活动，举办“锦绣太原城—主播带你看非遗”优秀非遗短视频抖音宣传等主题活动。钟楼街成为国家级旅游休闲街区，与太原古县城共同入选国家级夜间文化和旅游消费集聚区；方特东方神画获评省级夜间文化和旅游消费集聚区，太原古县城十字街、钟楼街、中正天街入选省级旅游休闲街区。年末列入国家级非物质文化遗产保护项目 18 项、省级保护项目 66 项、市级保护项目 160 项。

旅游：全市重点监测景区共接待游客 629.47 万人次，实现门票总收入 2.27 亿元，旅游经营收入 3.37 亿元。

卫生：年末共有卫生机构 3227 个（不含村卫生室），医疗床位 46102 张。各类卫生技术人员 70074 人，其中：执业（包括执业助理）医师 26282 人，注册护士 34368 人。我市获准实施公立医院改革和高质量发展示范项目，健康中国行动考核全省第一，基本公卫服务项目绩效考核全省“四连冠”，入并检疫登记、高风险区管理机制、常态化核酸检测等经验全省推广，医养结合、托育服务、妇幼保健、综合监管、职业病防治、健康促进等领跑全省。

体育：我市运动员苏翊鸣获得 2022 年北京冬奥会单板滑雪男子大跳台金牌和坡面障碍技巧银牌，这是山西和太原体育史上的首枚冬奥会金牌。我市运动员周泽琪获得 3 项世界跆拳道公开赛（挑战赛）冠军。我市运动员武桐桐作为中国女篮队员，随队获得女篮世界杯第二名。截至 2022 年底，共计 1215 名运动员取得省十六运会决赛资格，资格赛成绩以 288 金、192 银、188 铜、总分 6501 分的优势位列全省第一。全年销售中国体育彩票 14.08 亿元，居全省第一。

十三、居民收入消费和社会保障

居民收入消费：全年居民人均可支配收入 40597 元，比上年增长 5.8%。按常住地分，城镇居民人均可支配收入 43694 元，增长 5.6%，城镇居民人均消费支出 24948 元，增长 5.1%；农村居民人均可支配收入 22822 元，增长 5.9%，农村居民人均消费支出 17517 元，增长 7.5%。城乡居民收入比为 1.91 ：1。

社会保障：年末全市参加城镇职工基本养老保险人数 210.52 万人，比上年末增加 14.35 万人。参加城乡居民基本养老保险人数 83.50 万人，增加 3.90 万人。参加基本医疗保险人数 386.60 万人，增加 0.47 万人。其中，参加职工基本医疗保险人数 185.27 万人，增加 2.88 万人；参加城乡居民基本医疗保险人数 201.33 万人，减少 2.42 万人。参加失业保险人数 128.63 万人，增加 4.31 万人。参加工伤保险人数 145.44 万人，增加 10.44 万人。参加生育保险人数 121.53 万人，减少 1.83 万人。年末城市低保覆盖人口 1.73 万人，农村低保覆盖人口 2.98 万人，3778 人纳入农村五保供养，全年发放最低保障资金 3.59 亿元。

十四、环境保护和安全生产

环境质量：市区全年空气质量二级以上天数 241 天，全年 $PM_{2.5}$ 达标 298 天，空气质量综合指数 5.09。集中式饮用水水源地水质达标率保持 100%，地表水国家和省考核断面水质优良比例 80.0%。市区区域环境噪声年均值 50.0 分贝、交通噪声年均值 66.1 分贝。

气温降水：全年平均气温 10.4℃，降水量 527.5mm。社会用水量 7.25 亿立方米，其中：生活用水 3.14 亿立方米，农业灌溉用水 1.50 亿立方米，工业生产用水 1.76 亿立方米，生态用水 0.85 亿立方米。

安全生产：全年共发生各类生产安全亡人事故起数比上年下降 18.4%。

注释：

1. 本公报部分数据为初步统计数据。

2. 本公报部分数据由相关部门提供。

3. 地区生产总值、各产业（行业）增加值绝对数按现价计算，增长速度按不变价格计算。

4. 规模以上工业企业是指年主营业务收入在 2000 万元及以上的法人工业企业；固定资产投资统计起点为项目计划总投资 500 万元及以上；限额以上批发零售企业是指年销售额 2000 万元及以上的批发企业和年销售额 500 万元及以上的零售企业。

5. 电信业务总量按 2021 年价格计算。

6. 部分数据因四舍五入的原因，可能存在分项合计不等的情况。

2022年度太原市人口变动情况抽样调查主要数据公报

按照山西省统计局的统一部署，在太原市各级政府坚强领导和广大群众支持配合下，2022年度全市人口变动情况抽样调查工作已经圆满完成。这次人口抽样调查，按照多阶段，分层、概率比例的抽样方法，在全市10个县（市、区）抽取了105个乡（镇、街道），648个村（居）委会，调查登记常住人口104651人。调查的标准时间为2022年11月1日零时。

经对抽样调查结果进行科学推算，现将主要数据公布如下：

一、常住人口

2022年末全市常住人口为5435011人，比上年增加44054人，增长0.82%。

二、人口自然增长

2022年末全市常住人口中，出生人口39487人，比上年减少2158人；出生率为7.29‰，比上年下降0.54个千分点。死亡人口33863人，比上年增加2896人；死亡率为6.26‰，比上年上升0.44个千分点。人口自然增长率为1.04‰，比上年下降0.97个千分点。

2022年度太原市分县（市、区）

人口自然增长变化情况

地　区	出生率（‰）	出生人口（人）	死亡率（‰）	死亡人口（人）	自然增长率（‰）	自然变化（人）
太原市	7.29	39487	6.26	33863	1.04	5624
小店区	6.69	9514	5.04	7163	1.65	2351
迎泽区	6.53	3872	6.00	3559	0.53	313
杏花岭区	7.16	5652	7.89	6226	−0.73	−574
尖草坪区	8.13	4358	7.78	4171	0.35	187
万柏林区	8.68	8446	5.18	5037	3.50	3409
晋源区	9.12	2981	7.48	2443	1.65	538
清徐县	7.63	2651	7.90	2744	−0.27	−93
阳曲县	6.01	763	7.24	920	−1.24	−157
娄烦县	5.68	504	6.41	569	−0.73	−65
古交市	3.53	746	4.88	1031	−1.35	−285

三、地区分布

全市各县（市、区）常住人口分布如下：

2022年、2021年

太原市分县（市、区）常住人口

单位：人

地　区	年末常住人口	
	2022年	2021年
太原市	5435011	5390957
小店区	1428411	1414155
迎泽区	595369	591373
杏花岭区	792175	785644
尖草坪区	537335	534268
万柏林区	976956	968271
晋源区	328006	325364
清徐县	348589	345952
阳曲县	127592	126434

续表

地　区	年末常住人口	
	2022 年	2021 年
娄烦县	88850	88627
古交市	211728	210869

四、性别构成

2022 年末全市常住人口中，男性为 2784408 人，占常住人口的 51.23%；女性为 2650603 人，占常住人口的 48.77%，性别比（以女性为 100，男性对女性的比例）为 105.05。

五、城乡人口

2022 年末全市常住人口中，居住在城镇的人口为 4855368 人，占常住人口的 89.34%；居住在乡村的人口为 579643 人，占常住人口的 10.66%。

2022 年度太原市分县（市、区）
城乡人口分布情况

单位：人

地　区	城镇人口	乡村人口	城镇化率
太原市	4855368	579643	89.34
小店区	1337031	91380	93.60
迎泽区	584217	11152	98.13
杏花岭区	743725	48450	93.88
尖草坪区	507812	29523	94.51
万柏林区	976956	0	100.00
晋源区	279086	48920	85.09
清徐县	150925	197664	43.30
阳曲县	68930	58662	54.02
娄烦县	45469	43381	51.18
古交市	161217	50511	76.14

主要指标解释：

［1］人口数：指一定时点、一定地区范围内有生命的个人总和。

年度统计的年末人口数指每年 12 月 31 日 24 时的人口数。本公报中的人口数是指本年度 12 月 31 日的常住人口。

人口变动抽样调查的常住人口包括：1. 在抽中住房单元居住并且户口在本乡（镇、街道）的人口；2. 在抽中住房单元居住半年以上，户口在外乡（镇、街道）的人口；3. 在抽中住房单元居住不满半年，离开户口登记地半年以上的人口；4. 在抽中住房单元居住，户口待定的人口。

［2］城镇人口和乡村人口：城镇人口指居住在城镇范围内的全部常住人口；乡村人口是除上述人口以外的全部人口。

城镇包括城区和镇区。城区是指在市辖区和不设区的市中，街道办事处所辖的居民委员会地域；城市公共设施、居住设施等连接到的其他居民委员会地域和村民委员会地域。

镇区是指在城区以外的镇和其他区域，其包括镇所辖的居民委员会地域；镇的公共设施、居住设施等连接到的村民委员会地域。

［3］出生率：（又称粗出生率）指在一定时期内（通常为一年）一定地区的出生人数与同期内平均人数（或期中人数）之比，用千分率表示。本资料中的出生率指年出生率，其计算公式为：

出生率＝年出生人数 / 年平均人数 ×1000‰

式中：出生人数指活产婴儿，即胎儿脱离母体时（不管怀孕月数），有过呼吸或其他生命现象。年平均人数指年初、年底人口数的平均数，也可用年中人口数代替。

［4］死亡率：（又称粗死亡率）指在一定时期内（通常为一年）一定地区的死亡人数与同期内平均人数（或期中人数）之比，用千分率表示。本资料中的死亡率指年死亡率，其计算公式为：

死亡率＝年死亡人数 / 年平均人数 ×1000‰

［5］人口自然增长率：指在一定时期内（通常为一年）人口自然增加数（出生人数减死亡人数）与该时期内平均人数（或期中人数）之比，用千分率表示。计算公式为：

人口自然增长率＝（本年出生人数—本年死亡人数）/ 年平均人数 ×1000‰＝人口出生率—人口死亡率

［6］性别比：指男性人口数与女性人口数之比，通常用 100 个女性人口相应有多少男性人口表示。

太原市统计局

2023 年 3 月 28 日

第一篇

综合

General Survey

刘建程　贾常晋　周丽丽　任志鹏
曹孟洁　常　轶　宋晓洁　杨凯越
郭　强　苏雯婷　薛淳洋

资料整理、审核

刘建程　贾常晋　周丽丽　任志鹏
曹孟洁　常　轶　宋晓洁　杨凯越
郭　强　苏雯婷　薛淳洋

1-1 太原市县（市、区）及乡镇、办事处名称

县 级	乡 级
小店区	北格镇、刘家堡乡、西温庄乡、坞城街办、营盘街办、北营街办、平阳路街办、黄陵街办、小店街办、龙城街办、学府街办
迎泽区	郝庄镇、迎泽街办、桥东街办、文庙街办、柳巷街办、老军营街办、庙前街办
杏花岭区	中涧河镇、三桥街办、敦化坊街办、巨轮街办、涧河街办、鼓楼街办、杏花岭街办、坝陵桥街办、大东关街办、职工新街街办、杨家峪街办、享堂街办
尖草坪区	向阳镇、阳曲镇、柏板乡、西墕乡、汇丰街办、古城街办、柴村街办、迎新街街办、南寨街办、上兰街办、新城街办、光社街办、尖草坪街办
万柏林区	东社街办、千峰街办、下元街办、和平街办、万柏林街办、兴华街办、南寒街办、杜儿坪街办、白家庄街办、长风西街街办、小井峪街办、西铭街办、神堂沟街办、王化街办
晋源区	金胜镇、晋祠镇、姚村镇、义井街办、罗城街办、晋源街办
古交市	河口镇、镇城底镇、马兰镇、嘉乐泉乡、梭峪乡、岔口乡、常安乡、原相乡、邢家社乡、东曲街办、西曲街办、桃园街办、屯兰街办
清徐县	清源镇、徐沟镇、东于镇、孟封镇、马峪乡、柳杜乡、西谷乡、王答乡、集义乡
阳曲县	黄寨镇、大盂镇、东黄水镇、泥屯镇、高村乡、侯村乡、凌井店乡、西凌井乡、杨兴乡
娄烦县	娄烦镇、静游镇、杜交曲镇、马家庄乡、盖家庄乡、米峪镇乡、天池店乡

1-2 行政区划

单位：个

指 标	街道办事处	社区居委会	乡政府	镇政府	村民委员会	自然村
总 计	55	762	24	22	633	1339
小店区	8	151	2	1	29	33
迎泽区	6	103		1	9	20
杏花岭区	11	126		1	20	36
尖草坪区	9	77	2	2	55	85
万柏林区	14	123			15	16
晋源区	3	56		3	55	90
清徐县		31	5	4	139	191
阳曲县		30	5	4	98	328
娄烦县		11	4	3	105	187
古交市	4	54	6	3	108	353

1-3 自然资源

指标	单位	数量
一、人口、土地		
全市户籍总人口	人	4004171
人口密度（按户籍人口计算）	人/平方公里	580
土地面积	平方公里	6909
二、气候		
平均气温	摄氏度	10.5
极端最低气温	摄氏度	-16.8
极端最高气温	摄氏度	37.6
日照时间	小时	2430
无霜期	天	160
总降水量	毫米	527.5
三、林地		
当年造林面积	千公顷	5.64
森林覆盖率	%	25.1
四、水利		
采用总量合计	万立方米	72524.96
地表水采用总量	万立方米	31499.64
地下水采用总量	万立方米	22802.08
五、矿产（保有量）		
煤矿	亿吨	146.60
铁矿	万吨	35585.22
铝土矿	万吨	4747.23
溶剂灰岩	万吨	6487.45
水泥灰岩	万吨	18774.96
石膏	万吨	12613.28

注：1. 气候数据采用尖草坪站、小店站、古交站、阳曲站、清徐站、娄烦站全市六个气象监测站的平均数据。
2.2018 年森林资源管理一张图数据，2019 和 2020 年数据无法计算。
3. 矿产资源量为市统计数据，自然资源部尚未审核通过。

1-4　土地状况

单位：平方公里

指　标	面　积	占总面积（%）
总面积	**6909**	**100**
按特征分		
农用地	**5740**	**83.1**
耕地	1061	15.4
其中：平原（≤2°）	580	8.4
丘陵 (2°～6°、6°～15°、15°～25°)	100	1.4
山地（＞25°）	380	5.5
园地	158	2.3
林地	3691	53.4
草地	830	12.0
建设用地	**903**	**13.1**
城镇村及工矿用地	789	11.4
交通运输用地	108	1.6
水域及水利设施用地	6	0.1
其他土地	**266**	**3.9**

注：1. 表中数据来源于太原市规划和自然资源局。
2. 建设用地中的水域及水利设施用地只包含水工建筑用地，其他土地包含水域及水利设施用地、湿地、农村道路、设施农用地、田坎、盐碱地、裸土地、裸岩石砾地等地类。

1-5　取水情况

单位：万立方米

指　标	2022 年
一、农业用水量	
（一）耕地灌溉	13356.31
（二）林地灌溉	761.75
（三）园地灌溉	481.24
（四）牧草地灌溉	7.30
（五）鱼塘补水	147.68
（六）畜禽用水	306.49
（七）小计	15060.78
其中：取用地下水	2926.30
二、工业用水量	
（一）火（核）电工业直流式	
（二）火（核）电工业循环式	951.72
（三）非火（核）电工业	16665.54
（四）小计	17617.26
其中：取用地下水	4201.23
三、生活用水量	
（一）城镇居民生活	20854.22
（二）农村居民生活	2176.49
（三）建筑业	472.72
（四）服务业	7850.96
（五）小计	31354.39
其中：取用地下水	15247.29
四、人工生态环境补水量	
（一）城乡环境	3403.78
（二）河湖补水	5088.75
（三）小计	8492.53
其中：取用地下水	427.26
五、总用水量	72524.96
地表水源	31499.64
地下水源	22802.08
其他水源	18223.24

注：表中数据来源于太原市水务局。

1-6 按行政区划分土地面积及人口密度

指 标	土地面积（平方公里）	常住人口（人）	人口密度（人/平方公里）
总 计	**6909.05**	**5435011**	**787**
市辖区合计	**1416.04**	**4658252**	**3290**
小店区	289.94	1428411	4927
迎泽区	105.00	595369	5670
杏花岭区	146.43	792175	5410
尖草坪区	295.70	537335	1817
万柏林区	289.03	976956	3380
晋源区	289.95	328006	1131
县（市）合计	**5493.00**	**776759**	**141**
清徐县	607.59	348589	574
阳曲县	2084.08	127592	61
娄烦县	1289.35	88850	69
古交市	1511.99	211728	140

注：常住人口为抽样人口数。

1-7 主要年份社会经济主要指标人均水平

指 标	单 位	1985 年	1990 年	1995 年	2000 年	2005 年	2010 年	2015 年	2020 年	2021 年	2022 年
一、地区生产总值	元	1905	3648	7954	12460	25396	46359	57080	78778	95646	102922
二、主要产品产量											
原煤	吨	9.92	11.03	11.20	8.36	13.17	9.80	8.55	7.84	8.87	9.50
发电量	千瓦时	1075.96	1428.63	3122.47	3731.02	4671.15	5289.38	5517.34	6143.21	6213.56	6081.86
粗钢	公斤	659.31	738.01	854.64	821.45	1037.05	2206.07	2311.25	2437.41	2738.13	2556.21
成品钢材	公斤	361.98	384.54	575.72	841.16	1277.96	2199.58	2182.53	2339.45	2669.39	2500.62
水泥	公斤	327.5	287.43	532.81	558.59	925.42	1511.81	1024.42	1411.89	1398.57	1070.98
粮食	公斤	131.23	150.63	119.5	96.79	83.46	72.48	59.01	46.50	46.80	47.60
蔬菜及食用菌	公斤	198.43	229.97	244.44	411.00	331.08	228.88	276.06	126.15	130.82	135.88
猪牛羊肉	公斤	5.17	6.65	12.02	15.64	17.25	12.97	10.28	3.71	4.93	5.05
奶	公斤	8.67	13.61	13.19	15.12	27.25	25.33	21.82	12.23	12.78	13.01
三、社会消费品零售总额	元	771	1381	3111	6224	11282	20699	33017	31376	34995	32540
四、人民生活											
城镇居民可支配收入	元	646	1573	3939	6019	10476	17258	27727	38329	41377	43694
城镇居民消费性支出	元	585	1357	3409	5341	7806	12106	15455	20559	23748	24948
# 食品	元	308	653	1588	1750	2412	3710	3585	4819	5582	6082
衣着	元	112	241	514	564	1050	1234	1589	1547	1810	1737
居住	元		36	194	388	856	1172	3355	5292	2663	2637
农村常住居民人均可支配收入	元	526	763	1444	2643	4402	7611	13626	19655	21551	22822
城乡居民储蓄存款年末余额	元	486	1894	7064	13788	30110	61943	73544	86850	97346	120736

注：1.2014 年以前农村常住居民人均可支配收入为农民人均纯收入。

2. 根据第七次全国人口普查要求，重新修订了全市 2011—2019 年人口历史数据，因此，表中对 2015 年的历史数据同时进行了修订。

1-8 国民经济主要比例关系

单位：%

指 标	1985年	1990年	1995年	2000年	2005年	2010年	2015年	2020年	2021年	2022年
一、地区生产总值三次产业增加值比例										
第一产业	6.5	6.5	5.3	4.1	2.3	1.5	1.1	1.0	0.9	0.9
第二产业	66.9	56.6	48.3	42.6	47.8	44.7	37.4	36.0	41.1	44.2
第三产业	26.6	36.9	46.4	53.3	49.9	53.8	61.5	63.0	58.0	54.9
二、工业总产值轻重比例										
轻工业	25.8	25.0	20.7	18.7	7.6	7.9	6.8	5.2	4.3	4.0
重工业	74.2	75.0	79.3	81.3	92.4	92.1	93.2	94.8	95.7	96.0
三、农林牧渔总产值内部比例										
农业产值	74.3	69.1	56.9	57.9	51.9	59.4	58.0	51.4	52.6	48.8
林业产值	6.2	2.7	3.6	2.2	1.5	8.9	9.4	16.7	17.7	23.3
牧业产值	19.3	27.5	38.7	39.2	39.8	27.7	27.4	25.1	23.2	21.4
渔业产值	0.2	0.7	0.8	0.7	0.8	0.7	0.4	0.6	0.7	0.7
农林牧渔服务业					6.0	3.3	4.8	6.2	5.9	5.8
四、固定资产投资三次产业比例										
第一产业	0.3	0.7	0.1	0.7	0.7	1.5	1.8	0.9	1.0	1.1
第二产业	61.9	74.2	52.9	48.9	72.5	28.4	22.5	23.0	23.4	20.1
第三产业	37.8	25.1	47.0	50.4	26.8	70.1	75.7	76.1	75.6	78.8
五、固定资产投资额占地区生产总值比例	44.0	28.0	30.1	26.4	49.1	51.4	74.1	36.0	31.5	29.0
六、一般公共预算收入占地区生产总值比例	11.5	9.8	5.8	5.4	6.4	7.8	10.0	9.1	8.3	7.9

注：1.2005年起工业总产值轻重比例为规模以上工业按当年价格计算。

2.2009年起农林牧渔总产值内部比例按当年价格计算。

1-9 人民物质文化

指 标	单位	1985 年	1990 年	1995 年
一、城乡居民收入				
农民人均纯收入	元	526	763	1444
城镇居民人均可支配收入	元	646	1573	3939
城镇非私营单位在岗职工平均工资	元	1199	2351	5538
二、每百户居民拥有耐用消费品（抽样）				
电冰箱				
城镇居民	台	2	52	68
农民	台		2	12
彩色电视机				
城镇居民	台	17	84	98
农民	台	3	9	36
洗衣机				
城镇居民	台	64	95	88
农民	台	12	33	50
三、每千人拥有卫生技术人员和医疗卫生床位数				
每千人拥有卫生技术人员	人	10.4	10.6	10.6
每千人拥有医疗卫生床位数	张	7.8	8.8	8.5
四、储蓄				
城乡居民储蓄存款年末余额	亿元	11.29	48.76	197.54
平均每人储蓄存款余额	元	486	1894	7064

注：1.2014 年农民人均纯收入为农村居民人均可支配收入。

2.2013 年起城镇居民每人居住面积为建筑面积。

3. 城镇非私营单位在岗职工平均工资自 2020 年起不再包含铁路驻并单位。

4. 根据第七次全国人口普查要求，重新修订了全市 2011 年至 2019 年人口历史数据，因此，表中对 2015 年每千人拥有卫生技术人员和医疗卫生床位数、平均每人储蓄存款余额的历史数据同时进行了修订。

生活提高情况

2000 年	2005 年	2010 年	2015 年	2020 年	2021 年	2022 年
2643	4402	7611	13626	19655	21551	22822
6019	10476	17258	27727	38329	41377	43694
8394	18547	38838	60515	88650	98099	105242
90	96	98	93	98	96	97
27	34	53	68	87	91	92
115	119	110	104	99	97	97
65	85	105	105	101	98	99
94	99	97	97	99	98	98
59	64	89	91	96	95	95
9.6	9	10.9	11.3	12.6	13.0	12.9
8	7	7.6	7.9	8.2	8.5	8.5
419.63	1183.95	2386.79	3432.12	4581.44	5212.65	6535.43
13788	30110	61943	73544	86850	97346	120736

1-10 主要年份地区生产总值（按当年价格计算）

年份	地区生产总值（万元）	第一产业	第二产业	#工业	第三产业	人均GDP（元/人）
1952	23254	5462	8478	6693	9314	281
1957	56180	6503	31848	22952	17829	418
1962	57561	5693	32500	30383	19368	389
1965	90129	9243	63524	59517	17362	573
1970	112489	10879	83496	80874	18114	654
1975	143898	15360	102906	99874	25632	752
1978	186758	11036	140152	123482	35570	937
1980	222998	13961	156965	138361	52072	1075
1985	442126	28885	295782	239985	117459	1905
1990	899479	58755	508609	452736	332115	3494
1995	2224624	118405	1073679	921038	1032540	7954
1997	3109548	155584	1418799	1133271	1535165	10710
1998	3339078	162090	1494830	1197383	1682158	11339
1999	3474002	145302	1518154	1232320	1810546	11666
2000	3791880	154936	1616655	1316136	2020289	12460
2001	4322231	143440	1872487	1508556	2306304	12886
2002	4816953	175155	2026922	1605436	2614876	14280
2003	5862436	179952	2612951	2077981	3069533	17290
2004	7311548	209264	3454979	2750001	3647305	21466
2005	8688745	201903	4148132	3292470	4338710	25396
2006	10053796	195406	4678854	3787308	5179536	29263
2007	12823898	198578	6447711	5441087	6177609	37172
2008	14773818	220763	7298986	6096955	7254069	42646
2009	14883130	265360	6564449	5066154	8053321	42686
2010	17863125	275372	7978454	6148833	9609299	46359
2011	20588146	295946	9262084	7073148	11030116	48247
2012	22650706	307458	9875906	7595557	12467342	51640
2013	23685445	306541	9914094	7361012	13464810	52713
2014	24662542	313190	9897081	7280527	14452271	53862
2015	26637573	295133	9955897	7181041	16386543	57080
2016	27445085	299564	10100470	7039321	17045051	57349
2017	32873376	302490	12690838	9276135	19880048	66847
2018	37452336	292756	14013700	10183000	23145880	74173
2019	40028348	301348	14888281	10725221	24838719	77373
2020	41556639	398947	14961101	10715305	26196591	78778
2021	51216058	447995	21047180	16332476	29720883	95646
2022	55711745	480687	24660997	19691522	30570061	102922

注：1.2001 年起人均 GDP 为按抽样调查总人口计算，其余年份为按公安户籍人口计算。

2.1990 年至 2018 年为第四次经普调整后数据。

3. 根据第七次全国人口普查要求，重新修订了全市 2011 年至 2019 年人口历史数据，因此，表中对 2011 年至 2019 年人均 GDP 的历史数据同时进行了修订。

1-11　主要年份地区生产总值构成

单位：%

年　份	地区生产总值	第一产业	第二产业	#工业	第三产业
1952	100.0	23.5	36.5	28.8	40.0
1957	100.0	11.6	56.7	40.9	31.7
1962	100.0	9.9	56.5	52.8	33.6
1965	100.0	10.3	70.5	66.0	19.2
1970	100.0	9.7	74.2	71.9	16.1
1975	100.0	10.7	71.5	69.4	17.8
1978	100.0	5.9	75.0	66.1	19.1
1980	100.0	6.3	70.4	62.0	23.3
1985	100.0	6.5	66.9	54.3	26.6
1990	100.0	6.5	56.6	50.4	36.9
1995	100.0	5.3	48.3	41.4	46.4
1997	100.0	5.0	45.6	36.4	49.4
1998	100.0	4.8	44.8	35.9	50.4
1999	100.0	4.2	43.7	35.5	52.1
2000	100.0	4.1	42.6	34.7	53.3
2001	100.0	3.3	43.3	34.9	53.4
2002	100.0	3.6	42.1	33.3	54.3
2003	100.0	3.1	44.5	35.4	52.4
2004	100.0	2.9	47.2	37.6	49.9
2005	100.0	2.3	47.8	37.9	49.9
2006	100.0	1.9	46.6	37.7	51.5
2007	100.0	1.5	50.3	42.4	48.2
2008	100.0	1.5	49.4	41.3	49.1
2009	100.0	1.8	44.1	34.0	54.1
2010	100.0	1.5	44.7	34.4	53.8
2011	100.0	1.4	45.0	34.4	53.6
2012	100.0	1.4	43.6	33.5	55.0
2013	100.0	1.3	41.9	31.1	56.8
2014	100.0	1.3	40.1	29.5	58.6
2015	100.0	1.1	37.4	27.0	61.5
2016	100.0	1.1	36.8	25.6	62.1
2017	100.0	0.9	38.6	28.2	60.5
2018	100.0	0.8	37.4	27.2	61.8
2019	100.0	0.8	37.2	26.8	62.0
2020	100.0	1.0	36.0	25.8	63.0
2021	100.0	0.9	41.1	31.9	58.0
2022	100.0	0.9	44.2	35.3	54.9

1-12 主要年份地区生产总值指数

单位：%

年 份	地区生产总值	第一产业	第二产业	# 工业	第三产业
1957	106.7	98.1	111.1	119.0	102.7
1962	92.5	86.6	90.3	94.2	98.8
1965	120.4	97.9	132.6	134.9	98.8
1970	164.3	110.0	198.0	202.1	109.9
1975	116.5	105.5	121.3	120.6	106.0
1978	128.9	89.7	134.2	124.0	126.7
1980	106.5	112.1	102.7	100.3	118.9
1985	105.4	91.7	105.5	106.4	108.2
1990	109.1	126.8	107.9	102.0	109.3
1995	113.4	102.6	113.9	116.2	113.5
1997	110.3	103.3	109.8	107.9	112.0
1998	108.7	105.0	110.2	109.8	105.7
1999	107.8	96.9	106.9	108.4	110.8
2000	109.1	106.8	108.3	108.9	111.0
2001	111.8	90.9	110.4	108.4	114.5
2002	112.2	121.0	112.2	111.5	111.7
2003	115.4	104.1	118.8	118.0	113.5
2004	115.6	102.7	119.5	117.9	113.3
2005	115.8	101.1	116.5	117.8	116.1
2006	108.8	89.6	107.7	108.5	110.9
2007	114.4	103.9	118.3	122.2	111.3
2008	107.7	104.2	102.5	101.1	113.1
2009	102.9	102.2	92.8	87.6	112.0
2010	108.0	104.0	107.8	107.5	108.4
2011	107.5	102.1	107.6	107.2	107.6
2012	110.1	105.6	108.4	110.0	111.8
2013	108.6	103.0	110.1	108.9	107.6
2014	103.7	104.4	101.5	101.3	105.6
2015	109.1	101.4	106.2	105.9	111.6
2016	107.3	102.8	107.9	108.2	107.0
2017	107.5	102.9	107.2	108.9	107.7
2018	109.2	100.0	110.3	110.7	108.7
2019	106.6	102.1	105.9	104.9	107.1
2020	102.6	106.7	103.0	103.3	102.2
2021	109.3	107.8	112.5	116.5	107.5
2022	103.3	104.0	105.8	106.7	101.7

1-13 地区生产总值及构成

指 标	绝对额（万元）		构成 (%)	
	2022 年	2021 年	2022 年	2021 年
地区生产总值	55711745	51216058	100.0	100.0
农林牧渔业	508775	474131	0.9	0.9
工业	19691522	16332476	35.3	31.9
建筑业	4969475	4714704	8.9	9.2
批发和零售业	4597553	4779351	8.3	9.3
交通运输、仓储和邮政业	2208170	2244376	4.0	4.4
住宿和餐饮业	514381	564307	0.9	1.1
金融业	5298248	4949655	9.5	9.7
房地产业	2966566	3217655	5.3	6.3
其他服务业	14957055	13939403	26.9	27.2
第一产业	480687	447995	0.9	0.9
第二产业	24660997	21047180	44.2	41.1
第三产业	30570061	29720883	54.9	58.0

注：按照国家统计局2018年制定的《三次产业划分规定》，第一产业农林牧渔业，不含农林牧渔服务业；农林牧渔服务业属于第三产业。

1-14 太原市主要年份

指 标	1985 年	1990 年	1995 年	2000 年
年末户籍常住人口 (人)	2344452	2612087	2827710	3087491
按性别分				
男性	1258322	1384876	1490281	1607655
女性	1086130	1227211	1337429	1479836
按城镇、乡村分				
城镇人口	1425235	1636344	1832597	2039240
乡村人口	919217	975743	995113	1048251
社会从业人员（人）	1377500	1592200	1773000	1611200
按三次产业分				
第一产业	235500	248400	258000	276800
第二产业	770000	853400	872000	611500
第三产业	372000	490400	643000	722900
按职工、非职工分				
城镇从业人员				
农村从业人员				
城镇非私营单位在岗职工工资总额（万元）	115920	257007	609421	724376
城镇非私营单位在岗职工年平均工资（元）	1199	2351	5538	8394
城镇居民人均可支配收入（元）	646	1573	3939	6019
城镇居民人均消费性支出（元）	585	1357	3409	5341
# 食品	308	653	1588	1750
衣着	112	241	514	564
居住		36	194	388
农村常住居民人均可支配收入 (元)	526	763	1444	2643
农民人均生活消费支出 (元)				1634
. # 食品烟酒				696
衣着				204
居住				225
地区生产总值 (万元)	442126	899479	2224624	3791880
第一产业	28885	58755	118405	154936
第二产业	295782	508609	1073679	1616655
工业	239985	452736	921038	1316136
建筑业	55797	55873	152641	300519
第三产业	117459	332115	1032540	2020289

国民经济主要指标

2005年	2010年	2015年	2020年	2021年	2022年
3403874	3654990	3673857	3887949	3951105	4004171
1766902	1867963	1858619	1942918	1970683	1992704
1636972	1787027	1815238	1945031	1980422	2011467
2389268	2630159	2919276	3094732	3162366	3220857
1014606	1024831	754581	793217	788739	783314
1616195	1915100	2241600	2612300	2622100	2597400
271587	263900	253200	256800	246100	261700
530983	619300	653300	623400	635300	631600
813625	1031900	1335100	1732100	1740700	1704100
	1380800	1743500	2191600	2221100	2196600
	534300	498100	420700	401000	400800
1378220	3147504	6229561	8603420	9665337	10300657
18547	38838	60515	88650	98099	105242
10476	17258	27727	38329	41377	43694
7806	12106	15455	20559	23748	24948
2412	3710	3585	4819	5582	6082
1050	1234	1589	1547	1810	1737
857	1172	3355	5292	5783	2637
4402	7611	13626	19655	21551	22822
2601	3879	10124	13969	16295	17517
909	1312	2578	3745	4498	5066
350	493	893	1098	1255	1232
334	642	2787	3406	3964	4251
8688745	17863125	26637573	41556639	51216058	55711745
201903	275372	295133	398947	447995	480687
4148132	7978454	9955897	14961101	21047180	24660997
3292470	6148833	7181041	10715305	16332476	19691522
855662	1829621	2774856	4245796	4714704	4969475
4338710	9609299	16386543	26196591	29720883	30570061

1-14　续表 1

指　标	1985 年	1990 年	1995 年	2000 年
人均生产总值 (元 / 人)	1905	3494	7954	12460
地区生产总值指数 (%)	105.4	109.1	113.4	109.1
第一产业	91.7	126.8	102.6	106.8
第二产业	105.5	107.9	113.9	108.3
工业	106.4	102.0	116.2	108.9
建筑业	99.5	150.1	99.9	105.1
第三产业	108.2	109.3	113.5	111.0
全社会固定资产投资额 (万元)	194510	262924	701894	1047702
全社会新增固定资产 (万元)	126292	212335	517719	876782
商品零售价格总指数 (以上年价格为 100)	112.0	100.7	114.5	96.0
食品类		99.7	124.2	93.8
服装鞋帽类		106.9	119.1	100.6
纺织品类		106.9	120.1	94.9
中西药品及医疗保健用品类		99.1	114.3	101.3
文化和体育用品类		93.3	104.0	99.3
文化办公用品类				
体育娱乐用品类				
日用品类		99.8	109.0	98.0
家用电器及音像器材类		93.1	102.2	95.6
燃料类		119.9	105.9	107.6
建筑材料及五金电料类	112.0	100.4	102.8	99.4
居民消费品价格总指数 (以上年价格为 100)		101.7	116.8	103.6
食品类		99.7	123.4	93.2
衣着类		106.9	116.8	99.6
家庭设备用品及维修服务类		99.8	106.5	98.6
医疗保健和个人用品类		99.1	113.7	101.1
交通和通讯类		147.7	94.9	97.8
娱乐教育文化用品及服务类		93.3	112.3	96.4
居住类		105.9	111.9	107.0
食品烟酒				
衣着				
居住				
生活用品及服务				
交通和通信				

2005年	2010年	2015年	2020年	2021年	2022年
25396	46359	57080	78778	95646	102922
115.8	108.0	109.1	102.6	109.3	103.3
101.1	104.0	101.4	106.7	107.8	104.0
116.5	107.8	106.2	103.0	112.5	105.8
117.8	107.5	105.9	103.3	116.5	106.7
112.2	108.7	106.9	102.3	102.3	103.3
116.1	108.4	111.6	102.2	107.5	101.7
4385077	9164811	20256080	14934531	16112146	16142384
1193234	4114718	9597538	2994536	8685270	4181784
100.2	102.6	98.6	100.5	102.8	103.8
103.7	108.2	100.3	108.2	100.6	104.4
96.3	96.9	103.3	101.0	100.2	101.9
98.0	109.6	98.4	99.4	100.2	102.3
98.7	105.8	101.0	98.4	98.1	99.5
99.4	97.6	97.4	102.9	103.0	100.0
99.1	97.9	99.1	101.0	100.6	102.7
100.7	99.0	99.4	100.2	99.9	100.7
97.3	92.6	97.6	98.2	100.0	98.9
112.8	117.0	88.1	90.3	119.7	119.9
102.1	97.7	98.0	100.6	101.2	103.1
101.1	103.0	100.4	102.6	101.0	102.1
103.8	108.4	100.3			
96.2	97.2	103.4			
100.0	100.8	100.0			
101.6	102.6	100.3			
96.3	97.7	98.7			
101.9	101.8	100.4			
102.4	101.2	99.8			
			107.6	100.7	104.1
			101.1	100.2	102.1
			99.6	99.4	100.4
			100.5	100.4	100.7
			95.8	104.6	104.3

1-14 续表 2

指标	1985年	1990年	1995年	2000年
教育文化和娱乐				
医疗保健				
其他用品和服务				
服务项目类价格总指数(以上年价格为100)		110.2	107.3	162.1
农林牧渔业总产值(万元,按当年价格计算)	38744	73925	193432	246156
农业产值	28489	47608	120504	163107
林业产值	2266	1877	4382	4020
牧业产值	7942	22069	66859	77344
渔业产值	47	662	1687	1685
农林牧渔服务业产值				
农林牧渔业总产值指数(以上年价格为100)	100.6	108.3	102.2	106.9
农业产值		107.9	95.9	110.1
林业产值		93.0	106.8	102.4
牧业产值		110.8	112.8	102.8
渔业产值		116.5	103.6	103.7
农林牧渔服务业产值				
主要农作物播种面积(千公顷)	145.34	145.72	139.23	136.82
粮食	107.61	116.25	107.93	100.35
棉花	0.23	0.12	0.86	0.83
油料	22.70	13.52	13.90	11.05
主要农产品产量				
粮食(吨)	304534	387806	334171	294557
棉花(吨)	133	96	849	998
油料(吨)	16756	13882	6636	10557
肉类(吨)	12001	17109	33603	47606
禽蛋(吨)	7428	20003	35272	44361
工业企业单位数(个)	1560	1981	2033	383
按经济类型分				
国有经济	289	331	335	178
集体经济	1270	1638	1601	89
其他	1	12	97	116
按轻重工业分				
轻工业	713	877	727	128
重工业	847	1104	1306	255

2005 年	2010 年	2015 年	2020 年	2021 年	2022 年
			102.1	103.5	101.0
			107.4	99.4	100.1
			100.5	97.3	100.8
102.9	102.4	100.6	102.1	100.5	100.6
344060	495464	535860	672356	754579	806239
199305	285840	296341	345695	396706	393679
12088	48553	66397	111988	133416	187766
114172	137081	135255	168746	174728	172185
2689	3212	3179	3927	5159	5488
15806	20778	34688	42000	44570	47121
101.3	108.3	101.6	105.6	109.4	104.0
99.6	108.6	100.2	105.6	104.6	104.7
74.7	111.1	103.4	99.2	111.3	101.1
104.9	106.6	103.3	110.1	118.9	104.3
107.6	111.0	94.8	104.2	115.0	106.4
100.8	109.1	104.6	104.6	104.7	104.7
118.56	102.16	90.35	82.26	80.44	81.15
83.48	81.42	75.39	63.50	63.80	64.03
0.22	0.06	0.004	0.0003		
5.05	2.58	1.50	0.87	0.33	0.55
291865	279264	275393	245320	250600	257644
276	80	8	1		
3845	2840	2381	1506	604	1060
65135	49961	37711	24922	32695	33556
43165	36412	30869	30933	30752	29360
489	480	408	622	807	847
95	37	19	7	4	5
60	40	16	7	7	5
334	403	373	608	796	837
111	107	81	94	112	123
378	373	327	528	695	724

1-14 续表 3

指 标	1985 年	1990 年	1995 年	2000 年
工业企业总产值(万元,按 1990 不变价格计算)	620037	1276457	2588265	3105189
按经济类型分				
国有经济	536776	1063635	2008511	697609
集体经济	81674	204830	443982	197970
其他	1587	7992	135772	2209610
按轻重工业分				
轻工业	150649	334579	449580	528811
重工业	469388	941878	2138685	2576378
主要工业产品产量				
原煤(万吨)	2140	2840	3133	2544
发电量(万千瓦时)	347800	367800	873200	1135500
粗钢(万吨)	152.73	190.24	238.82	249.90
生铁(万吨)	110.97	160.00	241.00	292.00
焦炭(万吨)	152.56	386.33	893.24	836.00
水泥(万吨)	76.20	73.94	148.70	170.00
太原地区铁路货运量(万吨)	2398	3295	3735	4278
太原地区铁路客运量(万人次)	814	878	992	864
邮电业务总量(万元)	1470	3890	36723	238105
社会消费品零售总额(万元)	229781	456637	1116123	1894200
实际利用外商直接投资(万美元)	43	141	4500	7280
接待海外旅游人数(人次)	9695	13519	23594	47886
接待国内旅游人数(万人次)	173	277	462	860
重点监测景区接待旅游人数(万人次)				
一般公共预算收入(万元)	50872	92130	134263	214828
一般公共预算支出(万元)	32519	61055	146653	245873
#基本建设支出	4657	4674	11529	5392
文教科卫支出	7645	15259	35510	53994
#教育事业费支出				35688
学校数(所)	2057	2009	1967	1890
#普通高等教育	9	12	13	12
中等技术教育	41	46	48	47
普通中学	278	223	235	237
小学	1664	1646	1575	1503
在校学生数(人)	451732	442897	518546	649236

2005 年	2010 年	2015 年	2020 年	2021 年	2022 年
9213954	20003397	21592702	34166940	46541213	52435148
715540	662004	1215862	1530791	2142688	581398
164977	147631	60132	28902	40707	31766
8333437	19193762	20316708	32607247	44357818	51821984
703205	1400948	1470754	1769032	1994727	2158893
8510749	18602449	20121948	32397907	44546487	50276255
4482	3775	3988.88	4133.44	4750.58	5141.49
1594000	2038000	2574800	3240629	3327200	3292100
353.34	850.00	1078.60	1285.77	1466.20	1383.67
394.22	696.90	777.37	963.64	1107.10	1023.45
1201.00	1268.00	1029.40	1039.35	1251.96	1426.60
272.65	582.50	478.07	744.79	748.90	579.72
6113	5064	4414	4126	4390	4346
1074	2210	2598	1822	2242	1290
540873	1452903	1072137	1060855	1149554	1255385
3840302	8258458	15407962	16551131	18739018	17613967
16490	58501	85049	10199	17260	30526
100859	283194	210065	5434		
1408	1995	4892	3594		
				532.87	629.47
569525	1384809	2742403	3784351	4234439	4374837
718390	1896358	4199913	6473448	6289857	7158959
25197					
141640	532802	1086343	1785097	1866116	1737402
92774	359491	620878	915507	980932	978136
1400	1003	792	807	773	767
32	42	43	45	40	47
28	30	32	32	30	30
251	230	224	221	222	219
1003	607	416	445	417	409
980584	1154723	1158152	1254738	1290480	1458659

1-14 续表 4

指 标	1985 年	1990 年	1995 年	2000 年
#普通高等教育	26976	32463	44480	72689
中等技术教育	17711	29323	43323	83107
普通中学	151704	126591	131401	173635
小学	241219	232653	269039	295062
专任教师数（人）	31419	36427	39028	43109
#普通高等教育	4910	6031	6056	6669
中等技术教育	2369	3221	3543	3373
普通中学	10159	11203	11663	13775
小学	12526	13415	14747	16637
毕业生数（人）	96239	102370	111805	131606
#普通高等教育	4997	8088	12421	12572
中等技术教育	4956	10037	11635	15027
普通中学	36732	40519	32638	44537
小学	45648	37058	45576	48260
卫生机构数（个）	932	998	972	1002
#医院	194	220	221	131
卫生机构床位数（张）	18332	22944	24082	24817
#医院	16721	21248	22174	19317
卫生技术人员（人）	24328	27780	30101	28418
#医院	15732	19429	21594	21855

注：1. 2015 年以前城镇、乡村人口数分别为农业、非农业人口数。
2. 本表地区生产总值、社会消费品零售总额 2005—2008 年为第二次经济普查调整后口径。
3. 2014 年以前农村常住居民人均可支配收入为农民人均纯收入。
4. 2016 年国家对城镇居民消费品价格指数八类指标进行调整。
5. 工业企业单位数、工业企业总产值 2000 年以前为乡及乡以上口径，以后为规模以上工业口径，2005 年起为当年价。
6. 2011 年起固定资产投资起点由计划总投资 50 万元以上的项目提高到 500 万元以上，且没有全社会固定资产统计指标；2017 年国家统计局确定山西为投资改革试点省份，固定资产投资额的统计方法由原来的以形象进度法为主改为以财务支出法为主。
7. 因调整不变单价，故对表中 2020 年邮电业务总量数据进行修订。
8. 2005 年起社会消费品总额不含未通过市场直接向消费者出售的产品。
9. 2005 年以前外商直接投资包括间接投资。
10. 教育指标中不包括幼儿园。
11. 卫生指标中不含村卫生室数。
12. 原煤、洗煤、焦炭、发电量产量为规模以上工业企业数据。
13. 因太原市文化和旅游局统计口径的变化，故 2021 年起旅游人数不再区分海外和国内旅游人数。

2005年	2010年	2015年	2020年	2021年	2022年
265535	329712	546581	482167	460107	521442
53475	76540	56392	38748	37360	35397
222462	239953	206557	205979	213975	222302
317752	267325	275621	340782	346882	358448
55733	63377	65596	72225	72494	77087
16223	20912	23771	25337	23064	27068
1623	2266	2689	2463	2346	2368
16005	17134	18792	19865	19950	20154
17388	17079	16379	20243	22135	22727
223103	323154	313479	298478	291174	336608
53735	97398	151583	149952	113438	139410
16252	26875	24587	14112	10873	11600
64141	71310	73908	66571	65538	69922
49201	52792	36073	48213	50035	51957
1954	2527	2791	4025	4089	4087
194	191	185	164	165	160
23652	27771	36760	43166	45589	46102
21736	24703	34828	41821	43777	44472
29549	39930	52662	66540	69847	70074
22728	28529	39463	47725	49899	49673

第二篇

人口、计划生育和社会治安

田　军　张　琳　张　炜　刘红芳

资料整理、审核

田　军　张　琳　张　炜　刘红芳
张　星　付贵凤　张　琳（男）

2-1　人口

单位：人

指　标	2021 年	2022 年	2022 年比 2021 年增长（%）
户籍常住人口	3951105	4004171	1.34
按性别分			
男	1970683	1992704	1.12
女	1980422	2011467	1.57
按城镇和乡村分			
城镇人口	3162366	3220857	1.85
乡村人口	788739	783314	–0.69
按地区分			
市辖区	3118044	3170460	1.68
县（市）	833061	833711	0.08
暂住人口	1226393	1294192	5.53

注：本表为公安数据。

2-2 户籍常住人口

单位：人

地 区	合 计	按城镇、乡村分		按性别分		性别比例（女=100）	总户数（户）
		城镇人口	乡村人口	男性人口	女性人口		
太原市	**4004171**	**3220857**	**783314**	**1992704**	**2011467**	**99.07**	**1311231**
市辖区合计	**3170460**	**2894513**	**275947**	**1570060**	**1600400**	**98.10**	**992843**
小店区	768761	676612	92149	378057	390704	96.76	233036
迎泽区	558841	541771	17070	271594	287247	94.55	168276
杏花岭区	637102	619197	17905	317033	320069	99.05	201644
尖草坪区	342749	298500	44249	171793	170956	100.49	119766
万柏林区	631826	602581	29245	319181	312645	102.09	196789
晋源区	231181	155852	75329	112402	118779	94.63	73332
县（市）合计	**833711**	**326344**	**507367**	**422644**	**411067**	**102.82**	**318388**
清徐县	343737	127681	216056	169610	174127	97.41	125569
阳曲县	154745	48746	105999	78370	76375	102.61	63770
娄烦县	125073	31684	93389	64587	60486	106.78	52369
古交市	210156	118233	91923	110077	100079	109.99	76680

注：本表为公安数据。

2-3　人口自然变动情况

单位：人

地　区	年平均人口	出生人口合计	性别		出生婴儿性别比（女=100）	出生率（‰）	死亡人口合计	性别		死亡率（‰）	自然增加人口	自然增长率（‰）
			男	女				男	女			
太原市	3977638	33634	17361	16273	106.69	8.46	14024	8171	5853	3.53	19610	4.93
市辖区合计	3144252	27273	14090	13183	106.88	8.67	9722	5628	4094	3.09	17551	5.58
小店区	758351	7896	4052	3844	105.41	10.41	1507	849	658	1.99	6389	8.42
迎泽区	556379	4207	2142	2065	103.73	7.56	1560	892	668	2.80	2647	4.76
杏花岭区	634299	4494	2364	2130	110.99	7.08	2206	1223	983	3.48	2288	3.61
尖草坪区	341160	2652	1365	1287	106.06	7.77	1436	817	619	4.21	1216	3.56
万柏林区	625945	5718	2978	2740	108.69	9.13	2358	1439	919	3.77	3360	5.37
晋源区	228119	2306	1189	1117	106.45	10.11	655	408	247	2.87	1651	7.24
县（市）合计	833386	6361	2671	3690	72.38	7.63	4302	2543	1759	5.16	2059	2.47
清徐县	343131	2988	1522	1466	103.82	8.71	1766	1036	730	5.15	1222	3.56
阳曲县	154242	1190	619	571	108.41	7.72	625	408	217	4.05	565	3.66
娄烦县	125281	806	402	404	99.50	6.43	843	504	339	6.73	−37	−0.30
古交市	210733	1377	128	1249	10.25	6.53	1068	595	473	5.07	309	1.47

注：本表为公安数据。

2-4 人口机械变动情况

单位：人

地　区	迁入人口合计	迁　入		迁出人口合计	迁　出		净增（+）净减（-）
		省内迁入	省外迁入		迁往省内	迁往省外	
太原市	**57885**	**48567**	**9318**	**24219**	**12190**	**12029**	**33666**
市辖区合计	**54192**	**45454**	**8738**	**19231**	**8029**	**11202**	**34961**
小店区	18633	15859	2774	6332	2950	3382	12301
迎泽区	8328	6740	1588	3642	1194	2448	4686
杏花岭区	8707	7197	1510	3645	1503	2142	5062
尖草坪区	4009	3316	693	1549	668	881	2460
万柏林区	10827	9128	1699	3387	1356	2031	7440
晋源区	3688	3214	474	676	358	318	3012
县（市）合计	**3693**	**3113**	**580**	**4988**	**4161**	**827**	**-1295**
清徐县	1265	1085	180	1263	1025	238	2
阳曲县	1127	1012	115	682	580	102	445
娄烦县	472	385	87	809	655	154	-337
古交市	829	631	198	2234	1901	333	-1405

注：本表为公安数据。

2-5 人口抽样调查

单位：人

地 区	常住人口	出生人口	死亡人口	出生率（‰）	死亡率（‰）	自增率（‰）	城镇人口	乡村人口	城镇化率（%）	男性人口	女性人口	性别比（女=100）
太原市	5435011	39487	33863	7.29	6.26	1.04	4855368	579643	89.34	2784408	2650603	105.05
小店区	1428411	9514	7163	6.69	5.04	1.65	1337031	91380	93.60	733521	694890	105.56
迎泽区	595369	3872	3559	6.53	6.00	0.53	584217	11152	98.13	296519	298850	99.22
杏花岭区	792175	5652	6226	7.16	7.89	−0.73	743725	48450	93.88	399520	392655	101.75
尖草坪区	537335	4358	4171	8.13	7.78	0.35	507812	29523	94.51	280094	257241	108.88
万柏林区	976956	8446	5037	8.68	5.18	3.50	976956		100	499416	477540	104.58
晋源区	328006	2981	2443	9.12	7.48	1.65	279086	48920	85.09	170799	157207	108.65
清徐县	348589	2651	2744	7.63	7.90	−0.27	150925	197664	43.30	180170	168419	106.98
阳曲县	127592	763	920	6.01	7.24	−1.24	68930	58662	54.02	67404	60188	111.99
娄烦县	88850	504	569	5.68	6.41	−0.73	45469	43381	51.18	46266	42584	108.65
古交市	211728	746	1031	3.53	4.88	−1.35	161217	50511	76.14	110699	101029	109.57

2-6 计划生育综合情况

单位：人

地 区	育龄妇女人数（15 - 49岁）	已婚育龄妇女人数					女性初婚			领取独生子证人数
		合 计	已婚未育	现有一孩	现有二孩	现有三孩以上	合 计	19岁以下	平均年龄（岁）	
太原市	**1084047**	**636392**	**49231**	**372923**	**197787**	**16451**	**1658**	**13**	**26.8**	**473907**
小店区	232555	130376	11435	76710	39985	2246	258	1	26.9	90862
迎泽区	161348	94715	11294	60409	21886	1126	77		28.3	79650
杏花岭区	137896	79186	6150	56251	16121	664	59		28.5	106865
尖草坪区	100128	59100	3210	37005	17986	899	177		28.6	46686
万柏林区	179697	113872	8862	73159	30591	1260	215	1	27.4	83861
晋源区	56771	37321	2086	17182	16457	1596	232	2	26.4	21141
清徐县	81649	50036	2681	18956	24963	3436	375	4	25.3	15814
阳曲县	34079	18571	723	8920	8172	756	147	2	26.4	8288
娄烦县	37054	18944	1092	7345	8061	2446	57	3	26.3	5045
古交市	62870	34271	1698	16986	13565	2022	61		27.4	15695

2-7 节育情况

地 区	采取各种节育手术例数（例）						采取各种节育措施人数（人）									综合节育率（%）
	小计	男性绝育	女性绝育	宫内节育器	人流	取环	小计	男性绝育	女性绝育	宫内节育器	皮下埋植	口服及注射避孕药	避孕套	外用药	其他	
太原市	2673	1	16	1532		13	463184	3740	40365	371640	34	1410	38570	1	7424	72.78
小店区	307		16	188			92673	318	8502	76263	1	78	4921		2590	71.08
迎泽区	305			18		1	64310	109	1790	48687	9	211	12447		1057	67.90
杏花岭区	87			19			61087	143	1171	47906	3	333	10020		1511	77.14
尖草坪区	428			366		1	42072	75	3961	34378	2	54	3522		80	71.19
万柏林区	442			352		1	82128	218	6383	72284	4	94	2914	1	230	72.12
晋源区	329	1		94		2	25669	34	3169	20113	11	112	1103		1127	68.78
清徐县	685			457		2	42307	57	5702	34113	1	216	2169		49	84.55
阳曲县	22			18		5	11792	47	2414	8928		35	206		162	63.50
娄烦县	42			16		1	14445	693	3537	9225	1	226	609		154	76.25
古交市	26			4			26701	2046	3736	19743	2	51	659		464	77.91

2-8 社会治安情况

指 标	单 位	2022年	2021年
刑事案件立案数	起	19761	22900
刑事案件综合破案数	起	12481	13737
治安案件发现受理数	起	43753	64932
治安案件查处数	起	28271	50829
火灾发生数	起	3108	3212
火灾受伤人数	人	4	20
火灾死亡人数	人	9	8
直接财产损失	万元	2534	2449
交通事故发生数	起	1247	1722
交通事故受伤人数	人	1162	1777
交通事故死亡人数	人	218	266
交通事故损失折款	万元	273	383

2-9 安全生产情况

指 标	单 位	2022年
生产安全事故发生数	**起**	**40**
采矿业	起	3
#煤矿	起	2
建筑业	起	3
商贸制造业	起	3
交通运输和仓储业	起	24
其他行业	起	7
生产安全事故死亡人数	**人**	**46**
采矿业	人	4
#煤矿	人	2
建筑业	人	4
商贸制造业	人	4
交通运输和仓储业	人	26
其他行业	人	8

第三篇

从业人员和劳动报酬

资料整理、审核

田 军 辛丽媛 卫 洁 张万林

3-1　全社会从业人员

单位：万人

年　份	社会就业人员	城镇	乡村	第一产业	第二产业	第三产业
2010	191.51	138.08	53.43	26.39	61.93	103.19
2011	205.59	149.87	55.72	27.95	65.52	112.12
2012	208.13	157.22	50.91	25.31	75.41	107.41
2013	216.18	163.37	52.81	26.10	73.11	116.97
2014	219.08	169.38	49.70	24.82	68.16	126.10
2015	224.16	174.35	49.81	25.32	65.33	133.51
2016	236.25	186.66	49.59	25.47	66.56	144.22
2017	245.46	195.22	50.24	25.74	68.20	151.52
2018	251.49	203.57	47.92	25.20	65.44	160.85
2019	258.12	211.15	46.97	24.00	65.22	168.90
2020	261.23	219.16	42.07	25.68	62.34	173.21
2021	262.21	222.11	40.10	24.61	63.53	174.07
2022	259.74	219.66	40.08	26.17	63.16	170.41

3-2 城镇非私营单位按国民经济行业分组的单位从业人员

单位：人

指　标	2022 年年末人数
总　计	**977704**
按国民经济行业分组	
农、林、牧、渔业	629
采矿业	59982
制造业	156040
电力、热力、燃气及水生产和供应业	52876
建筑业	138738
批发和零售业	52336
交通运输、仓储和邮政业	53089
住宿和餐饮业	17899
信息传输、软件和信息技术服务业	17735
金融业	55132
房地产业	27591
租赁和商务服务业	44108
科学研究、技术服务业	35803
水利、环境和公共设施管理业	10451
居民服务、修理和其他服务业	2605
教育	99924
卫生和社会工作	64340
文化、体育和娱乐业	12858
公共管理、社会保障和社会组织	75569

注：1. 根据《劳动工资统计报表制度》，本表数据不包含铁路系统驻并单位。

2. 从业人员包括在岗职工、劳务派遣人员和其他从业人员。

3-3 城镇非私营单位按国民经济行业分组的单位从业人员劳动报酬

单位：万元

指 标	单位从业人员劳动报酬
总 计	10510146.9
按国民经济行业分组	
农、林、牧、渔业	3676.6
采矿业	733574.3
制造业	1712278.1
电力、热力、燃气及水生产和供应业	721423.0
建筑业	1236496.5
批发和零售业	437324.0
交通运输、仓储和邮政业	476091.3
住宿和餐饮业	81981.7
信息传输、软件和信息技术服务业	226312.7
金融业	850472.4
房地产业	258908.9
租赁和商务服务业	334367.9
科学研究、技术服务业	417213.8
水利、环境和公共设施管理业	77179.9
居民服务、修理和其他服务业	19269.3
教育	1149960.8
卫生和社会工作	783437.8
文化、体育和娱乐业	116227.5
公共管理、社会保障和社会组织	873950.3

注：1. 根据《劳动工资统计报表制度》，本表数据不包含铁路系统驻并单位。

2. 从业人员包括在岗职工、劳务派遣人员和其他从业人员。

3-4 城镇非私营单位按国民经济行业分组的在岗职工（含劳务派遣人员）人数

单位：人

指 标	2022 年年末人数
总 计	**937438**
按国民经济行业分组	
农、林、牧、渔业	529
采矿业	59733
制造业	153751
电力、热力、燃气及水生产和供应业	52514
建筑业	130112
批发和零售业	51199
交通运输、仓储和邮政业	52481
住宿和餐饮业	14768
信息传输、软件和信息技术服务业	17655
金融业	40862
房地产业	26245
租赁和商务服务业	43532
科学研究、技术服务业	35017
水利、环境和公共设施管理业	10319
居民服务、修理和其他服务业	2556
教育	97660
卫生和社会工作	61683
文化、体育和娱乐业	12495
公共管理、社会保障和社会组织	74325

注：根据《劳动工资统计报表制度》，本表数据不包含铁路系统驻并单位。

3-5 城镇非私营单位按国民经济行业分组的在岗职工（含劳务派遣人员）工资总额

单位：万元

指 标	在岗职工工资总额
总 计	10300657.1
按国民经济行业分组	
农、林、牧、渔业	3564.2
采矿业	733039.2
制造业	1702274.3
电力、热力、燃气及水生产和供应业	720029.5
建筑业	1176163.2
批发和零售业	431283.6
交通运输、仓储和邮政业	472723.7
住宿和餐饮业	78143.1
信息传输、软件和信息技术服务业	225918.2
金融业	765402.4
房地产业	254673.5
租赁和商务服务业	331634.4
科学研究、技术服务业	411059.7
水利、环境和公共设施管理业	76598.6
居民服务、修理和其他服务业	19099.7
教育	1142455.8
卫生和社会工作	771369.3
文化、体育和娱乐业	114871.3
公共管理、社会保障和社会组织	870353.3

注：根据《劳动工资统计报表制度》，本表数据不包含铁路系统驻并单位。

3-6 城镇非私营单位按国民经济行业分组的其他从业人员人数

单位：人

指　标	2022 年年末人数
总　计	40266
按国民经济行业分组	
农、林、牧、渔业	100
采矿业	248
制造业	2288
电力、热力、燃气及水生产和供应业	361
建筑业	8626
批发和零售业	1137
交通运输、仓储和邮政业	607
住宿和餐饮业	3130
信息传输、软件和信息技术服务业	79
金融业	14270
房地产业	1346
租赁和商务服务业	576
科学研究、技术服务业	786
水利、环境和公共设施管理业	132
居民服务、修理和其他服务业	49
教育	2264
卫生和社会工作	2657
文化、体育和娱乐业	364
公共管理、社会保障和社会组织	1244

注：根据《劳动工资统计报表制度》，本表数据不包含铁路系统驻并单位。

3-7　城镇非私营单位按国民经济行业分组的其他从业人员工资总额

单位：万元

指　标	其他从业人员工资总额
总　计	209489.8
按国民经济行业分组	
农、林、牧、渔业	112.4
采矿业	535.1
制造业	10003.8
电力、热力、燃气及水生产和供应业	1393.5
建筑业	60333.3
批发和零售业	6040.4
交通运输、仓储和邮政业	3367.6
住宿和餐饮业	3838.6
信息传输、软件和信息技术服务业	394.5
金融业	85070.0
房地产业	4235.4
租赁和商务服务业	2733.5
科学研究、技术服务业	6154.0
水利、环境和公共设施管理业	581.3
居民服务、修理和其他服务业	169.6
教育	7505.0
卫生和社会工作	12068.5
文化、体育和娱乐业	1356.3
公共管理、社会保障和社会组织	3597.0

注：根据《劳动工资统计报表制度》，本表数据不包含铁路系统驻并单位。

3-8 城镇非私营单位按国民经济行业分组的从业人员年平均工资

单位：元

指 标	从业人员年平均工资
总 计	**103008**
按国民经济行业分组	
农、林、牧、渔业	59199
采矿业	120283
制造业	91192
电力、热力、燃气及水生产和供应业	135018
建筑业	85132
批发和零售业	83498
交通运输、仓储和邮政业	90403
住宿和餐饮业	43251
信息传输、软件和信息技术服务业	125706
金融业	153397
房地产业	88038
租赁和商务服务业	76596
科学研究、技术服务业	114985
水利、环境和公共设施管理业	73532
居民服务、修理和其他服务业	73486
教育	114257
卫生和社会工作	123100
文化、体育和娱乐业	89828
公共管理、社会保障和社会组织	116311

注：根据《劳动工资统计报表制度》，本表数据不包含铁路系统驻并单位。

3-9　城镇非私营单位按国民经济行业分组的在岗职工（含劳务派遣人员）年平均工资

单位：元

指　标	在岗职工年平均工资
总　计	105242
按国民经济行业分组	
农、林、牧、渔业	67737
采矿业	120702
制造业	91831
电力、热力、燃气及水生产和供应业	135465
建筑业	86305
批发和零售业	84181
交通运输、仓储和邮政业	90818
住宿和餐饮业	52101
信息传输、软件和信息技术服务业	126262
金融业	186116
房地产业	90939
租赁和商务服务业	77067
科学研究、技术服务业	116330
水利、环境和公共设施管理业	73953
居民服务、修理和其他服务业	74407
教育	116263
卫生和社会工作	125819
文化、体育和娱乐业	91549
公共管理、社会保障和社会组织	117640

注：根据《劳动工资统计报表制度》，本表数据不包含铁路系统驻并单位。

3-10　城镇失业人员情况

单位：人

指　标	2022 年	2021 年
期末失业人数	51676	52875
上期结转的失业人数	51494	53575
本期新登记的失业人数	47098	52318
本期由就业转失业人数		
本期失业人员就业人数	44799	53013

注：数据来源于市人社局。

第四篇

固定资产投资、建筑业

资料整理、审核

米俊峰　李　珊　周文丽　张　辉
李　洋　赵　瓅　赵　华

4-1　固定资产投资规模

单元：万元

指　标	2022 年	比 2021 年增长（%）
总　计	16142384	0.2
按投资类型分		
投资项目完成投资	10726309	13.4
房地产开发项目完成投资	5416075	-18.6
按隶属关系分		
中央项目	2550985	40.5
地方项目	7740903	54.2
其他项目	5850496	-36.9

4-2 固定资产投资额

单元：万元

指 标	本年完成投资	本年新增固定资产
总 计	**16142384**	**4181784**
住宅		
按控股情况分		
国有控股	10192910	3304067
集体控股	57661	3261
私人控股	4720160	597836
港澳台商控股	31389	15888
外商控股	45338	15603
其他	1094926	245129
按隶属关系分		
中央项目	2550985	486375
地方项目	7740903	2848680
其他项目	5850496	846729
按建设性质分		
# 新建	8710389	2790077
扩建	287417	28514
改建和技术改造	1330627	298152
按构成分		
建筑安装	11029534	—
设备工器具购置	1475517	—
其他费用	3637333	—
按国民经济部门（行业）分		
农林牧渔业	178518	95964
采矿业	99582	13723
制造业	2361175	398197
电力热力燃气及水的生产和供应业	786540	445575
建筑业	3484	1550
批发和零售业	110311	254535
交通运输仓储和邮政业	2503098	108612
住宿和餐饮业	69939	4491
信息传输软件和信息技术服务业	303622	274573
金融业	394	394
房地产业	5625120	980778
租赁和商务服务业	558972	429305
科学研究和技术服务业	167611	5383
水利环境和公共设施管理业	2546698	973393
居民服务修理和其它服务业	8336	
教育	317356	104785
卫生和社会工作	237625	65581
文化体育和娱乐业	197621	24113
公共管理社会保障和社会组织	66382	832
国际组织		

4-3　固定资产投资资金来源情况

单元：万元

指　标	投资项目
一、本年资金来源合计	**10344096**
1. 上年末结余资金	2230644
2. 本年资金来源小计	8113452
国家预算资金	2626950
国内贷款	1499068
债券	391915
利用外资	627
自筹资金	3164769
其他资金来源	430123
二、本年各项应付款合计	**2409544**
# 工程款	1934814

4-4 房地产开发投资完成情况

指 标	单 位	合 计		按经济类型分	
			# 住宅	国有	其他
房地产开发投资	万元	5416075	4134288	552733	4863342
本年新增固定资产	万元	634524		150537	483987
施工面积	平方米	81282348	58746279	8862078	72420270
竣工面积	平方米	1485534	1035192	241370	1244164
商品房屋销售面积	平方米	5073695	4687448	573692	4500003
商品房销售额	万元	4990158	4616075	493900	4496258

4-5 房地产开发资金来源情况

单位：万元

指 标	合 计	按经济类型分	
		国有	其他
一、上年末结余资金	**2941044**	**210665**	**2730379**
二、本年实际到位资金	**7162085**	**909506**	**6252579**
# 国内贷款	357353	22101	335252
自筹资金	1826010	358943	1467067
定金及预收款	3097227	417550	2679677
个人按揭贷款	1659810	71421	1588389
其他资金来源	221685	39491	182194
三、本年各项应付款	**2090372**	**211129**	**1879243**
# 工程款	1535467	150335	1385132

4-6　房地产开发单位生产和经营情况

单位：千元

指　标	总　计	按经济类型分		
		国有	集体	其他
一、实收资本合计	73129097	32082926	226193	40819978
二、年末资产负债情况				
资产总计	863688643	285059485	4472809	574156349
固定资产累计折旧	3516682	733265	13001	2770416
# 本年折旧	389587	89976	1417	298194
负债总计	764572299	225166503	4177402	535228394
所有者权益合计	99116344	59892982	295407	38927955
三、损益及分配				
1. 营业收入总计	77267876	34367697	1544596	41355583
# 主营业务收入	71013261	34106768	1542661	35363832
（1）土地转让收入	7421			7421
（2）商品房屋销售收入	63513753	28325997	1542476	33645280
（3）自持物业收入	749653	441751		307902
# 房屋出租收入	505064	225727		279337
（4）其他收入	6742434	5339020	185	1403229
2. 营业成本	68133077	28650473	1283491	38199113
# 主营业务成本	64523798	28300686	1283207	34939905
3. 营业税金及附加	2068103	960826	31422	1075855
4. 其他业务利润	104381	50698	3795	49888
5. 销售费用	2244937	541490	9045	1694402
6. 管理费及财务费用	2792562	434087	37532	2320943
7. 投资收益及营业外收入	160487	91945	753	67789
8. 营业外支出	451526	46861	4300	400365
9. 利润总额	1396291	3695609	182129	-2481447

4-7 房地产开发商品房销售与出租情况

单位：平方米

指 标	实际销售	待售	实际销售额（万元）
房屋面积	**5073695**	**1146272**	**4990158**
1. 住宅	4687448	771721	4616075
2. 办公楼	62360	91475	47911
3. 商业营业用房	180938	68018	246217
4. 其他	142949	215058	79955

4-8 房地产开发施工、竣工面积及竣工价值

单位：平方米

指 标	施工面积	# 新开工	竣工面积	竣工房屋价值（万元）
房屋建筑面积	**81282348**	**4183903**	**1485534**	**627764**
按用途分				
1. 住宅	58746279	3094489	1035192	517926
2. 办公楼	3053872	44655	66062	13888
3. 商业营业用房	5637033	194780	67368	45823
4. 其他	13845164	849979	316912	50127

4-9　建筑业主要经济指标

指　标	单　位	2022 年	2021 年
施工单位	个	1812	1835
施工产值	万元	42199090	37811774
# 建筑工程	万元	37199820	32212093
安装工程	万元	4063130	4488197
竣工产值	万元	11180582	11876843
房屋建筑施工面积	平方米	146646670	152398398
房屋建筑竣工面积	平方米	38019583	30147685
计算建筑业劳动生产率平均人数	人	884273	826815
从业人员期末人数	人	538862	543960
劳动生产率			
按施工产值计算	元 / 人	477217	457318
按房屋建筑竣工面积计算	平方米 / 人	42.9	36.5
资产合计	万元	72684736	65218154
负债合计	万元	55819583	49824187
所有者权益	万元	16865154	15393967
实收资本合计	万元	8475467	7540994
利润总额	万元	1032629	1133076
亏损企业个数	个	509	482
亏损企业亏损额	万元	70363	42448
利税总额	万元	2064380	1908917

4–10 建筑施工企业生产完成情况

指 标	单 位	总 计	按经济类型分			按隶属关系分		
			国有	集体	其他	中央	地方	其他
企业个数	个	1812	149	15	1648	38	121	1653
建筑业总产值	万元	42199090	29978765	188274	12032051	16218001	13894127	12086962
1. 建筑工程	万元	37199820	27387105	69119	9743596	15050603	12369327	9779890
2. 安装工程	万元	4063130	2260384	103260	1699486	960675	1399754	1702701
3. 其它	万元	936140	331277	15895	588968	206723	125046	604371
竣工产值	万元	11180582	6848935	164864	4166783	1932775	5033150	4214658
房屋建筑施工面积	平方米	146646670	113374958	412044	32859668	36781405	76602032	33263233
#本年新开工面积	平方米	38121036	27219583	132421	10769032	9872668	17355394	10892974
房屋建筑竣工面积	平方米	38019583	29566082	214766	8238735	17953789	11620772	8445022
自有机械设备净值	万元	1336936	1161239	3296	172401	1061964	102522	172450
自有机械设备年末总台数	台	77382	51713	598	25071	36880	15352	25150
自有机械设备年末总功率	千瓦	5601638	4832970	5977	762691	4350341	487905	763392

4-11 建筑业财务状况

指 标	单位	总计	按经济类型分			按隶属关系分		
			国有	集体	其他	中央	地方	其他
一、年末资产负债								
流动资产合计	万元	52671086	2303936	60073	50307078	187501	2150969	50332616
#应收工程款	万元	14196328	821593	30188	13344547	95016	746372	13354940
#存货	万元	3956661	189939	4892	3761830	9939	182715	3764007
固定资产减值准备		5668	1559		4109	29	1530	4109
固定资产原价	万元	3970284	169849	6704	3793732	16478	158909	3794897
累计折旧	万元	2404837	110858	4437	2289542	10331	103950	2290557
#本年折旧	万元	464758	10455	359	453944	1090	9672	453996
在建工程	万元	168895	10146		158749	1594	8551	158749
资产合计	万元	72684736	2846218	62385	69776132	200312	2685048	69799376
流动负债合计	万元	49950742	2237312	39740	47673690	112055	2150386	47688301
#应付账款	万元	21002738	1034338	21301	19947099	60336	985738	19956664
非流动负债合计	万元	5625545	19749		5605796	380	19369	5605796
负债合计	万元	55819583	2260569	39802	53519212	114140	2171593	53533851
所有者权益合计	万元	16865154	585650	22583	16256921	86173	513455	16265526
实收资本	万元	8475467	409622	20141	8045705	65938	357452	8052078
个人资本	万元	959066	49188	6889	902989	9392	41802	907872
二、损益及分配								
营业收入	万元	47763900	36645146	224771	10893983	22125851	14682237	10955812
#主营业务收入	万元	47150219	36416360	224223	10509636	22024197	14554078	10571944

4-11 续表

指　标	单位	总计	按经济类型分			按隶属关系分		
			国有	集体	其他	中央	地方	其他
营业成本	万元	44537915	2083190	34763	42419962	193295	1907048	42437572
#主营业务成本	万元	43753886	2053285	33173	41667427	185222	1885098	41683567
营业税金及附加	万元	109801	7751	99	101952	1183	6604	102013
#主营业务税金及附加	万元	105795	7526	92	98178	1127	6429	98240
其他业务利润	万元	67362	5500	–4	61866	85	5411	61866
销售费用	万元	51869	2171	176	49522	79	2175	49615
管理费用	万元	1169541	95106	1950	1072486	12534	83851	1073157
研发费用	万元	1168042	103067	198	1064777	4275	98810	1064958
财务费用	万元	329212	13029	633	315551	527	12975	315711
#利息收入	万元	223696	4128		219568	–129	4256	219568
利息支出	万元	492103	15128	495	476480	363	15204	476536
营业利润	万元	1028125	59120		969005	3458	55445	969222
营业外收入	万元	24850	2734	102	22014	26	2714	22110
营业外支出	万元	20852	2125	108	18619	61	2031	18760
利润总额	万元	1032629	59698	–7	972938	3422	56097	973110
应交所得税	万元	83978	2814	53	81111	502	2328	81148
三、人工成本及增值税								
应付职工薪酬	万元	2477531	1748189	37386	691956	1063792	712480	701258
应交增值税	万元	925957	594714	8203	323041	216695	382135	327127
四、亏损企业个数	个	509			509			509
五、亏损额	万元	70363			70363			70363

第五篇

能源消费与库存

翟秀东　郭　波　赵　星
侯媛媛　苏　瑜

资料整理、审核

翟秀东　郭　波　赵　星
侯媛媛　苏　瑜

5-1　全社会用电量

单位：万千瓦时

指　标	2022 年	2021 年
全社会用电量总计（包含省返线损、省调厂用电）	**3404815.74**	**3190877.49**
省返线损	83229.62	105343.79
省调厂用电	240767.29	239974.59
全社会实用电总计	**3101369.53**	**2885302.84**
A. 全行业用电合计	2555791.65	2382385.45
第一产业	10034.07	9539.75
第二产业	1841497.75	1694215.47
第三产业	704259.83	678630.23
B. 城乡居民用电合计	545577.89	502917.39
城镇居民	457707.59	426365.56
乡村居民	87870.30	76551.83
全行业用电分类	**2555791.65**	**2382385.45**
一、农、林、牧、渔业	**21766.52**	**21597.79**
（一）农业	6895.56	6618.60
（二）林业	713.98	746.46
（三）畜牧业	2373.92	2127.48
（四）渔业	50.60	47.20
（五）农、林、牧、渔专业及辅助性活动	11732.45	12058.04
其中：排灌	11458.09	11841.85
二、工业	**1768103.27**	**1624649.38**
（一）采矿业	234835.01	236638.50
1. 煤炭开采和洗选业	181313.58	183913.14
2. 石油和天然气开采业	50.55	40.52
3. 黑色金属矿采选业	50560.38	50187.71
4. 有色金属矿采选业	446.45	199.23

5-1 续表 1 单位：万千瓦时

指 标	2022 年	2021 年
5. 非金属矿采选业	361.94	567.26
6. 其他采矿业	2102.11	1730.64
（二）制造业	1379327.77	1251980.86
1. 农副食品加工业	5063.48	5022.19
2. 食品制造业	12752.78	11582.68
3. 酒、饮料及精制茶制造业	4537.53	4791.14
4. 烟草制品业	1810.27	1834.19
5. 纺织业	956.73	1510.05
6. 纺织服装、服饰业	242.63	185.89
7. 皮革、毛皮、羽毛及其制品和制鞋业	27.03	18.07
8. 木材加工和木、竹、藤、棕、草制品业	723.54	857.34
9. 家具制造业	1477.98	1340.17
10. 造纸和纸制品业	736.90	1652.57
11. 印刷和记录媒介复制业	1416.54	1591.04
12. 文教、工美、体育和娱乐用品制造业	214.47	301.64
其中：体育用品制造	62.42	82.11
13. 石油、煤炭及其他燃料加工业	251054.74	135572.48
其中：煤化工	89744.32	29845.07
14. 化学原料和化学制品制造业	83557.57	64503.62
其中：氯碱		
肥料制造	17.78	15.81
15. 医药制造业	3641.63	3282.85
其中：中成药生产	297.21	281.54
生物药品制品制造	341.27	217.24
16. 化学纤维制造业	15930.32	7315.56
17. 橡胶和塑料制品业	8680.20	9013.43
其中：橡胶制品业	5243.63	5722.32

5-1　续表 2　　　　单位：万千瓦时

指　标	2022 年	2021 年
塑料制品业	3436.57	3291.11
18. 非金属矿物制品业	62173.11	73132.21
其中：水泥制造	36380.42	46641.82
玻璃制造	841.34	1041.19
陶瓷制品制造	675.59	601.06
碳化硅	107.02	29.56
19. 黑色金属冶炼和压延加工业	685256.91	713233.48
其中：钢铁	684212.61	713230.59
铁合金冶炼	1044.30	2.88
20. 有色金属冶炼和压延加工业	7631.82	7433.60
其中：铝冶炼		0.00
稀有稀土金属冶炼	399.74	562.92
21. 金属制品业	42144.51	39018.41
其中：结构性金属制品制造	9634.42	11566.10
22. 通用设备制造业	31963.38	34479.08
23. 专用设备制造业	15748.13	18306.14
其中：医疗仪器设备及器械制造	62.25	61.07
24. 汽车制造业	7039.66	2050.19
其中：新能源车整车制造		0.00
25. 铁路 . 船舶 . 航空航天和其他运输设备制造业	13470.84	10650.57
其中：铁路运输设备制造	12404.60	9726.21
城市轨道交通设备制造	205.49	116.45
航空、航天器及设备制造	4.78	8.96
26. 电气机械和器材制造业	5120.23	4639.85
其中：光伏设备及元器件制造	10.74	
27. 计算机、通信和其他电子设备制造业	69117.24	71823.96
其中：计算机制造	77.83	154.48

5-1 续表 3 单位：万千瓦时

指　标	2022 年	2021 年
通信设备制造	552.94	657.60
28. 仪器仪表制造业	393.96	262.83
29. 其他制造业	39393.56	19342.57
30. 废弃资源综合利用业	5531.68	5466.03
31. 金属制品、机械和设备修理业	1518.40	1767.02
（三）电力、热力、燃气及水生产和供应业	153940.49	136030.02
1. 电力、热力生产和供应业	116654.74	97557.64
其中：电厂生产全部耗用电量	28848.40	19410.83
线路损失电量	46635.73	40568.92
2. 燃气生产和供应业	4090.69	4200.86
3. 水的生产和供应业	33195.06	34271.52
三、建筑业	**74912.88**	**71333.12**
1. 房屋建筑业	39915.43	44208.17
2. 土木工程建筑业	14262.00	12242.09
3. 建筑安装业	8302.79	6312.19
4. 建筑装饰、装修和其他建筑业	12432.66	8570.67
四、交通运输、仓储和邮政业	**113772.95**	**110588.61**
1. 铁路运输业	33975.23	37261.91
其中：电气化铁路	19871.54	18663.79
2. 道路运输业	14769.96	13611.62
其中：城市公共交通运输	8981.15	9191.69
3. 水上运输业		0.00
4. 航空运输业	3496.25	3639.62
5. 管道运输业	36159.68	32220.52
6. 多式联运和运输代理业	218.77	263.98
7. 装卸搬运和仓储业	23474.51	21770.02
8. 邮政业	1678.55	1820.93

5-1　续表 4　　单位：万千瓦时

指　标	2022 年	2021 年
五、信息传输、软件和信息技术服务业	**60783.08**	**50702.73**
1. 电信、广播电视和卫星传输服务	29430.77	26952.27
2. 互联网和相关服务	25099.15	19030.83
其中：互联网数据服务	6575.75	4052.11
3. 软件和信息技术服务业	6253.16	4719.63
六、批发和零售业	**180944.00**	**181518.38**
其中：充换电服务业	52390.07	53765.17
七、住宿和餐饮业	**38707.76**	**40131.89**
八、金融业	**7310.27**	**6846.20**
九、房地产业	**41700.82**	**40048.03**
十、租赁和商务服务业	**47319.77**	**44419.02**
其中：租赁业	429.96	445.64
十一、公共服务及管理组织	**200470.33**	**190550.30**
1. 科学研究和技术服务业	22322.11	12771.37
其中：地质勘查	370.82	389.55
科技推广和应用服务业	10836.51	2467.15
2. 水利、环境和公共设施管理业	31941.99	33722.46
其中：水利管理业	2923.09	3343.97
公共照明	24114.49	22215.80
3. 居民服务、修理和其他服务业	16735.10	16524.89
4. 教育、文化、体育和娱乐业	57884.75	59350.05
其中：教育	42665.28	44422.19
5. 卫生和社会工作	33148.38	30737.66
6. 公共管理和社会组织、国际组织	38438.02	37443.87
补充指标		
开采专业及辅助性活动	2095.15	1730.64

5-2 规模以上工业企业

能源名称	计量单位	年初库存量	购进量	
				购自省外
原煤	吨	938742.64	20198043.68	1962179.67
无烟煤	吨	22286.97	1455630.60	
炼焦烟煤	吨	169866.79	3858751.71	575590.15
一般烟煤	吨	744962.63	14089204.12	1386589.52
褐煤	吨	1626.25	794457.25	
洗精煤（用于炼焦）	吨	669895.60	19743105.01	26073.44
其他洗煤	吨	23197.79	8356959.66	
煤制品	吨		78100.52	
焦炭	吨	12213.71	1269194.38	
其他焦化产品	吨	47664.24	852553.49	15511.36
焦炉煤气	万立方米		79122.97	
高炉煤气	万立方米		13830.52	
转炉煤气	万立方米			
其他煤气	万立方米			
天然气	万立方米		156135.11	
液化天然气	吨	25.00	6616.71	23.82
氢气	万立方米		615.00	
汽油	吨	4.19	4330.35	51.23
煤油	吨	40.65	1724.68	329.54
柴油	吨	1313.33	48298.90	1660.03
燃料油	吨	391.55	5286.60	
润滑油	吨	28.17	219.86	
石蜡	吨	120.68	5273.97	2350.69
石油沥青	吨	1691.70	4137.19	3926.39
其他石油制品	吨	37.14		
热力	百万千焦		8493785.75	
电力	万千瓦时		1189749.62	
煤矸石（用于燃料）	吨		222571.34	
城市生活垃圾（用于燃料）	吨		445157.70	
生物燃料	吨标准煤	19.60	55.00	
余热余压	百万千焦		19999396.75	
其他燃料	吨标准煤		31.20	
能源合计	吨标准煤			

能源购进、消费与库存情况

购进金额（千元）	工业生产消费量			期末库存量
		用于原材料	运输工具消费	
17274577.83	53731961.43	552213.15		859708.80
2508179.33	1454056.92			22385.68
2217347.65	25352564.67	552213.15		176539.79
12017467.58	23526468.07			648531.76
531583.27	3398871.77			12251.57
42769396.69	18407890.60			430866.24
4264870.29	8282344.18			6230.53
131451.00				
3286907.43	4415769.89			9011.20
4541859.98	851623.48	691749.49		43574.37
409830.17	420684.76	62662.49		
8912.31	1608604.50			
	98341.96			
5398033.45	150935.37	68.05	20.31	
46826.52	6284.65		2557.01	30.40
18764.00	1014.00			
41146.14	4048.86		3791.56	3.46
12993.38	1743.73	348.44		21.60
403892.14	47921.31	1832.17	30949.03	1350.06
29334.02	4585.23			1092.92
3475.32	192.89			164.83
46516.86	5363.17	2382.89		30.60
15462.97	4784.02	4771.17		467.18
				37.14
705828.26	24185629.52			
6173353.60	2001393.35		5464.46	
35118.91	222571.34			
	445157.70			
53.00	74.60			
121405.21	23214252.89			
53.10	31.20			
85740145.12	75057343.04	1638207.63		

5-3 规模以上工业企业

能源名称	计量单位	加工转换投入合计	火力发电	供热	原煤入洗
原煤	吨	49888492.51	3962410.71	1498620.02	44427461.78
无烟煤	吨				
炼焦烟煤	吨	24656286.52			24656286.52
一般烟煤	吨	21833334.22	3962410.71	1498620.02	16372303.49
褐煤	吨	3398871.77			3398871.77
洗精煤（用于炼焦）	吨	18407890.60			
其他洗煤	吨	8280869.21	6613300.14	1667569.07	
焦炭	吨				
其他焦化产品	吨	159873.99	986.49		
焦炉煤气	万立方米	102120.76	5807.72	844.00	
高炉煤气	万立方米	462611.00	332801.00	129810.00	
转炉煤气	万立方米	24641.00	24641.00		
天然气	万立方米	121165.34	64845.95	53823.55	
液化天然气					
氢气	万立方米				
柴油	吨	93.91	69.11	24.80	
燃料油	吨	771.99	703.31	68.68	
热力	百万千焦				
电力	万千瓦时				
煤矸石（用于燃料）	吨	222571.34	138125.91	84445.43	
城市生活垃圾（用于燃料）	吨	445157.70	445157.70		
余热余压	百万千焦	22396968.75	22396968.75		
能源合计	吨标准煤	59824870.30	8649063.00	2768581.14	29362791.09

能源加工转换投入产出情况

					能源加工转换产出	回收利用
	炼焦	炼油及煤制油	制气	天然气液化		
	18407890.60				20604935.28	
					13140803.40	
					14266017.16	
		158887.50			740761.04	
			95469.04		563036.06	
						1646359.83
						102461.82
			200.00	2295.84	8520.45	
					124285.41	
					39899.06	
					68867448.21	
					3175842.19	
						43980547.71
	18260487.37	204964.88	553728.58	25254.24	51427086.35	3577653.82

5-4 规模以上工业企业主要能源按工业行业分组消费量（一）

行　业	原煤（吨）	无烟煤（吨）	炼焦烟煤（吨）	一般烟煤（吨）	褐煤（吨）
合计	**53731961**	**1454057**	**25352565**	**23526468**	**3398872**
一、采矿业					
1. 煤炭开采和洗选业	44298462		24527287	16372303	3398872
2. 石油和天然气开采业					
3. 黑色金属矿采选业					
4. 非金属矿采选业					
5. 开采专业及辅助性活动					
二、制造业					
1 农副食品加工业					
2. 食品制造业					
3. 酒、饮料及精制茶制造业					
4. 烟草制品业					
5. 纺织业					
6. 纺织服装、服饰业					
7. 家具制造业					
8. 造纸和纸制品业					
9. 印刷和记录媒介复制业					
10. 文教、工美、体育和娱乐用品制造业					
11. 石油、煤炭及其他燃料加工业	129000		129000		
12. 化学原料和化学制品制造业	1604678		552213	1052465	
13. 医药制造业					
14. 化学纤维制造业					
15. 橡胶和塑料制品业					
16. 非金属矿物制品业	553928		144065	409863	
17. 黑色金属冶炼和压延加工业	3735106	1454057		2281049	
18. 有色金属冶炼和压延加工业					
19. 金属制品业					
20. 通用设备制造业					
21. 专用设备制造业					
22. 汽车制造业					
23. 铁路、船舶、航空航天和其他运输设备制造业					
24. 电气机械和器材制造业					
25. 计算机、通信和其他电子设备制造业					
26. 仪器仪表制造业					
27. 废弃资源综合利用业					
28. 金属制品、机械和设备修理业					
三、电力、热力、燃气及水生产和供应业					
1. 电力、热力生产和供应业	3410788			3410788	
2. 燃气生产和供应业					
3. 水的生产和供应业					

5-5　规模以上工业企业主要能源按工业行业分组消费量（二）

行　业	洗精煤（用于炼焦）(吨)	其它洗煤（吨）	焦炭（吨）	其它焦化产品（吨）	焦炉煤气（万立方米）
合计	18407891	8282344	4415770	851623	420685
一、采矿业					
1. 煤炭开采和洗选业					
2. 石油和天然气开采业					
3. 黑色金属矿采选业					
4. 非金属矿采选业					
5. 开采专业及辅助性活动					
二、制造业					
1 农副食品加工业					
2. 食品制造业					
3. 酒、饮料及精制茶制造业					
4. 烟草制品业					
5. 纺织业					
6. 纺织服装、服饰业					
7. 家具制造业					
8. 造纸和纸制品业					
9. 印刷和记录媒介复制业					
10. 文教、工美、体育和娱乐用品制造业					
11. 石油、煤炭及其他燃料加工业	13902482				258821
12. 化学原料和化学制品制造业				422988	10673
13. 医药制造业					
14. 化学纤维制造业					
15. 橡胶和塑料制品业					
16. 非金属矿物制品业				428635	6134
17. 黑色金属冶炼和压延加工业	3970776	1475	4415770		122876
18. 有色金属冶炼和压延加工业					5093
19. 金属制品业					
20. 通用设备制造业					17
21. 专用设备制造业					103
22. 汽车制造业					96
23. 铁路、船舶、航空航天和其他运输设备制造业					
24. 电气机械和器材制造业					
25. 计算机、通信和其他电子设备制造业					
26. 仪器仪表制造业					
27. 废弃资源综合利用业					61
28. 金属制品、机械和设备修理业					
三、电力、热力、燃气及水生产和供应业					
1. 电力、热力生产和供应业		8280869			
2. 燃气生产和供应业	534633				16719
3. 水的生产和供应业					

5-6 规模以上工业企业主要能源按工业行业分组消费量（三）

行业	高炉煤气（万立方米）	转炉煤气（万立方米）	其他煤气（万立方米）	天然气（万立方米）	液化天然气（吨）
合计	1608605	98342		150935	6285
一、采矿业					
1. 煤炭开采和洗选业				12013	
2. 石油和天然气开采业				2625	
3. 黑色金属矿采选业					
4. 非金属矿采选业					
5. 开采专业及辅助性活动					
二、制造业					
1 农副食品加工业				367	125
2. 食品制造业				1575	
3. 酒、饮料及精制茶制造业				49	
4. 烟草制品业				198	
5. 纺织业					
6. 纺织服装、服饰业					
7. 家具制造业					
8. 造纸和纸制品业				79	90
9. 印刷和记录媒介复制业					
10. 文教、工美、体育和娱乐用品制造业					
11. 石油、煤炭及其他燃料加工业					
12. 化学原料和化学制品制造业				1192	561
13. 医药制造业				142	
14. 化学纤维制造业					
15. 橡胶和塑料制品业				786	158
16. 非金属矿物制品业	13166			1678	4610
17. 黑色金属冶炼和压延加工业	1594774	98342		14771	192
18. 有色金属冶炼和压延加工业				197	
19. 金属制品业				149	29
20. 通用设备制造业				145	46
21. 专用设备制造业				1761	
22. 汽车制造业				46	
23. 铁路、船舶、航空航天和其他运输设备制造业				3992	474
24. 电气机械和器材制造业				165	
25. 计算机、通信和其他电子设备制造业				206	
26. 仪器仪表制造业					
27. 废弃资源综合利用业	665			73	
28. 金属制品、机械和设备修理业					
三、电力、热力、燃气及水生产和供应业					
1. 电力、热力生产和供应业				108544	
2. 燃气生产和供应业				180	
3. 水的生产和供应业					

5-7　规模以上工业企业主要能源按工业行业分组消费量（四）

行　业	氢气（万立方米）	汽油（吨）	煤油（吨）	柴油（吨）	燃料油（吨）
合计	1014	4049	1744	47921	4585
一、采矿业					
1. 煤炭开采和洗选业		720	1388	8694	
2. 石油和天然气开采业					
3. 黑色金属矿采选业				1208	
4. 非金属矿采选业				102	
5. 开采专业及辅助性活动					
二、制造业					
1 农副食品加工业		210			
2. 食品制造业		127		303	
3. 酒、饮料及精制茶制造业		12		208	
4. 烟草制品业					
5. 纺织业		2			
6. 纺织服装、服饰业					
7. 家具制造业				1	
8. 造纸和纸制品业		3		8	
9. 印刷和记录媒介复制业		41		21	
10. 文教、工美、体育和娱乐用品制造业					
11. 石油、煤炭及其他燃料加工业				578	
12. 化学原料和化学制品制造业		396	348	5225	
13. 医药制造业		44		4	
14. 化学纤维制造业					
15. 橡胶和塑料制品业		95		102	
16. 非金属矿物制品业		66		13182	3812
17. 黑色金属冶炼和压延加工业	1014	44		14995	
18. 有色金属冶炼和压延加工业		8		87	
19. 金属制品业		249		107	
20. 通用设备制造业		561		578	1
21. 专用设备制造业		145		325	
22. 汽车制造业		10		150	
23. 铁路、船舶、航空航天和其他运输设备制造业		36		259	
24. 电气机械和器材制造业		120		9	
25. 计算机、通信和其他电子设备制造业		93		86	
26. 仪器仪表制造业		199		1	
27. 废弃资源综合利用业				1133	
28. 金属制品、机械和设备修理业		89		2	
三、电力、热力、燃气及水生产和供应业					
1. 电力、热力生产和供应业		14		424	772
2. 燃气生产和供应业		705		24	
3. 水的生产和供应业		53		96	

5-8 规模以上工业企业主要能源按工业行业分组消费量（五）

行业	液化石油气（吨）	润滑油（吨）	石蜡（吨）	石油沥青（吨）	其它石油制品（吨）
合计	10	193	5363	4784	
一、采矿业					
1. 煤炭开采和洗选业					
2. 石油和天然气开采业					
3. 黑色金属矿采选业					
4. 非金属矿采选业					
5. 开采专业及辅助性活动					
二、制造业					
1 农副食品加工业					
2. 食品制造业					
3. 酒、饮料及精制茶制造业					
4. 烟草制品业					
5. 纺织业					
6. 纺织服装、服饰业					
7. 家具制造业					
8. 造纸和纸制品业					
9. 印刷和记录媒介复制业					
10. 文教、工美、体育和娱乐用品制造业					
11. 石油、煤炭及其他燃料加工业					
12. 化学原料和化学制品制造业		21	2978		
13. 医药制造业	4				
14. 化学纤维制造业					
15. 橡胶和塑料制品业					
16. 非金属矿物制品业		11	2383	4771	
17. 黑色金属冶炼和压延加工业		12			
18. 有色金属冶炼和压延加工业					
19. 金属制品业	1				
20. 通用设备制造业		7			
21. 专用设备制造业	5	10		13	
22. 汽车制造业		1			
23. 铁路、船舶、航空航天和其他运输设备制造业		104			
24. 电气机械和器材制造业		20			
25. 计算机、通信和其他电子设备制造业					
26. 仪器仪表制造业					
27. 废弃资源综合利用业					
28. 金属制品、机械和设备修理业					
三、电力、热力、燃气及水生产和供应业					
1. 电力、热力生产和供应业					
2. 燃气生产和供应业					
3. 水的生产和供应业					

5-9　规模以上工业企业主要能源按工业行业分组消费量（六）

行　业	热力（百万千焦）	电力（万千瓦时）	煤矸石（用于燃料）（吨）	城市生活垃圾（用于燃料）（吨）	生物燃料（吨标准煤）
合计	24185630	2001393	222571	445158	75
一、采矿业					
1. 煤炭开采和洗选业	4102440	208331			
2. 石油和天然气开采业		3759			
3. 黑色金属矿采选业		9517			
4. 非金属矿采选业		402			
5. 开采专业及辅助性活动		436			
二、制造业					75
1. 农副食品加工业		4869			
2. 食品制造业	88344	7605			
3. 酒、饮料及精制茶制造业	91665	3870			
4. 烟草制品业		1190			
5. 纺织业		553			
6. 纺织服装、服饰业		104			
7. 家具制造业		188			
8. 造纸和纸制品业		160			
9. 印刷和记录媒介复制业		1508			
10. 文教、工美、体育和娱乐用品制造业	777740				
11. 石油、煤炭及其他燃料加工业	641345	171736			
12. 化学原料和化学制品制造业	18263	239429			75
13. 医药制造业		2276			
14. 化学纤维制造业		500			
15. 橡胶和塑料制品业		5923			
16. 非金属矿物制品业	512903	77661			
17. 黑色金属冶炼和压延加工业	17283572	780699			
18. 有色金属冶炼和压延加工业		7135			
19. 金属制品业		23022			
20. 通用设备制造业		3295			
21. 专用设备制造业	17334	24526			
22. 汽车制造业	4046	8683			
23. 铁路、船舶、航空航天和其他运输设备制造业		17445			
24. 电气机械和器材制造业	3372	15245			
25. 计算机、通信和其他电子设备制造业	452461	95759			
26. 仪器仪表制造业		429			
27. 废弃资源综合利用业	176036	8318			
28. 金属制品、机械和设备修理业	16108	391			
三、电力、热力、燃气及水生产和供应业					
1. 电力、热力生产和供应业		238763	222571	445158	
2. 燃气生产和供应业		18209			
3. 水的生产和供应业		19458			

5-10 规模以上工业企业主要能源按工业行业分组消费量（七）

指标	余热余压（百万千焦）	其他燃料（吨标准煤）
合计	23214253	31
一、采矿业		
1. 煤炭开采和洗选业		
2. 石油和天然气开采业		
3. 黑色金属矿采选业		
4. 非金属矿采选业		
5. 开采专业及辅助性活动		
二、制造业		
1 农副食品加工业		
2. 食品制造业		
3. 酒、饮料及精制茶制造业		
4. 烟草制品业		
5. 纺织业		
6. 纺织服装、服饰业		
7. 家具制造业		
8. 造纸和纸制品业		
9. 印刷和记录媒介复制业		
10. 文教、工美、体育和娱乐用品制造业		
11. 石油、煤炭及其他燃料加工业	5098858	
12. 化学原料和化学制品制造业	1394980	
13. 医药制造业		
14. 化学纤维制造业		
15. 橡胶和塑料制品业		
16. 非金属矿物制品业	1098546	
17. 黑色金属冶炼和压延加工业	15582326	
18. 有色金属冶炼和压延加工业	16958	
19. 金属制品业		
20. 通用设备制造业		
21. 专用设备制造业		
22. 汽车制造业		
23. 铁路、船舶、航空航天和其他运输设备制造业		
24. 电气机械和器材制造业		
25. 计算机、通信和其他电子设备制造业		
26. 仪器仪表制造业		
27. 废弃资源综合利用业		31
28. 金属制品、机械和设备修理业		
三、电力、热力、燃气及水生产和供应业		
1. 电力、热力生产和供应业		
2. 燃气生产和供应业	22586	
3. 水的生产和供应业		

5-11　节能减排情况（2016—2022 年）

年　份		当年单位 GDP 能耗下降幅度（%）	完成目标进度（%）	累计下降幅度（%）
十三五	2016	5.42	34.27	5.42
	2017	3.96	59.11	9.17
	2018	3.64	81.92	12.47
	2019	3.05	100.96	15.14
	2020	2.85	118.74	17.56
十四五	2021	5.20	33.92	5.20
	2022	2.90	52.61	7.95

5-12　1949 年以来能源工业固定资产投资及构成

年 份	全社会固定资产投资（万元）	能源工业投资（万元）				能源工业投资构成 (%)		
		合计	煤炭	电力	焦炭	煤炭	电力	焦炭
1949	43							
1950	1278	14	13		1	92.86		7.14
1952	6335	215	129	69	17	60.00	32.09	7.91
1953	13861	1383	115	1258	10	8.32	90.96	0.72
1954	19852	5296	857	4421	18	16.18	83.48	0.34
1955	13878	3203	768	2264	171	23.98	70.68	5.34
1956	32901	4928	1810	3118		36.73	63.27	
1957	37299	5612	1891	3721		33.70	66.30	
1958	62552	7116	5177	1870	69	72.75	26.28	0.97
1959	62839	6369	5283	932	154	82.95	14.63	2.42
1960	55929	8253	4884	3358	11	59.18	40.69	
1961	16865	4380	3305	1075		75.46	24.54	
1962	7854	2190	1883	307		85.98	14.02	
1963	10807	2368	1673	695		70.65	29.35	
1964	14095	2504	1706	797	1	68.13	31.83	
1965	18622	1348	666	682		49.41	50.59	

5-12 续表 1

年份	全社会固定资产投资（万元）	能源工业投资（万元）				能源工业投资构成 (%)		
		合计	煤炭	电力	焦炭	煤炭	电力	焦炭
1966	28255	2140	358	1780	1	16.73	83.18	
1967	10855	1140	80	1049	11	7.02	92.02	0.96
1968	17788	1870	88	1776	6	4.71	94.97	0.32
1969	11546	384	123	253	8	32.03	65.89	2.08
1970	20218	1009	52	957		5.15	94.85	
1971	25293	2291	1174	1117		51.24	48.76	
1972	23480	2212	927	1285		41.91	58.09	
1973	26636	2532	1276	1256		50.39	49.61	
1974	19757	2260	1604	656		70.97	29.03	
1975	16884	1820	1018	802		55.93	44.07	
1976	15310	1417	1034	383		72.97	27.03	
1977	20398	2622	1889	723	10	72.04	27.57	0.38
1978	38930	4759	3794	965		79.72	20.28	
1979	49443	8264	7657	504	81	92.65	6.10	0.98
1980	61316	10609	9942	604	51	93.71	5.69	0.48
1981	66329	15640	13867	1710	52	88.66	10.93	0.33
1982	88769	18878	17746	1088		94.00	5.76	
1983	108722	32438	27433	1420	3492	84.57	4.38	10.77
1984	147907	50138	41994	2796	5331	83.76	5.58	10.63
1985	194510	52750	46010	3086	3617	87.22	5.85	6.86
1986	212774	64087	58409	3180	2422	91.14	4.96	3.78
1987	228535	47454	40854	4065	2535	86.09	8.57	5.34
1988	250602	63606	42294	19768	1489	66.49	31.08	2.34
1989	242409	84093	55145	26041	2771	65.58	30.97	3.30
1990	262924	98809	61195	35944	1566	61.93	36.38	1.58
1991	309434	104534	70720	32012	1402	67.65	30.62	1.34
1992	460913	139321	71679	57846	8336	51.45	41.52	5.98
1993	672115	182333	80821	88639		44.33	48.61	
1994	731619	143252	66561	67258	1305	46.46	46.95	0.91

5-12　续表 2

年 份	全社会固定资产投资（万元）	能源工业投资（万元）				能源工业投资构成 (%)		
		合计	煤炭	电力	焦炭	煤炭	电力	焦炭
1995	701894	139667	98796	23911	5076	70.74	17.12	3.63
1996	823902	193105	132367	33933	5587	68.55	17.57	2.89
1997	977429	270884	137407	120027	7477	50.73	44.31	2.76
1998	1093638	261055	95856	147601	4215	36.72	56.54	1.61
1999	917167	150674	35082	87721	1659	23.28	58.22	1.10
2000	1047702	140866	48973	87320	2315	34.77	61.99	1.64
2001	1227804	247617	57132	112246	45836	23.07	45.33	18.51
2002	1475955	249245	46749	120320	50786	18.76	48.27	20.38
2003	2044542	362697	112859	78596	95343	31.12	21.67	26.29
2004	3476681	687685	126505	216218	293877	18.40	31.44	42.73
2005	4385077	713589	267156	280121	123924	37.44	39.26	17.37
2006	5011273	787176	355268	298134	98559	45.13	37.87	12.52
2007	5767355	1064025	437367	289922	146505	41.10	27.25	13.77
2008	7022072	1320743	493574	656202	21776	37.20	49.70	1.70
2009	7820157	853252	312664	394037	41184	36.60	46.20	4.80
2010	9164811	871847	462297	274024	135526	53.03	31.43	15.54
2011	10241444	937383	671330	185035	81018	71.62	19.74	8.64
2012	13206257	1573142	896885	195623	48085	57.01	12.44	3.06
2013	16707390	1728739	975403	211450	16974	56.42	12.23	0.98
2014	17460868	1774826	812348	639702	9653	45.77	36.04	0.54
2015	20256080	1971010	527717	622754	6169	26.77	31.60	0.31
2016	20277123	1570711	569017	516299	1000	36.23	32.87	0.06
2017	9648632	744388	238483	275892	23459	32.04	37.06	3.15
2018	12178202	681651	193301	314620	399	28.36	46.16	0.06
2019	13416671	774218	232013	213748	17384	34.04	31.36	2.55
2020	14934531	1673466	214055	387444	861184	12.79	23.15	51.46
2021	16112146	1609830	54327	435408	916076	3.37	27.05	56.91
2022	16142384	827365	87462	289781	186717	10.57	35.02	22.57

注：2011 年起，投资统计制度进行改革，用“固定资产投资额”替代了“全社会固定资产投资”统计口径。

第六篇

住户调查

高悦怡

资料整理、审核

高悦怡

6-1　城镇居民家庭生活基本情况

项　目	单　位	2022 年	2021 年
调查户数	户	760	760
平均每户家庭人口	人	2.66	2.67
平均每户就业人口数	人	1.2	1.2
平均每一个就业者负担人数	人	2.3	2.2
平均每人全年可支配收入	元	43694	41377
人均月可支配收入	元	3641	3448
平均每人全年消费性支出	元	24948	23748
人均月消费性支出	元	2079	1979

6-2　城镇住户基本情况

项　目	单　位	2022 年	2021 年
调查户数	**户**	**760**	**760**
家庭人口数	**人**	**2023**	**2027**
（一）有收入者人数	**人**	**1321**	**1341**
1. 就业人口数	人	891	920
国有经济单位职工人数	人	202	211
个体经营者人数	人	97	105
其他就业者人数	人	592	604
2. 离退休者人数	人	430	421
（二）无收入者人数	**人**	**702**	**686**

6-3 城镇居民家庭年末居住情况

项 目	单 位	2022 年	2021 年
一、现住房房屋来源			
租赁公房	%	1.45	1.84
租赁私房	%	3.68	3.55
自建住房	%	14.08	14.08
购买商品房	%	40.62	40.91
购买房改住房	%	20.92	20.66
购买保障性住房	%	7.27	7.11
拆迁安置房	%	7.37	7.11
继承或获赠住房	%	1.32	1.58
免费借用房	%	0.92	1.05
其他来源	%	2.37	2.11
雇主提供免费住房	%		
二、住户居住空间样式			
1. 单栋楼房	%	3.16	3.16
2. 单栋平房	%	11.45	11.45
3. 四居室及以上单元房	%	1.18	1.18
4. 三居室单元房	%	31.71	31.71
5. 二居室单元房	%	42.76	42.76
6. 一居室单元房	%	6.58	6.58
7. 筒子楼或连片平房	%	3.16	3.16
8. 其他	%		
三、住户主要饮用水来源情况			
1. 经过净化处理的自来水	%	96.19	96.05
2. 受保护的井水和泉水	%	3.55	3.82
3. 不受保护的井水和泉水	%	0.26	0.13
4. 江河湖泊水	%		
5. 桶装水	%		
6. 其他水源	%		
四、取水位置			
1. 住宅内管道取水	%	92.64	94.08
2. 住宅内其他方式取水	%	0.13	
3. 院内管道取水	%	6.05	5.66
4. 院内其他方式取水	%	0.92	0.26

6-3 续表

项 目	单 位	2022 年	2021 年
5. 其他位置取水	%	0.26	
五、住户厕所类型			
1. 水冲式卫生厕所	%	87.11	86.84
2. 水冲式非卫生厕所	%		0.13
3. 卫生旱厕	%	1.05	0.66
4. 普通旱厕	%	11.84	12.37
5. 无厕所	%		
六、住户厕所使用情况			
1. 本住户独用	%	96.19	96.06
2. 几户合用	%	3.68	3.68
3. 公用厕所	%	0.13	0.26
七、住户洗澡设施情况			
1. 统一供热水	%	5.26	5.26
2. 家庭自装热水器	%	81.19	81.19
3. 其他	%	1.18	1.18
4. 无洗澡设施	%	12.37	12.37
八、住户主要取暖设备状况			
1. 由市政或小区集中供暖	%	90.26	90.26
2. 自行供暖	%	9.74	9.21
3. 无取暖设备	%		0.53
九、主要炊用能源状况			
1. 柴草	%		
2. 煤炭	%	0.39	0.13
3. 罐装液化石油气	%	2.63	2.24
4. 管道液化石油气	%	0.13	
5. 管道煤气	%	9.61	9.87
6. 管道天然气	%	74.47	74.6
7. 电	%	11.45	11.84
8. 其他	%		
9. 无炊用行为	%	1.32	1.32
十、信息化调查			
1. 接入互联网的移动电话	部 / 百户		219
2. 接入互联网的计算机	台 / 百户		44

注：1. 2022 年报中取消“接入互联网的移动电话、接入互联网的计算机”指标，故无 2022 年数据。
2. 2022 年报中取消“水冲式非卫生厕所”指标，故无 2022 年数据。

6-4 城镇居民人均可支配收入

单位：元

项 目	2022 年	2021 年
城镇居民人均可支配收入	**43694**	**41377**
工资性收入	24434	23028
经营净收入	3886	4020
财产净收入	4671	4038
转移净收入	10703	10291

6-5 城镇居民人均消费性支出

单位：元

项 目	2022 年	2021 年
消费性支出	**24948**	**23748**
1. 食品烟酒	6082	5582
2. 衣着	1737	1810
3. 居住	6564	5783
4. 生活用品及服务	1675	1601
5. 交通通信	3104	2843
6. 教育文化娱乐	2471	2898
7. 医疗保健	2637	2663
8. 其他用品和服务	678	568

6-6　城镇住户每百户期末主要消费品拥有量

项　目	单　位	2022 年	2021 年
调查户数	**户**	760	760
摩托车	辆	3	4
助力车	辆	46	46
家用汽车	辆	43	42
洗衣机	台	98	98
电冰箱(柜)	台	97	96
彩色电视机	台	97	97
家用电脑	台	50	50
照相机	架	14	14
其他中高档乐器	件	9	9
微波炉	台	57	57
空调器	台	47	46
淋浴热水器	台	88	88
洗碗机	台	3	3
健身器材	套	3	5
固定电话	部	5	6
移动电话	部	227	226

6-7 农村住户人口与就业情况

指标	单位	2022年	2021年
一、调查户数	户	310	310
二、家庭常住人口	人	901	905
三、整半劳动力数	人	712	718
# 整劳动力	人	256	272
四、劳动力文化程度			
1. 不识字或识字很少	人	22	22
2. 小学程度	人	116	118
3. 初中程度	人	384	393
4. 高中程度	人	122	118
5. 大专及以上	人	68	67
五、劳动力就业情况			
1. 第一产业	人	126	135
2. 第二产业	人	106	107
(1) 采矿业	人	22	23
(2) 制造业	人	38	39
(3) 电力、热力、燃气及水生产和供应业	人	7	8
(4) 建筑业	人	39	37
3. 第三产业	人	219	223
# (1) 交通运输、仓储和邮政业	人	39	40
(2) 批发和零售业	人	32	32

6-8 农村居民人均可支配收入

单位：元

指标	2022年	2021年
农民人均可支配收入	22822	21551
工资性收入	12468	11739
经营净收入	4391	4255
财产净收入	695	643
转移净收入	5268	4914

6-9　农村居民人均消费支出

单位：元

指　标	2022 年	2021 年
生活消费支出	17517	16295
食品烟酒	5066	4498
衣着	1232	1255
居住	4251	3964
生活用品及服务	961	826
交通通信	2219	2109
教育文化娱乐	1637	1646
医疗保健	1893	1751
其他用品和服务	258	246

6-10　农民家庭平均每人主要粮食消费品消费量

单位：公斤

指　标	2022 年	2021 年
粮食（原粮）	122	157
蔬菜	79	89
食油	7	9
肉禽及其制品	23	21
#家禽	4	4
蛋类	14	15
水产品	3	3
食糖	1	1
酒		5

注：2022 年报取消酒类的单位（无公斤数），故不再提供此数据。

6-11 每百户农民主要耐用消费品拥有量

指 标	单 位	2022 年	2021 年
家用汽车	辆	45	45
摩托车	辆	12	11
助力车	辆	61	58
电脑	台	31	32
彩电	台	98	98
热水器	台	51	52
照相机	架	3	3
空调	台	21	20
电冰箱	台	92	91
固定电话	部	3	4
手机	部	235	233
洗衣机	台	95	95

第七篇

农业

冀晓洁　李建华　车晓华
张妙莲　武卫东　张　静

资料整理、审核

冀晓洁　李建华　车晓华
张妙莲　武卫东　张　静

7-1 农村基本情况

指 标	单位	2015 年	2016 年	2017 年	2018 年	2019 年	2020 年	2021 年	2022 年
一、农村基层组织									
1. 乡镇政府	个	52	52	52	52	52	52	46	46
# 镇政府	个	21	21	21	21	21	21	22	22
乡政府	个	31	31	31	31	31	31	24	24
2. 涉农街道办事处	个	24	23	23	22	22	22	22	22
二、农业主要能源及物质消耗									
1. 农村用电量	万千瓦时	53607.8	54199.5	57704.0	56423.2	55349.8	57070.6	60441.4	
2. 农用化肥施用量(实物量)	吨	91351.5	90328.6	88792.1	75175.0	64622.8	62528.8	58202.0	57055.8
(1)氮肥	吨	36997.9	36616.2	36064.0	29525.1	22499.0	21334.7	16390.0	15712.2
(2)磷肥	吨	21457.9	21075.7	20128.2	14944.0	11930.1	11664.7	9722.0	9374.3
(3)钾肥	吨	3531.1	3503.4	3517.9	3067.8	2168.9	2071.5	1895.0	1730.8
(4)复合肥	吨	29364.5	29133.2	29082.0	27638.1	28024.8	27457.8	30195.0	30238.6
3. 农用化肥施用量(折纯量)	吨	28966.7	28719.2	28281.2	25527.3	23104.6	22396.3	21820.4	21379.6
(1)氮肥	吨	8556.0	8485.4	8295.8	7198.7	5504.3	5249.4	4692.2	4422.9
(2)磷肥	吨	3549.0	3492.9	3340.7	2494.4	1974.4	1919.1	1792.7	1672.9
(3)钾肥	吨	1608.8	1591.3	1603.3	1516.6	1082.6	1035.2	952.2	875.7
(4)复合肥	吨	15252.9	15149.5	15041.4	14317.6	14543.3	14192.6	14383.3	14408.1
4. 农用塑料薄膜使用量	吨	3860.7	3849.9	3746.0	3844.1	3654.2	3539.1	3219.7	3166.6
其中:地膜使用量	吨	2325.0	2336.9	2305.0	2388.1	2211.8	2158.4	2037.0	1910.8
地膜覆盖面积	公顷	23987.4	23984.9	23979.1	26329.1	24466.8	24632.7	26701.3	25477.3
5. 农用柴油使用量	吨	14966.2	14853.1	14310.6	12775.9	10879.9	9445.2	8551.9	7876.3
6. 农药使用量	吨	872.6	863.1	844.4	640.1	492.4	430.9	384.3	365.8

注：从 2022 年起，国家统计局取消了“农村用电量”这一统计指标，故无 2022 年数据。

7-2 设施

指标		单位	太原市	小店区	迎泽区	杏花岭区
农业设施合计	数量	个	32229	5077	9	59
	占地面积	公顷	3089.9	569.0	2.4	16.1
	实际使用面积	公顷	2448.6	454.8	2.2	10.1
1. 连栋温室	数量	个	695	258		6
	占地面积	公顷	132.3	49.5		10.0
	实际使用面积	公顷	87.8	35.7		6.0
2. 日光温室	数量	个	10260	2785	7	
	占地面积	公顷	1162.2	302.6	2.1	
	实际使用面积	公顷	783.1	230.5	2.0	
3. 大棚	数量	个	20137.	1954.		42
	占地面积	公顷	1757.8	210.4		5.1
	实际使用面积	公顷	1544.6	182.8		3.2
4. 中小棚	数量	个	1137	80	2	11
	占地面积	公顷	37.6	6.5	0.3	1.1
	实际使用面积	公顷	33.0	5.9	0.2	0.9
农业生产情况						
1. 蔬菜	面积	公顷	4938.8	1088.9	3.5	7.0
	产量	吨	274074.1	55026.7	120.2	249.1
其中：芹菜	面积	公顷	521.7	330.7	0.5	0.6
	产量	吨	33714.6	21708.0	15.6	25.8
油菜	面积	公顷	830.4	179.8	0.1	0.9

农业生产情况

尖草坪区	万柏林区	晋源区	清徐县	阳曲县	娄烦县	古交市
560	60	2320	20716	2112	926	390
59.2	3.0	328.9	1694.0	288.6	99.1	29.5
48.9	2.5	252.1	1422.5	163.5	66.8	25.1
		6	418	7		
		0.4	66.7	5.6		
		0.4	41.2	4.4		
184		26	5185	1573	324	176
19.1		2.8	559.8	226.0	35.9	13.9
13.2		2.2	380.0	119.7	24.8	11.0
363	19	2284	14191	506	582	196
39.7	1.0	325.4	1045.7	54.1	62.4	14.1
35.4	0.8	249.3	981.4	37.5	41.3	12.8
13	41	4	922	26	20	18
0.4	2.1	0.2	21.8	2.9	0.8	1.6
0.3	1.7	0.2	19.9	1.9	0.7	1.2
32.9	0.8	212.3	3280.8	217.9	44.1	50.6
1556.0	25.1	13471.2	185029.1	12844.7	2593.9	3158.1
5.1	0.1	93.9	76.2	5.8	1.3	7.6
184.3	1.5	6394.5	4687.5	192.6	39.5	465.3
3.2	0.1	13.1	614.2	5.3	2.1	11.5

7-2 续表

指　标		单位	太原市	小店区	迎泽区	杏花岭区
	产量	吨	31184.4	6375.3	2.6	34.0
菠菜	面积	公顷	130.6	94.5	0.1	0.9
	产量	吨	4267.6	2905.1	4.6	30.8
黄瓜	面积	公顷	286.8	43.3	0.8	0.2
	产量	吨	26068.4	1763.0	32.2	6.0
西红柿	面积	公顷	718.2	130.3	1.1	0.7
	产量	吨	63767.9	9076.8	42.3	30.4
辣椒（含青椒、菜椒）	面积	公顷	335.0		0.3	1.5
	产量	吨	17421.6	0.2	6.8	48.0
其他蔬菜	面积	公顷	2116.2	310.2	0.7	2.2
	产量	吨	97649.6	13198.3	16.1	74.1
2. 瓜果类	面积	公顷	76.3	3.7		
	产量	吨	2714.0	62.3		
其中：草莓	面积	公顷	32.3	1.9		
	产量	吨	644.6	33.5		
3. 花卉苗木	面积	公顷	248.2		0.1	
4. 食用菌产量	产量	吨	7105.8	1380.7		316.0
（1）干品	产量	吨	356.0	2.3		316.0
（2）鲜品	产量	吨	7065.8	1378.4		316.0
其中：蘑菇	产量	吨	6714.7	1378.4		
5. 其他作物	面积	公顷	216.7	9.3		
其中：设施园林水果	面积	公顷	214.8	9.2		
	产量	吨	3601.0	97.6		

尖草坪区	万柏林区	晋源区	清徐县	阳曲县	娄烦县	古交市
122.1	2.6	617.9	23282.9	153.4	64.5	529.1
4.2	0.1	5.7	13.5	3.4	1.7	6.5
134.7	6.8	252.6	510.1	71.7	39.7	311.5
8.6	0.2	43.0	127.8	57.3	1.9	3.6
448.4	7.1	2807.5	16610.8	4007.5	121.0	264.9
8.2	0.3	45.6	429.0	81.7	14.7	6.6
492.7	7.1	2968.4	43711.6	5523.3	1338.2	577.1
0.7		6.3	308.6	13.7	3.5	0.5
38.5		325.6	16209.0	664.5	107.6	21.4
2.9		4.7	1711.4	50.7	19.0	14.3
135.3		104.7	80017.2	2231.7	883.4	988.8
1.1		24.8	39.0	6.6	0.6	0.6
34.2		446.0	1894.4	251.9	18.2	7.0
0.6		24.8	2.8	1.4	0.1	0.6
20.1		446.0	102.9	33.8	1.3	7.0
0.7		247.3		0.1		
357.7	250.0	727.1	1321.0	1765.5	967.8	20.0
					37.7	
357.7	250.0	727.1	1321.0	1765.5	930.1	20.0
357.7	250.0	727.1	1321.0	1743.0	917.5	20.0
	1.7	3.3	186.7	8.3	7.3	
		3.3	186.7	8.3	7.3	
		68.1	3078.8	308.1	48.4	

7-3 主要农业

指　标	单　位	太原市	小店区	迎泽区	杏花岭区
一、农业机械总动力	**千瓦**	**538090**	**53900**	**585**	**5937**
1. 柴油发动机	千瓦	415723	40200	422	3275
2. 汽油发动机	千瓦	6742	1200		1812
3. 电动机	千瓦	115040	12500	163	850
二、耕作机械					
1. 大中型拖拉机	台	3235	187	4	11
动力	千瓦	180519	16516	148	580
2. 小型拖拉机	台	4681	363	19	155
动力	千瓦	49489	2442	270	1330
三、拖拉机配套农具	**部**	**11433**	**395**	**39**	**208**
其中：58.8 千瓦及以上拖拉机配套	部	3036	150		2
四、收获机械					
1. 联合收获机	台	1626	296		1
2. 脱粒机	台	113			
五、农田基本建设机械	**台**	**427**	**16**		**1**

机械拥有量

尖草坪区	万柏林区	晋源区	清徐县	阳曲县	娄烦县	古交市
9663	**1498**	**41486**	**183209**	**141000**	**34955**	**65858**
7645	800	17894	146790	133247	27507	37943
1196	697	159		37	1438	203
822		23433	35936	7716	6010	27610
65	7	132	1027	1224	417	161
3813	278	5706	58823	66515	19107	9033
120	16	166	410	2591	366	475
2037	223	1279	4510	28523	3453	5422
523	**29**	**430**	**1814**	**5400**	**1290**	**1305**
	2	244	1268	880	280	210
18	3	19	686	375	74	154
			51		36	26
7		**64**	**261**	**50**		**28**

7-4 农作物

指　标	合　计	小店区	迎泽区	杏花岭区
农作物总播种面积	**81149.4**	**5676.4**	**115.7**	**550.0**
一、粮食作物	**64026.2**	**2482.1**	**102.9**	**495.1**
（一）夏收粮食	**48.0**	**27.6**		
#冬小麦	48.0	27.6		
（二）秋收粮食	**63978.2**	**2454.5**	**102.9**	**495.1**
1. 谷物	50393.2	2464.4	82.8	336.8
（1）稻谷	283.3			
（2）玉米	35399.5	2070.7	53.0	149.3
（3）谷子	6658.3		8.0	52.4
（4）高粱	5366.2	366.1	4.2	46.6
（5）秋杂谷物	2637.9		17.6	88.5
#燕麦	243.7			
荞麦	1826.7		17.3	88.5
（6）小麦	48.0	27.6		
2. 豆类	4867.1	17.6	13.2	105.7
（1）大豆	4223.0	17.6	2.6	93.4
（2）秋杂豆	644.1		10.6	12.3
#绿豆	171.7		0.1	
红小豆	181.6		10.0	
3. 薯类（折粮）	8765.8		6.9	52.6
（1）马铃薯	8025.4		5.7	37.4
（2）红薯	740.4		1.2	15.2
二、油料作物	**547.9**			**2.5**
1. 花生	54.6			
2. 油菜籽	68.2			
3. 芝麻	0.1			
4. 胡麻籽	61.9			
5. 葵花籽	102.7			2.5
6. 其他油料	260.4			
三、棉花				
四、中草药材	**1062.4**	**21.5**		
五、蔬菜及食用菌	**13317.5**	**2194.1**	**12.8**	**52.4**
六、瓜果类	**159.5**	**5.0**		
#西瓜	41.0	0.9		
甜瓜	81.7	1.7		
草莓	36.7	2.4		
七、其他农作物	**2035.9**	**973.7**		
#青饲料	1837.5	973.7		

播种面积

单位：公顷

尖草坪区	万柏林区	晋源区	清徐县	阳曲县	娄烦县	古交市
3984.9	303.5	2109.0	24852.8	24332.7	11219.8	8004.6
3373.9	274.8	1044.7	17144.0	22241.6	9751.0	7116.1
3.0	0.3		17.1			
3.0	0.3		17.1			
3370.9	274.5	1044.7	17126.9	22241.6	9751.0	7116.1
2867.1	151.6	991.4	16426.4	19523.7	4544.0	3005.0
17.3		266.0				
2291.6	120.0	672.7	13385.5	14032.8	1317.4	1306.5
162.6	18.9	1.4	78.7	3755.6	1353.5	1227.2
302.6	2.2	51.3	2945.1	890.9	652.5	104.7
90.0	10.2			844.4	1220.6	366.6
	1.3			36.0	146.7	59.7
38.9	4.1			617.3	994.0	66.6
3.0	0.3		17.1			
373.2	11.2	38.2	66.7	1359.7	935.7	1945.9
360.1	2.0	33.4	66.7	1180.1	800.2	1666.9
13.1	9.2	4.8		179.6	135.5	279.0
8.9	0.4	0.4		75.9	35.2	50.8
1.3	0.3	0.4		26.2	42.7	100.7
133.6	111.9	15.0	651.0	1358.2	4271.3	2165.3
90.7	111.0	8.9		1335.1	4271.3	2165.3
42.9	0.9	6.1	651.0	23.1		
26.5		3.2	89.5	90.7	156.4	179.1
		0.4	45.3	8.9		
			20.0		14.8	33.4
		0.1				
				1.5	12.2	48.2
26.5		2.7	16.2	47.6	2.7	4.5
			8.0	32.7	126.7	93.0
2.3	9.7	20.4	21.7	93.9	777.2	115.7
556.3	18.6	951.8	6774.4	1802.8	367.6	586.7
24.9		24.8	81.3	17.2	5.0	1.3
1.6			33.4	2.9	2.2	
21.3			45.0	10.9	2.1	0.7
2.1		24.8	2.8	3.4	0.6	0.6
1.0	0.4	64.1	741.9	86.5	162.6	5.7
		64.1	547.6	84.2	162.6	5.3

7-5 农作物

指 标	合计	小店区	迎泽区	杏花岭区
一、粮食作物	**257643.8**	**10349.9**	**195.3**	**1142.4**
（一）夏收粮食	**259.7**	**147.3**		
#冬小麦	259.7	147.3		
（二）秋收粮食	**257384.1**	**10202.6**	**195.3**	**1142.4**
1. 谷物	218143.9	10314.2	161.8	860.4
（1）稻谷	1719.1			
（2）玉米	174826.2	8826.6	111.9	507.6
（3）谷子	15330.7		16.6	70.7
（4）高粱	22306.8	1340.3	16.1	156.0
（5）秋杂谷物	3701.4		17.2	126.1
#燕麦	311.0			
荞麦	2604.7		16.8	126.1
（6）小麦	259.7	147.3		
2. 豆类	8859.6	35.7	18.4	154.0
（1）大豆	7940.8	35.7	5.0	150.1
（2）秋杂豆	918.8		13.4	3.9
#绿豆	184.1		0.1	
红小豆	310.5		13.1	
3. 薯类（折粮）	30640.3		15.2	128.0
（1）马铃薯	28158.2		12.7	91.4
（2）红薯	2482.1		2.5	36.6
二、油料作物	**1059.8**			**2.5**
1. 花生	151.3			
2. 油菜籽	169.0			
3. 芝麻	0.2			
4. 胡麻籽	111.5			
5. 葵花籽	198.2			2.5
6. 其他油料	429.6			
三、棉花				
四、中草药材	**3825.6**	**155.5**		
五、蔬菜及食用菌	**735523.7**	**104466.0**	**324.7**	**1938.3**
六、瓜果类	**5189.5**	**109.0**		
#西瓜	1984.4	18.0		
甜瓜	2455.8	41.8		
草莓	749.3	49.2		

总产量

单位：吨

尖草坪区	万柏林区	晋源区	清徐县	阳曲县	娄烦县	古交市
14099.2	706.8	4965.8	81234.5	104305.9	24746.7	15897.3
12.0	1.0		99.4			
12.0	1.0		99.4			
14087.2	705.8	4965.8	81135.1	104305.9	24746.7	15897.3
12887.6	396.1	4839.0	78912.3	95479.4	8683.2	5609.9
71.6		1647.5				
11097.2	325.8	2982.2	66192.6	79278.1	2729.2	2775.0
400.0	46.1	3.7	183.5	10452.3	2142.4	2015.4
1178.3	8.7	205.6	12436.8	4443.7	2206.2	315.1
128.5	14.5			1305.3	1605.4	504.4
	1.7			51.8	182.6	74.9
56.0	5.9			984.9	1322.3	92.9
12.0	1.0		99.4			
792.3	10.0	71.3	130.6	3397.7	1384.0	2865.6
778.6	4.0	66.7	130.6	3147.6	1217.1	2405.4
13.7	6.0	4.6		250.1	166.9	460.2
9.6	0.5	0.4		79.8	39.2	54.5
2.1	0.6	0.6		45.3	75.0	173.8
419.3	300.6	55.5	2191.8	5428.7	14679.4	7421.8
278.1	297.6	34.1		5343.1	14679.4	7421.8
141.2	3.0	21.4	2191.8	85.6		
33.6		4.2	218.7	231.1	228.9	340.8
		1.6	113.3	36.4		
			47.5		22.3	99.2
		0.2				
				2.1	21.1	88.3
33.6		2.4	30.5	111.8	5.4	12.0
			27.4	80.8	180.1	141.3
3.6	22.8	25.2	42.6	689.8	1869.1	1017.0
27461.2	598.9	54100.0	410883.9	85988.9	14869.3	34892.5
942.0		446.0	2865.7	656.2	158.5	12.1
48.5			1694.6	127.1	96.2	
819.2			1068.2	466.3	55.3	5.0
74.3		446.0	102.9	62.8	7.0	7.1

7-6 农作物

指 标	太原市	小店区	迎泽区	杏花岭区
一、粮食作物	**4024.0**	**4169.9**	**1898.1**	**2307.3**
(一)夏收粮食	**5411.2**	**5338.2**		
#冬小麦	5411.2	5338.2		
(二)秋收粮食	**4023.0**	**4156.7**	**1898.1**	**2307.3**
1. 谷物	4328.8	4185.2	1954.1	2554.5
(1)稻谷	6067.2			
(2)玉米	4938.7	4262.5	2114.2	3398.7
(3)谷子	2302.5		2059.0	1351.0
(4)高粱	4156.9	3660.9	3830.8	3347.3
(5)秋杂谷物	1403.2		975.8	1424.2
#燕麦	1276.0			
荞麦	1425.9		966.9	1424.2
(6)小麦	5411.2	5338.2		
2. 豆类	1820.3	2026.1	1390.2	1457.3
(1)大豆	1880.4	2026.1	1911.5	1607.4
(2)秋杂豆	1426.5		1262.3	314.0
#绿豆	1072.0		1050.0	
红小豆	1709.7		1305.0	
3. 薯类(折粮)	3495.4		2198.5	2432.2
(1)马铃薯	3508.6		2233.7	2440.8
(2)红薯	3352.4		2035.8	2410.9
二、油料作物	**1934.3**			**1013.5**
1. 花生	2771.8			
2. 油菜籽	2476.8			
3. 芝麻	3000.0			
4. 胡麻籽	1800.7			
5. 葵花籽	1930.6			1013.5
6. 其他油料	1649.7			
三、棉花				
四、中草药材	**3600.8**	**7221.4**		
五、蔬菜及食用菌	**55229.9**	**47612.9**	**25446.7**	**36952.8**
六、瓜果类	**32537.6**	**21800.0**		
#西瓜	48384.3	20769.2		
甜瓜	30042.0	24115.4		
草莓	20398.4	20500.0		

单产量

单位：公斤 / 公顷

尖草坪区	万柏林区	晋源区	清徐县	阳曲县	娄烦县	古交市
4178.9	2571.7	4753.4	4738.4	4689.7	2537.9	2234.0
3993.3	3090.0		5823.6			
3993.3	3090.0		5823.6			
4179.1	2571.1	4753.4	4737.3	4689.7	2537.9	2234.0
4495.0	2611.6	4880.8	4804.0	4890.5	1910.9	1866.9
4129.3		6193.5				
4842.6	2714.1	4433.2	4945.1	5649.5	2071.6	2124.0
2460.5	2440.1	2553.5	2333.2	2783.1	1582.9	1642.2
3893.9	3963.5	4009.0	4222.9	4987.9	3381.4	3009.0
1427.9	1419.3		6793.0	1545.9	1315.2	1376.2
	1275.0			1438.9	1244.1	1256.0
1436.8	1441.2			1595.5	1330.4	1394.1
3993.3	3090.0		5823.6			
2122.9	890.3	1865.5	1956.8	2498.9	1479.3	1472.6
2162.1	1990.0	1994.7	1956.8	2667.1	1521.3	1443.1
1044.1	652.1	965.0		1393.5	1231.4	1649.3
1068.2	1053.4	1093.5		1052.5	1110.8	1075.0
1590.0	1650.0	1663.6		1729.8	1755.3	1727.3
3139.0	2686.4	3697.5	3367.0	3996.8	3436.7	3427.7
3066.6	2682.1	3816.7		4001.9	3436.7	3427.7
3292.0	3192.4	3522.4	3367.0	3701.4		
1266.3		1326.3	2443.1	2547.4	1463.6	1902.9
		3692.3	2501.8	4105.3		
			2375.0		1500.0	2973.0
		3000.0				
				1369.6	1731.4	1832.0
1266.3		900.0	1875.0	2349.4	2020.0	2686.6
			3436.3	2468.4	1421.8	1518.4
1542.9	2342.5	1235.3	1966.2	7348.7	2404.8	8793.5
49365.2	32152.8	56836.9	60652.6	47698.3	40444.5	59475.9
37780.7		17983.9	35261.0	38237.2	31365.4	9502.6
30312.5			50685.9	44337.2	42819.0	
38520.4			23739.6	42801.4	25289.6	7500.0
35951.6		17983.9	36232.4	18470.6	11290.3	11703.3

7-7 水果

指 标	太原	小店	迎泽	杏花岭
一、茶叶产量（吨）	**1.0**			
其中：青茶	1.0			
二、园林水果产量（吨）	**97837.8**	**2794.8**	**59.4**	**1277.3**
（一）苹果	11788.4	120.5	9.6	398.8
# 红富士苹果	7651.9	44.5		126.5
国光苹果	872.6	0.6		250.5
（二）梨	22826.9	971.9	20.0	25.2
# 雪花梨	3987.9	88.1		19.7
鸭梨	185.0	0.3	20.0	0.5
（三）其他水果	63222.5	1702.4	29.8	853.3
1. 桃	7888.0	143.7	2.0	77.6
2. 葡萄	45552.9	1330.0	1.5	162.1
3. 红枣	2018.1	42.5	6.3	202.8
4. 柿子	87.7			
5. 其他（含樱桃、山楂）	7675.8	186.2	20.0	410.8
# 杏	4755.2	32.9	10.5	269.8
三、食用坚果产量（吨）	**9278.6**		**8.3**	
（一）核桃	9260.0		8.3	
# 核桃面积	1935.7		22.9	
（二）其他坚果	18.6			
四、年末实有茶园面积（公顷）	**33.3**			
# 本年采摘面积	33.3			
五、年末果园面积（公顷）	**7797.3**	**464.7**	**18.4**	**499.0**
（一）苹果园	1501.7	29.3	8.2	252.5
（二）梨园	1468.4	253.7	2.1	11.8
（三）桃园	728.9	47.5	2.0	17.0
（四）葡萄园	2257.5	73.2		35.6
（五）其他果园	1840.6	61.0	6.1	182.1
# 红枣园	588.5	30.1	3.8	45.7
柿子园	6.2			
杏园	836.1	15.6	1.1	88.9

生产情况

尖草坪	万柏林	晋源	清徐	阳曲	娄烦	古交
						1.0
						1.0
18222.8	**94.9**	**2901.0**	**62070.0**	**6809.7**	**1766.9**	**1841.0**
6728.0	5.7	698.5	1136.8	2160.3	102.4	427.8
5580.5	5.5	226.9	547.5	915.8	0.5	204.2
344.1	0.2	21.5	29.6	24.3	65.7	136.1
1694.3		579.7	17553.5	1472.6	384.5	125.2
1104.4		89.6	2250.3	412.9	0.2	22.7
			55.1	22.6	28.5	58.0
9800.5	89.2	1622.8	43379.7	3176.8	1280.0	1288.0
590.9	4.2	392.2	4849.7	1585.6	63.9	178.2
7485.8	5.6	335.8	35179.7	731.4	181.0	140.0
314.7	20.1	245.3	693.4	398.1	58.7	36.2
	1.3		86.4			
1409.1	58.0	649.5	2570.5	461.7	976.4	933.6
449.5	17.2	586.4	2041.6	158.3	372.7	816.3
51.0	**4.1**	**57.5**	**179.6**	**759.0**	**7287.2**	**931.9**
51.0	4.1	57.5	179.6	758.4	7282.2	918.9
8.3	17.1	36.1	59.7	710.2	800.3	281.1
				0.6	5.0	13.0
						33.3
						33.3
831.4	**47.4**	**322.1**	**2965.4**	**1782.6**	**210.6**	**655.8**
344.3	2.1	43.8	100.7	598.3	8.7	113.8
55.8	4.3	65.9	576.6	410.7	38.9	48.7
25.8	1.8	23.2	332.9	224.3	6.4	48.0
255.9	1.7	31.7	1656.2	178.6	12.3	12.3
149.6	37.6	157.5	298.9	370.7	144.2	433.0
51.2	9.1	77.6	91.0	255.2	5.8	19.1
	0.3		5.8			
26.6	1.7	61.4	151.6	58.7	116.3	314.1

7-8 畜牧业

指　标	单位	太原市	小店区	迎泽区	杏花岭区
畜禽存栏					
猪	头	174733	7995	1009	4942
能繁母猪	头	15933	923	121	529
牛	头	49997	9968	175	91
肉牛	头	30812	170	175	91
奶牛	头	19185	9798		
羊	只	318601	14098	4304	4067
山羊	只	64860	560	90	
绵羊	只	253741	13538	4214	4067
家禽	只	3044511	478386	53970	213282
蛋鸡	只	2258101	248769	53960	213282
畜禽出栏					
猪	头	266309	23859	834	6114
牛	头	14589	977	100	29
羊	只	233557	7143	4172	2559
家禽	只	4304701	950609	2080	99976
畜禽产品产量					
猪肉	吨	21473	1931	68	490
牛肉	吨	2359	159	16	5
羊肉	吨	3516	114	66	40
禽肉	吨	6175	1241	3	158
禽蛋	吨	29360	4563	608	2008
牛奶	吨	70449	37819		
大牲畜（除牛外）					
年末存栏	头	795	22	43	43
当年出栏	头	251		11	9
肉产量	公斤	32867		2750	1240

生产情况

尖草坪区	万柏林区	晋源区	清徐县	阳曲县	娄烦县	古交市
3260	204	3892	64063	49122	20927	19319
322	16	466	6089	4119	1786	1562
3981	194	2242	6800	10259	9590	6697
200	161	156	4792	8869	9590	6608
3781	33	2086	2008	1390		89
20044	2249	12256	94984	82253	46286	38060
116	262	355	4257	10779	27488	20953
19928	1987	11901	90727	71474	18798	17107
81985	8606	187809	957281	865831	108613	88748
73399	7653	183267	422576	861604	107352	86239
3980	154	4252	113236	59647	25252	28981
452	48	90	5495	2787	1494	3117
10719	1228	6386	95015	45382	18003	42950
84287	8094	174542	2176922	546221	99276	162694
320	13	343	9155	4805	2027	2321
75	8	15	889	449	241	502
170	19	100	1460	712	245	590
123	12	259	3211	798	146	224
871	116	2790	5336	10295	1741	1032
15032	166	6550	7199	3251		432
14	7	86	70	185	216	109
1			25	9	81	115
117			2950	1050	8790	15970

7-8 续表

指 标	单位	太原市	小店区	迎泽区	杏花岭区
马					
年末存栏	头	358			28
当年出栏	头	28			2
肉产量	公斤	3440			300
驴					
年末存栏	头	279	20	43	11
当年出栏	头	174		11	2
肉产量	公斤	23087		2750	240
骡					
年末存栏	头	157	2		4
当年出栏	头	49			5
肉产量	公斤	6340			700
骆驼					
年末存栏	头	1			
当年出栏	头				
肉产量	公斤				
兔					
年末存栏	只	303	120		
当年出栏	只	502	20		
肉产量	公斤	1022	100		
其他奶产量	公斤	379870			
山羊毛产量	公斤	33764			
绵羊毛产量	公斤	390167		1600	3653
细羊毛产量	公斤	79798		400	
半细羊毛产量	公斤	310369		1200	3653
羊绒产量	公斤	12264			
蜂蜜产量	公斤	107270		825	
肉类总产量	吨	33556	3446	156	694

尖草坪区	万柏林区	晋源区	清徐县	阳曲县	娄烦县	古交市
	7	84	31	60	139	9
			1	1	24	
			120	120	2900	
12		2	13	77	47	54
1			4	5	44	107
117			430	570	4390	14590
2			26	47	30	46
			20	3	13	8
			2400	360	1500	1380
			1			
				160		23
				320	162	
				598	324	
			379870			
			681	10579	13628	8876
11710			115269	148648	54766	54521
				5468	26905	47025
11710			115269	143180	27861	7496
				7315	3321	1628
2120	6000	8000	45365	37300	2200	5460
688	51	717	14717	6765	2669	3653

7-9 农林牧渔业总产值细项表

（按当年价格计算） 单位：万元

指标	2022年	2021年
农林牧渔业总产值	**806239**	**754579**
一、农业产值	**393679**	**396706**
（一）谷物及其他作物	107622	102080
1. 谷物	65458	53798
其中：小麦	79	156
稻谷	464	382
玉米	47553	39232
2. 薯类	26417	34137
其中：马铃薯（土豆）	23935	29339
3. 油料	681	358
其中：花生	124	67
油菜籽	114	20
4. 豆类	5333	4681
其中：大豆	4685	3673
5. 棉花		
6. 生麻		
7. 甜菜		
8. 烟草		
9. 其他农作物	9734	9106
其中：青饲料（含青贮玉米）	2205	2169
（二）蔬菜、食用菌及花卉盆景园艺产品	226597	237909
1. 蔬菜（含菜用瓜）	201364	206564
2. 食用菌	7155	8628
3. 花卉	17139	21567
4. 盆景园艺	940	1150
（三）水果、坚果、茶、饮料和香料作物	52793	48813
1. 园林水果	40690	36826
其中：苹果	3537	3194
梨	7305	6237
红枣	605	866
2. 食用坚果	12068	11767
其中：核桃	12038	11746
板栗		
松子		
3. 茶及其他饮料	36	216
其中：茶叶	36	216

7-9　续表　　　　　　　　　　　　　　　　　　　　　　　　　　　单位：万元

指　标	2022 年	2021 年
4. 香料原料		4
其中：花椒		4
八角		
(四) 中草药材	6667	7904
二、林业产值	**187767**	**133416**
(一) 林木的培育和种植	187046	132238
1. 育种育苗	37326	37697
2. 造林	44865	10672
3. 未成林、成林抚育管理面积	550	144
(二) 木材采运	721	1178
其中 : 村及村以下	721	1178
(三) 林产品		
三、牧业产值	**172185**	**174728**
(一) 牲畜饲养	80390	79756
1. 牛的饲养	18256	17814
2. 羊的饲养	28494	28252
3. 其他牲畜饲养	241	379
4. 奶产品	29704	28898
其中 : 生牛奶	29589	28782
5. 毛绒产品	648	760
其中 : 羊毛	70	82
山羊绒	578	678
6. 其他牲畜副产品	3047	3653
(二) 猪的饲养	52063	55901
(三) 家禽饲养	34300	35008
1. 肉禽	7500	9836
2. 禽蛋	26801	25172
(四) 狩猎和捕捉动物		67
(五) 其他畜牧业	5432	3996
其中 : 蚕茧		
家兔	1	2
四、渔业产值 (淡水产品)	**5488**	**5159**
# 养殖	5488	5159
鱼类	5488	5159
虾蟹类		
贝类		
其他		
五、农林牧渔专业及辅助性活动	**47121**	**44570**

7-10 农林牧渔业现价总产值构成

单位：%

指 标	2022 年	2021 年
农林牧渔业总产值	**100.0**	**100.0**
一、农业产值	**48.8**	**52.6**
（一）谷物及其他作物	13.3	13.5
1. 谷物	8.1	7.1
其中：小麦		
稻谷	0.1	0.1
玉米	5.9	5.2
2. 薯类	3.3	4.6
其中：马铃薯（土豆）	3.0	3.9
3. 油料	0.1	
其中：花生		
油菜籽		
4. 豆类	0.7	0.6
其中：大豆	0.6	0.5
5. 棉花		
6. 生麻		
7. 甜菜		
8. 烟草		
9. 其他农作物	1.2	1.2
其中：青饲料（含青贮玉米）	0.3	0.3
（二）蔬菜、食用菌及花卉盆景园艺产品	28.1	31.5
1. 蔬菜（含菜用瓜）	25.0	27.3
2. 食用菌	0.9	1.1
3. 花卉	2.1	2.9
4. 盆景园艺	0.1	0.2
（三）水果、坚果、茶、饮料和香料作物	6.5	6.5
1. 园林水果	5.0	4.9
其中：苹果	0.4	0.4
梨	0.9	0.8
红枣	0.1	0.1
2. 食用坚果	1.5	1.6
其中：核桃	1.5	1.6
板栗		
松子		
3. 茶及其他饮料		
其中：茶叶		

7-10 续表

单位：%

指 标	2022 年	2021 年
4. 香料原料		
其中：花椒		
八角		
(四) 中草药材	0.8	1.1
二、林业产值	**23.3**	**17.7**
(一) 林木的培育和种植	23.2	17.5
1. 育种育苗	4.6	5.0
2. 造林	5.6	1.4
3. 未成林、成林抚育管理面积	0.1	
(二) 木材采运	0.1	0.2
其中：村及村以下	0.1	0.2
(三) 林产品		
三、牧业产值	**21.4**	**23.2**
(一) 牲畜饲养	10.0	10.6
1. 牛的饲养	2.3	2.4
2. 羊的饲养	3.5	3.7
3. 其他牲畜饲养	0.0	0.1
4. 奶产品	3.7	3.8
其中：生牛奶	3.7	3.8
5. 毛绒产品	0.1	0.1
其中：羊毛		
山羊绒	0.1	0.1
6. 其他牲畜副产品	0.4	0.5
(二) 猪的饲养	6.5	7.4
(三) 家禽饲养	4.3	4.6
1. 肉禽	0.9	1.3
2. 禽蛋	3.3	3.3
(四) 狩猎和捕捉动物		
(五) 其他畜牧业	0.7	0.6
其中：蚕茧		
家兔		
四、渔业产值（淡水产品）	**0.7**	**0.7**
其中：养殖	0.7	0.7
鱼类	0.7	0.7
虾蟹类		
贝类		
其他		
五、农林牧渔专业及辅助性活动	**5.8**	**5.8**

7-11 农林牧渔业总产值

单位：万元

指　标	太原市	小店区	迎泽区	杏花岭区	尖草坪区	万柏林区	晋源区	清徐县	阳曲县	娄烦县	古交市
农林牧渔业总产值	806239	86430	9127	23746	51953	8568	61954	256255	151155	81262	75291
农业产值	393679	36499	233	2975	20102	718	39075	169846	65587	36283	22361
林业产值	187766	14380	6653	16146	18279	6877	9510	11317	44055	27460	32891
牧业产值	172185	29520	1512	3600	9826	473	8638	57027	32449	12482	16658
渔业产值	5488	51	160		256		643	2662	74	1024	318
农林牧渔专业及辅助性活动产值	47121	5980	569	1025	3490	500	4088	15403	8990	4013	3063

7-12　林业渔业生产情况

指　标	单位	合计	小店区	迎泽区	杏花岭	尖草坪	万柏林	晋源区	清徐县	阳曲县	娄烦县	古交市	太原市
林业生产情况													
1. 当年造林面积	公顷	10133				333				2000	3800	4000	
2. 零星植树	万株	1873	126	121	300	121	131	96	196	410	176	196	
3. 育苗面积	公顷	4209	400	67	182	700	33	500	200	1000	667	460	
4. 木材采运	立方米	9845	2491						415	5146	1793		
渔业生产情况													
1. 养殖面积	公顷	3554	6	167		13		45	291	438	2031	32	531
2. 水产品产量	吨	3430	32	100		160		402	1664	46	640	199	187

第八篇

工业

郭　瑞　闫潇宁　郭彦君
张明敏　张　越　闫　琼

资料整理、审核

郭　瑞　闫潇宁　郭彦君
张明敏　张　越　闫　琼

8-1 全市规模以上工业企业单位数

单位：个

指 标	2022 年末	2021 年末
规模以上工业企业数	847	807
在总计中：国有及国有控股		
（一）按轻重工业分		
轻工业	123	112
重工业	724	695
（二）按登记注册类型分		
国有企业	5	4
集体企业	5	7
股份合作企业	1	1
联营企业		
有限责任公司	262	246
股份有限公司	20	20
私营企业	529	501
其他企业		
港、澳、台商投资企业	8	8
外商投资企业	17	20
（三）按企业规模分		
大型企业	30	30
中型企业	74	79
小型企业	595	579
微型企业	148	119

8-2 规模以上工业企业主要产品产量

指 标	单位	2022 年	2021 年
原煤	万吨	5141.49	4750.58
洗煤	万吨	3437.90	3453.10
#洗精煤（用于炼焦）	万吨	2095.42	2231.61
发电量	亿千瓦时	329.21	332.72
白酒（折 65 度，商品量）	千升	20582.86	18422.34
啤酒	千升	135879.24	135630.70
饮料	万吨	37.95	33.91
卷烟	亿支	153.00	152.50
家具	万件	1.41	3.54

8-2 续表

指　标	单位	2022 年	2021 年
焦炭	万吨	1426.60	1251.96
饮料酒	千升	156462.10	154053.04
单色印刷品	令	662808.00	674173.00
多色印刷品	对开色令	2832097.43	3504346.52
涂料（油漆）	万吨	11.00	2.14
橡胶轮胎外胎	万条	62.13	80.96
水泥	万吨	579.72	748.90
商品混凝土	万立方米	1505.20	1716.93
镁合金	吨	2546.43	3342.68
生铁	万吨	1023.45	1107.10
粗钢	万吨	1383.67	1466.20
钢材	万吨	1353.58	1429.39
铁合金	万吨	1.48	0.53
金属镁	万吨	0.76	0.71
钕铁硼	吨	1423.55	1788.62
电站锅炉	蒸发量吨	8985.00	9730
金属切削机床	台	23	30
起重机	吨	66969.00	63510.00
采矿专用设备	吨	157353.32	127082
交流电动机	万千瓦	364.18	376
乳制品	万吨	20.54	18.44
食醋	万吨	34.86	36.69
粗苯	万吨	4.00	3.91
车轮	万吨	1.33	13.95
车轴	万吨	4.58	6.95
智能手机	万台	2741.74	2732.88
自来水生产量	亿立方米	5.68	4.38

8-3 规模以上工业主要产品生产能力

指 标	单 位	生产能力
原煤	吨	54950010.38
发电设备容量总计 / 发电量	万千瓦 / 万千瓦小时	768.73
卷烟	万支	1976250
移动通信手持机 (手机)	台	28100000
焦炭	吨	14900000
水泥	吨	13800000
硅酸盐水泥熟料	吨	7292500
生铁	吨	10695000
粗钢	吨	14770000
钢材	吨	14541420
铁合金	吨	22350
金属切削机床	台	100
汽车	辆	20000

8-4 规模以上工业企业

指 标	企业单位数（个）	年初存货	产成品	流动资产合计	应收账款	存货	产成品
总 计	847	5569847	1557832.1	39068756.2	11913411	5972752.8	1678715.6
一、按登记注册类型分组							
内资企业	822	5082327.1	1490543	31934382	8686670.5	5319446.5	1589295
国有企业	5	34499	1396.1	90590.3	29202	23244.5	859.6
中央企业	3	33001	130.7	82409.9	27158.5	20714.8	137.5
地方企业	2	1498	1265.4	8180.4	2043.5	2529.7	722.1
集体企业	5	1375.8	227.5	29649.5	13957.1	1464	138.8
股份合作企业	1	164.9	55	3908.1	2762.4	164.3	10.9
有限责任公司	262	2371061.3	610170.5	18684857.7	4688297.7	2489524.5	731275.6
国有独资公司	38	323447.4	71290.1	2725511	787456.6	323056.1	69698.9
其他有限责任公司	224	2047613.9	538880.4	15959346.7	3900841.1	2166468.4	661576.7
股份有限公司	20	1902854.2	602931.9	6743311.7	1320992	1898113.2	494386.1
私营企业	529	772371.9	275762	6382064.7	2631459.3	906936	362624
私营独资企业	10	8980.6	4527.3	49120	27446.9	13318.9	9383.4
私营合伙企业	1	620	35.8	1174.7	102.9	368	14
私营有限责任公司	464	677795	246065.6	5656605.8	2314948	787685	315917.9
私营股份有限公司	54	84976.3	25133.3	675164.2	288961.5	105564.1	37308.7
港、澳、台商投资企业	8	339668.5	32644.8	5842100.8	2899033.2	508926.8	55687.5
合资经营企业（港或澳、台资）	4	326642	26571.4	5768643.5	2885232.1	497440.1	48787.7
港澳台商独资经营企业	3	4832.1	2694.9	53654.8	11738.8	4321.1	3281.1
港澳台商投资股份有限公司	1	8194.4	3378.5	19802.5	2062.3	7165.6	3618.7
外商投资企业	17	147851.4	34644.3	1292273.4	327707.3	144379.5	33733.1
中外合资经营企业	12	128857.6	25996.2	650367.4	214570.3	124443.4	25376.3
外资企业	5	18993.8	8648.1	641906	113137	19936.1	8356.8
二、在总计中：亏损企业	195	759481.4	248185	6800903.7	1831170.8	741597.5	268905.7
在总计中：国有控股企业	177	3357306.8	1042572.7	21147392.2	4550954.4	3422965	988913.2
在总计中：轻工业	123	281604.4	113437.2	1503784.7	306585	349928.7	141786.1
重工业	724	5288242.6	1444394.9	37564971.5	11606826	5622824.1	1536929.5
在总计中：大型企业	30	3393642.8	819927.1	24524916.5	7107268.3	3489644.7	762879.9
中型企业	74	1006926.2	303700.7	5799832.1	1377870.9	1129629.3	378737.3
小微型企业	743	1169278	434204.3	8744007.6	3428271.8	1353478.8	537098.4
三、按行业分组							
煤炭开采和洗选业	69	408647	101214.7	7940894.6	1130173	441864.3	143600

主要经济指标（一）

单位：万元

长期股权投资	固定资产原价			累计折旧		固定资产净额
		房屋和构筑物	机器设备		本年折旧	
10223730.7	**36494375.4**	**10601449.9**	**17865226.9**	**17270624.4**	**1626693.3**	**18979521.5**
9948318.1	34526699.8	10314311.6	16944289.7	16089390.1	1505662.4	18208553
	1005297.3	198974.9	717473.8	609466	28664.3	390176.8
	1001907.1	197076.2	716203.6	607479.6	28514.1	388772.9
	3390.2	1898.7	1270.2	1986.4	150.2	1403.9
	8317.4	1597.8	1754.2	5360.4	478.2	2956.8
	1610.9		1610.9	1417.1	46.5	193.8
5530248.4	19682807.6	6287698.6	7191596.5	7667061.7	926246.5	11860870.2
484431.7	2413039.3	563401.8	472505.8	836152.5	95500.2	1546283.9
5045816.7	17269768.3	5724296.8	6719090.7	6830909.2	830746.3	10314586.3
3562078.8	11361250.5	3020877.4	8172458.4	6820711.8	386063.7	4485637.1
855990.9	2467416.1	805162.9	859395.9	985373.1	164163.2	1468718.3
	16549.4	1185.4	4041.4	6966.5	728.4	9582.7
	444.2	14.2	430	442.1	442.1	2.1
792678.7	2170278.4	670701.8	738460.6	884214.3	148900.1	1275029
63312.2	280144.1	133261.5	116463.9	93750.2	14092.6	184104.5
154248.6	720428.9	141276.3	323255.6	405367.5	58268.3	312331.1
150000	567674.7	82176.9	273561	355751.1	50341.3	209982.7
	66206.2	2062.7	20872.2	18197.7	3884.3	47219.1
4248.6	86548	57036.7	28822.4	31418.7	4042.7	55129.3
121164	1247246.7	145862	597681.6	775866.8	62762.6	458637.4
38222	812903.8	43044.9	375518.3	481299.8	37481.9	318861.7
82942	434342.9	102817.1	222163.3	294567	25280.7	139775.7
968656.3	**9745946.1**	**2700158.6**	**3710382.7**	**4256170.3**	**475923**	**5380787.5**
8914603.4	29218405.1	8125530.2	14978895.5	14505597.8	1128841.8	14496151.6
51030	1311531.5	475854.1	533481.3	535046.6	67079.5	771652.6
10172700.7	35182843.9	10125595.8	17331745.6	16735577.8	1559613.8	18207868.9
9446794.7	24941182.7	7617636	13025649.8	12654271.1	1042672.2	12202550.9
383046.5	4894718.8	1538681.5	2100302	2143205.7	226212	2695101.2
393889.5	6658473.9	1445132.4	2739275.1	2473147.6	357809.1	4081869.4
4441015.1	6752309.5	3189796	1990559.9	3179505.6	285809.5	3492519.1

8-4 续表

指 标	企业数(个)	年初存货		流动资产合计			
			产成品		应收账款	存货	
							产成品
石油和天然气开采业	3	2970.6	1824.8	59896.8	39009.6	3688.7	2630.8
黑色金属矿采选业	6	4798.3	3241.9	51176.8	2020.9	11528.2	9196.9
非金属矿采选业	2	1593.0	38.5	17747.5	12312.4	797.7	65.6
开采专业及辅助性活动	1	317.9		9245.8	7033.1	422.0	0.0
农副食品加工业	14	24948.0	9762.0	88614.6	9320.3	41292.6	10463.8
食品制造业	18	45473.3	16460.0	360699.9	83067.4	46678.2	17788.5
酒、饮料和精制茶制造业	7	20308.6	13232.3	114683.0	11194.4	27380.1	17570.1
烟草制品业	1	63738.6	20925.1	378023.8	27907.1	66579.8	20135.4
纺织业	1	2742.5	2015.3	3288.5	74.5	1637.8	1102.5
纺织服装、服饰业	3	2834.2	41.6	9854.6	1700.3	2906.4	
木材加工和木、竹、藤、棕、草制品业	1	128.4		486.3	29.8	82.0	
家具制造业	2	2496.2		4484.3	1340.7	2288.4	615.9
造纸和纸制品业	6	2588.7	1080.3	23503.0	10445.0	2902.3	1122.8
印刷和记录媒介复制业	9	6419.5	1577.3	65782.3	16292.9	8920.2	1126.6
石油、煤炭及其他燃料加工业	7	365952.3	39036.5	1228825.7	285309.3	289496.5	29465.8
化学原料和化学制品制造业	35	81590.5	29214.6	559055.3	147659.4	119860.6	39389.0
医药制造业	15	42643.6	18524.5	189653.2	33017.8	52029.7	20791.6
化学纤维制造业	2	1320.4	42.0	23004.2	1452.9	17030.6	7041.6
橡胶和塑料制品业	23	29021.5	16015.4	107565.7	67012.5	27796.7	15105.6
非金属矿物制品业	141	177278.8	79024.1	1602600.0	1065024.7	222413.7	112892.2
黑色金属冶炼和压延加工业	21	1148902.1	389420.8	3568218.5	371298.9	1100598.6	313384.2
有色金属冶炼和压延加工业	14	43304.3	18212.7	127330.6	37238.6	41276.5	12351.6
金属制品业	66	93726.0	32642.2	405576.9	149681.6	106391.0	46822.5
通用设备制造业	54	181595.9	38671.7	625865.2	196550.9	177039.1	31847.2
专用设备制造业	95	1207408.1	414408.2	4174013.7	1178875.1	1305250.5	382541.9
汽车制造业	7	60451.1	19472.2	667399.6	567502.5	62041.8	9365.9
铁路、船舶、航空航天和其他运输设备制造业	16	285061.4	73143.0	1584290.6	526811.1	305424.1	92472.1
电气机械和器材制造业	49	131841.9	39977.9	895044.9	383602.3	156344.0	61262.8
计算机、通信和其他电子设备制造业	48	747284.3	83404.5	8858821.1	4241351.4	952217.3	189186.8
仪器仪表制造业	23	50845.4	12060.2	463229.8	173291.5	57704.4	12124.6
废弃资源综合利用业	18	53788.4	46127.9	154171.9	40962.8	55740.3	45579.7
金属制品、机械和设备修理业	6	8072.5	207.2	71640.3	46579.0	18289.4	249.4
电力、热力生产和供应业	32	170806.6	16379.0	2303288.8	443617.1	194311.7	16036.2
燃气生产和供应业	22	97537.9	20101.1	2103081.2	534145.3	48931.7	13902.1
水的生产和供应业	10	1409.2	332.6	227697.2	70504.9	3595.9	1483.9

单位：万元

长期股权投资	固定资产原价			累计折旧		固定资产净额
		房屋和构筑物	机器设备		本年折旧	
	109191.2		43.6	57098.6	7037.7	52158.7
	45590.0	5141.4	9845.8	30049.6	2741.5	15540.3
	9388.0	2415.3	250.1	6739.9	1783.5	2648.0
	5175.1		5175.1	1985.0	415.7	3190.1
2271.8	100631.3	64661.0	29693.2	16424.3	3783.2	82840.6
17256.6	332135.6	121564.4	63415.6	134084.1	20428.2	198051.2
1373.0	127738.0	15567.8	62435.9	85161.6	4886.4	42046.6
100.0	265126.6	101642.5	145002.6	146268.3	15159.0	118858.2
	1082.6			1000.1		82.5
59.2	3690.5	1028.1	774.2	1459.3	186.0	2131.0
	0.3			0.2	0.1	0.1
	8645.2	5283.3	2742.2	4619.6	237.6	4025.6
1856.5	9456.6	949.5	3558.6	4353.9	522.3	5102.7
398.4	96055.9	34479.1	48317.4	40587.7	5482.9	55333.9
26079.8	1524719.5	793007.6	590652.5	239233.4	115575.7	1285344.6
38742.1	1707435.9	584428.1	1063917.2	483612.1	71834.0	1220113.7
9664.1	126440.0	54887.2	54170.1	49318.5	6339.9	77121.4
	111409.9	38039.5	72329.0	2664.7	2266.9	108745.1
1600.0	180137.0	71267.2	101366.1	76752.7	8540.9	102895.9
33337.2	1040317.0	330918.8	499955.7	422974.2	72361.2	596448.1
4013766.2	10885840.8	2758559.6	7861999.9	6538953.8	339042.4	4291786.2
1170.0	108126.0	36368.7	57357.5	42260.8	4936.1	50712.4
15011.3	186292.7	54041.0	102467.8	68084.2	12261.5	104851.5
68708.0	180646.9	84730.8	74640.6	73529.8	9574.1	106785.1
431337.2	910958.0	347072.1	420743.7	421789.9	47782.8	481382.0
2819.5	188856.7	37539.8	140340.1	47969.1	13042.0	140887.4
103459.0	751372.3	304413.2	393661.4	311954.4	32332.0	436565.2
11873.9	213795.4	79828.6	116311.9	33277.2	6651.5	169132.2
281490.3	1241938.1	244202.8	736919.3	714555.3	101570.8	522414.3
108837.1	121431.6	68035.4	27868.4	41077.8	7543.0	80353.5
40.1	84240.8	12390.8	12941.1	26050.6	5254.2	58156.5
	17003.4	2633.2	8668.9	12445.3	731.4	4129.7
78274.1	5758762.9	649469.1	2281929.6	2805602.6	296648.2	2947144.6
491087.7	2682634.0	406267.1	768239.7	862385.6	93334.4	1801018.1
42102.5	605800.1	100820.9	116932.2	286794.6	30596.7	319005.4

8-5 规模以上工业企业

指 标	在建工程	无形资产	土地使用权	资产总计	流动负债合计	应付账款	负债合计
总 计	**2538048.7**	**3540883.7**	**1750444.4**	**78849809.7**	**42198197.0**	**16275674.2**	**55553124.3**
一、按登记注册类型分组							
内资企业	2467341.4	3469242.0	1705224.8	70358162.4	36552685.7	12957715.0	49710464.7
国有企业	23354.7	536.6		518248.9	21189.4	72065.6	494347.3
中央企业	23354.7	536.6		508397.8	14068.9	67384.5	484131.8
地方企业				9851.1	7120.5	4681.1	10215.5
集体企业	860.0	2.9		33977.5	24997.2	19102.7	27563.8
股份合作企业				4101.8	946.9	66.3	946.9
有限责任公司	1876465.9	3052076.0	1528965.9	44770853.8	24274638.8	7630412.5	34440669.8
国有独资公司	212503.3	85289.9	60354.0	5593848.8	2814931.8	630841.5	4314420.4
其他有限责任公司	1663962.6	2966786.1	1468611.9	39177005.0	21459707.0	6999571.0	30126249.4
股份有限公司	362917.4	145924.4	51659.0	15672568.5	6415786.3	2802903.5	8490100.4
私营企业	203743.4	270702.1	124599.9	9358411.9	5815127.1	2433164.4	6256836.5
私营独资企业	765.2	100.0		59332.6	54592.0	4828.1	54841.3
私营合伙企业				1179.2	1040.6	550.3	1040.6
私营有限责任公司	188811.4	235204.9	98915.7	8295995.3	5401715.0	2303382.0	5792030.6
私营股份有限公司	14166.8	35397.2	25684.2	1001904.8	357779.5	124404.0	408924.0
港、澳、台商投资企业	62927.3	35134.2	32203.3	6452823.7	5155495.1	3167504.3	5190094.6
合资经营企业(港或澳、台资)	52855.2	20055.8	18623.6	6241701.0	5085198.4	3148081.1	5090987.3
港澳台商独资经营企业	1048.6	1069.2		105332.0	31885.4	11370.0	56585.5
港澳台商投资股份有限公司	9023.5	14009.2	13579.7	105790.7	38411.3	8053.2	42521.8
外商投资企业	7780.0	36507.5	13016.3	2038823.6	490016.2	150454.9	652565.0
中外合资经营企业	6110.4	24342.9	11929.6	1069767.2	366561.2	64372.7	502137.8
外资企业	1669.6	12164.6	1086.7	969056.4	123455.0	86082.2	150427.2
二、在总计中:亏损企业	**960503.8**	**795192.9**	**246146.8**	**15480682.7**	**11073161.0**	**3772928.8**	**14604033.7**
在总计中:国有控股企业	1743402.9	2681022.1	1414523.0	52841652.7	25893709.2	8202570.1	37603928.7
在总计中:轻工业	129194.0	123850.5	88254.6	2644493.1	1080895.9	356732.1	1224310.0
重工业	2408854.7	3417033.2	1662189.8	76205316.6	41117301.1	15918942.1	54328814.3
在总计中:大型企业	1250373.8	2405340.1	1281494.3	53137017.6	28849523.3	11303674.5	37673610.2
中型企业	640162.5	474102.5	218886.8	10572433.3	5244774.9	1866495.8	7329554.9
小微型企业	647512.4	661441.1	250063.3	15140358.8	8103898.8	3105503.9	10549959.2
三、按行业分组							
煤炭开采和洗选业	350485.7	1512270.2	257205.6	18554263.9	11880426.7	3283377.7	15144407.8

主要经济指标（二）

单位：万元

所有者权益合计	实收资本						
		国家资本	集体资本	法人资本	个人资本	港澳台资本	外商资本
23296675.9	**12151785.9**	**3959369.6**	**105586.2**	**5719736.1**	**1620354.8**	**351578.6**	**395160.4**
20647688.3	11199968.1	3835170.0	105586.2	5636826.9	1610554.8	7714.0	4116.0
23901.7	15237.3	12777.3		2460.0			
24266.0	14920.0	12460.0		2460.0			
–364.3	317.3	317.3					
6413.6	744.0		464.0	280.0			
3155.0	2000.0				2000.0		
10330181.2	8296542.2	3215362.4	58297.0	4689583.5	321469.3	7714.0	4116.0
1279428.1	782473.0	551524.9		218726.6	4507.5	7714.0	
9050753.1	7514069.2	2663837.5	58297.0	4470856.9	316961.8		4116.0
7182467.8	1587089.0	593574.4		436965.8	556548.7		
3101569.0	1298355.6	13455.9	46825.2	507537.6	730536.8		
4491.4	3603.4			2750.0	853.4		
138.6	50.0				50.0		
2503958.8	1083704.4	13320.9	42247.1	426398.1	601738.2		
592980.2	210997.8	135.0	4578.1	78389.5	127895.2		
1262729.0	397223.6	14700.0		40262.1	300.0	341961.5	
1150713.7	349961.5	3000.0		9700.0	300.0	336961.5	
48746.4	37632.1	11700.0		20932.1		5000.0	
63268.9	9630.0			9630.0			
1386258.6	554594.2	109499.6		42647.1	9500.0	1903.1	391044.4
567629.4	225389.9	109499.6		30980.1	9500.0		75410.2
818629.2	329204.3			11667.0		1903.1	315634.2
876646.8	**3130590.5**	**1088401.4**	**58710.1**	**1768778.9**	**212797.0**	**1903.1**	
15237723.0	8509747.6	3825813.5	50430.0	3998489.6	596893.0	7714.0	30407.4
1420181.9	558149.3	94648.8	8576.1	285141.6	120730.4		49052.4
21876494.0	11593636.6	3864720.8	97010.1	5434594.5	1499624.4	351578.6	346108.0
15463407.3	6587407.4	2247965.5		3170751.6	558288.8	311961.5	298440.0
3242878.0	2078925.5	870030.4	97463.1	972075.3	132352.7		7004.0
4590390.6	3485453.0	841373.7	8123.1	1576909.2	929713.3	39617.1	89716.4
3409855.8	3019161.5	764559.4	38788.0	1857577.5	353236.6	5000.0	

8-5 续表

指　标	在建工程	无形资产	土地使用权	资产总计	流动负债合计	应付账款	负债合计
石油和天然气开采业	63368.2	1703.7	1698.4	225023.6	200974.4	142651.8	205554.6
黑色金属矿采选业	5581.1	4434.3		75916.7	35762.3	13573.4	43795.6
非金属矿采选业	147.0	2829.3		23946.4	18841.8	1656.4	18841.8
开采专业及辅助性活动				12971.9	9009.6	6059.7	10023.2
农副食品加工业	4970.5	19401.4	17254.6	198960.4	128222.4	40912.1	151674.5
食品制造业	14897.9	33311.0	27703.8	631948.6	228816.6	65244.4	266543.4
酒、饮料和精制茶制造业	49561.8	7918.5	7437.1	215113.5	112397.1	36444.3	125745.6
烟草制品业	4501.1	19701.4		525305.0	139199.5	78850.8	139876.7
纺织业	22533.1	6434.4	6433.5	41160.8	14642.6	2996.4	14642.6
纺织服装、服饰业	143.5	1646.4	1646.4	13461.1	11891.8	650.2	12390.3
木材加工和木、竹、藤、棕、草制品业				486.4	287.3	50.2	287.3
家具制造业				15963.7	3745.4	243.2	4206.5
造纸和纸制品业	324.1	3480.3	2837.0	34557.7	24662.8	3166.1	25122.1
印刷和记录媒介复制业	4657.4	3123.8	2341.5	133337.5	72473.8	16791.2	87411.9
石油、煤炭及其他燃料加工业	229956.3	182342.8	100061.6	2998250.5	1780957.4	821301.3	2094096.8
化学原料和化学制品制造业	212124.3	62383.4	55233.9	2116721.1	1815036.5	350393.0	2097577.4
医药制造业	11602.7	13582.5	8846.0	322855.0	124279.1	38880.2	166038.0
化学纤维制造业	2095.9	4379.2	4145.6	140441.4	32975.9	30636.8	37053.8
橡胶和塑料制品业	18047.4	2779.9	2624.7	237139.5	189996.9	127477.6	192610.6
非金属矿物制品业	165619.6	57844.8	49358.0	2521050.7	1804659.5	1060803.2	1974988.1
黑色金属冶炼和压延加工业	271219.8	823134.9	788065.9	14533576.0	4455092.0	1591630.8	7766845.6
有色金属冶炼和压延加工业	5653.7	4985.7	2838.9	192397.6	124292.1	28129.8	127813.6
金属制品业	15848.9	20643.0	17861.9	568620.2	296250.8	63706.4	309910.1
通用设备制造业	13481.6	29748.6	20831.7	861924.7	524540.1	121445.9	594321.5
专用设备制造业	127106.4	123418.7	65986.1	5605439.4	2766583.1	909653.6	3982690.8
汽车制造业	23432.4	38193.0	38162.6	892196.5	762917.3	402486.2	798361.4
铁路、船舶、航空航天和其他运输设备制造业	51976.6	124405.0	106399.1	2427609.5	937035.5	405577.8	1209372.0
电气机械和器材制造业	159685.8	40574.9	35707.7	1310929.6	647222.4	296924.6	854002.3
计算机、通信和其他电子设备制造业	28631.6	46102.3	28038.5	9913611.3	6925724.0	4610597.6	7125067.5
仪器仪表制造业	33685.2	25544.4	18966.6	734543.8	286916.9	99173.7	364316.5
废弃资源综合利用业	10445.7	38400.2	3428.8	272319.0	181312.1	47446.7	181583.1
金属制品、机械和设备修理业		36.1		76677.1	44179.3	28141.6	45179.6
电力、热力生产和供应业	331469.8	159656.5	49574.3	6190334.1	2419590.1	899139.4	4513773.6
燃气生产和供应业	180043.8	38801.9	15988.0	5365322.5	2833163.9	446240.8	4294137.1
水的生产和供应业	124749.8	87671.2	13766.6	865433.0	364118.0	203219.3	572861.0

单位：万元

所有者权益合计	实收资本						
		国家资本	集体资本	法人资本	个人资本	港澳台资本	外商资本
19469.1	49200.0	25000.0		24200.0			
32121.0	3170.0			1000.0	2170.0		
5104.5	495.0			495.0			
2948.6	400.0				400.0		
47285.8	52990.9	4500.0	3667.0	3821.7	10380.2		30622.0
365404.9	73618.9		4909.1	49230.9	17478.9		2000.0
89367.8	46717.3	9930.2		20000.0	578.0		16209.1
385428.3	61319.6			61319.6			
26518.1	9000.0			9000.0			
1070.8	1004.8			300.0	704.8		
199.1	110.0				110.0		
11757.2	665.0			600.0	65.0		
9435.5	8161.6			1424.0	6737.6		
45925.5	24585.9	14358.8		7631.6	2595.5		
904153.7	187500.0			182500.0	5000.0		
19143.9	561505.8	20212.7	1330.0	487061.1	32680.7		20221.3
156816.9	83043.7	7919.7		38141.6	36982.4		
103387.5	101045.0	49875.0		51170.0			
44528.8	79995.8	30000.0		29132.0	20863.8		
546060.5	425052.5	56751.8	50050.0	166180.6	152070.1		
6766730.4	1505800.8	752467.9		515373.4	236056.3	1903.1	
64583.9	30639.8	13064.3	330.0	2020.0	15225.5		
258709.1	192848.8	27852.4	500.0	94425.3	70071.0		
267603.0	142653.5	57081.7	334.0	49028.8	33041.2		3167.7
1622747.2	739774.3	482231.1	500.0	117320.7	120043.7		19678.9
93834.9	72856.4	1661.3		62814.6	8380.5		
1218237.1	610775.0	87389.4		422124.8	96439.4		4821.4
456926.5	375823.8	70690.0	600.0	212371.3	92162.5		
2788542.9	1236765.1	39903.0		411306.8	175153.8	311961.5	298440.0
370227.0	132147.5	13640.1	4578.1	46368.3	67561.0		
90735.7	85049.4	6800.0		17920.1	35329.3	25000.0	
31497.5	18058.3			15530.0	2528.3		
1676560.0	1026851.0	743407.3		255381.7	20348.0	7714.0	
1071185.4	999589.4	572871.6		422457.1	4260.7		
292572.0	193409.5	107201.9		84507.6	1700.0		

8-6　规模以上工业企业

指　标	制造成本	直接材料消耗	生产部门人员薪酬	营业收入	主营业务收入	营业成本	税金及附加
总　计	**46148386.4**	**35762036.7**	**2104830.2**	**58705388.1**	**57793361.1**	**52817454.0**	**816863.9**
一、按登记注册类型分组							
内资企业	35512433.9	26179538.3	1748013.1	47590429.3	46752592.7	42071368.6	791143.2
国有企业	606652.0	528231.8	20168.4	561500.3	559735.0	604435.0	1831.1
中央企业	266584.5	189989.2	20067.2	220292.4	218706.7	264508.0	1558.6
地方企业	340067.5	338242.6	101.2	341207.9	341028.3	339927.0	272.5
集体企业	20856.1	16717.0	738.8	28101.4	28101.4	26726.1	155.5
股份合作企业	1855.7	1528.3	219.6	2224.6	2224.6	1855.7	4.8
有限责任公司	18333820.4	14164656.8	971974.8	26886467.6	26167465.3	23552115.7	574444.7
国有独资公司	2343922.3	2029745.8	73457.2	3164311.2	3135547.7	3054109.9	22751.0
其他有限责任公司	15989898.1	12134911.0	898517.6	23722156.4	23031917.6	20498005.8	551693.7
股份有限公司	11170444.6	7049761.6	629037.4	12027045.5	11975914.8	10888733.3	129136.8
私营企业	5378805.1	4418642.8	125874.1	8085089.9	8019151.6	6997502.8	85570.3
私营独资企业	76662.6	38944.8	742.0	90669.3	90409.3	86230.6	297.4
私营合伙企业	1854.0	1535.6	178.4	2008.0	2008.0	1854.0	6.9
私营有限责任公司	5016220.8	4180239.6	112157.6	7503217.8	7442300.2	6582189.6	82159.9
私营股份有限公司	284067.7	197922.8	12796.1	489194.8	484434.1	327228.6	3106.1
港、澳、台商投资企业	9617497.6	8963563.1	317953.9	9806088.9	9786630.9	9610655.2	18739.8
合资经营企业(港或澳、台资)	9562174.5	8924929.1	315000.0	9697291.7	9680456.9	9521855.4	17792.9
港澳台商独资经营企业	15760.3	9998.8	748.0	70595.5	67972.3	60740.6	237.1
港澳台商投资股份有限公司	39562.8	28635.2	2205.9	38201.7	38201.7	28059.2	709.8
外商投资企业	1018454.9	618935.3	38863.2	1308869.9	1254137.5	1135430.2	6980.9
中外合资经营企业	724583.7	417349.9	15055.0	936866.0	934054.2	790909.4	4048.6
外资企业	293871.2	201585.4	23808.2	372003.9	320083.3	344520.8	2932.3
二、在总计中:亏损企业	**6094162.9**	**4371401.0**	**255603.9**	**7609251.9**	**7489181.5**	**7744497.1**	**60956.9**
在总计中:国有控股企业	21095951.9	13808177.6	1418119.6	28726077.2	28221664.3	25309587.0	640699.9
在总计中:轻工业	1355437.2	1032000.7	68974.9	2221158.8	2195090.7	1468691.6	281399.2
重工业	44792949.2	34730036.0	2035855.3	56484229.3	55598270.4	51348762.4	535464.7
在总计中:大型企业	33640763.5	26092361.1	1693003.5	40935241.2	40227098.4	37665379.0	364788.9
中型企业	4548016.6	3531283.7	226212.8	6900066.0	6820992.2	5469848.5	353500.7
小微型企业	7959606.3	6138391.9	185613.9	10870080.9	10745270.5	9682226.5	98574.3
三、按行业分组							
煤炭开采和洗选业	3900137.9	1073521.0	696783.0	9243216.9	9106487.7	6791604.6	371259.3

主要经济指标（三）

单位：万元

销售费用	管理费用			研发费用	财务费用		
		上交管理费	董事会费			利息费用	利息收入
607887.1	**1555267.5**	**34274.1**	**274.2**	**648008.2**	**857624.7**	**974101.0**	**204767.3**
546538.6	1462602.9	33640.9	274.2	628402.4	884723.6	918284.3	119878.5
212.7	1400.5			166.0	30932.5	30720.1	84.4
94.8	1282.8			166.0	30673.8	30450.1	72.1
117.9	117.7				258.7	270.0	12.3
144.3	790.2			235.8	13.2	16.2	14.4
64.7	171.1			109.2	7.4	6.5	0.1
319598.6	959911.1	33101.8	144.4	344947.5	716927.8	751536.9	89066.6
29036.4	79043.8	100.0	120.0	38995.9	49386.3	53853.1	11160.3
290562.2	880867.3	33001.8	24.4	305951.6	667541.5	697683.8	77906.3
43074.6	261034.3	98.3	43.3	170074.4	88337.1	105116.7	28435.2
183443.7	239295.7	440.8	86.5	112869.5	48505.6	30887.9	2277.8
2763.7	1446.6				995.5	407.5	9.4
20.1	100.1				0.2	0.2	
149272.8	203470.8	318.1	24.6	78790.5	43437.6	26559.4	1531.4
31387.1	34278.2	122.7	61.9	34079.0	4072.3	3920.8	737.0
4592.2	45947.9			10653.3	−18102.9	46075.4	65884.1
2168.2	40236.8			9504.2	−19588.2	44255.7	65565.9
2060.9	976.6				661.1	969.2	289.9
363.1	4734.5			1149.1	824.2	850.5	28.3
56756.3	46716.7	633.2		8952.5	−8996.0	9741.3	19004.7
49015.4	32372.0	633.2		8606.9	8545.9	9075.5	1038.3
7740.9	14344.7			345.6	−17541.9	665.8	17966.4
61268.8	**319043.8**	**15995.9**	**182.0**	**44482.8**	**333948.2**	**332681.1**	**13842.7**
198902.8	1076835.4	32361.2	167.7	440998.5	696272.4	754218.8	101698.0
142022.3	145977.7	246.5	149.8	32220.7	1702.6	8554.6	9009.5
465864.8	1409289.8	34027.6	124.4	615787.5	855922.1	965546.4	195757.8
221010.2	866878.3	30719.4	0.5	372313.5	604526.7	688244.9	146600.8
162173.2	299891.7	366.7	25.7	123782.8	122463.6	152839.9	37248.5
224703.7	388497.5	3188.0	248.0	151911.9	130634.4	133016.2	20918.0
69608.4	626178.4	30875.7	7.9	99005.9	298331.3	288578.0	19973.2

8-6 续表

指　标	制造成本	直接材料消耗	生产部门人员薪酬	营业收入	主营业务收入	营业成本	税金及附加
石油和天然气开采业	14249.7	8537.5	389.8	22920.0	22118.1	26789.1	255.4
黑色金属矿采选业	31934.6	6601.0	1288.6	43702.0	43702.0	29597.8	1577.9
非金属矿采选业	3086.8	365.7	179.2	8990.7	8990.7	5845.2	711.7
开采专业及辅助性活动	17269.4	465.7	503.8	20752.2	20752.2	17166.5	31.1
农副食品加工业	231805.3	212022.2	4398.2	297677.9	296832.9	285950.9	858.7
食品制造业	445521.6	314261.6	18386.6	624914.9	610846.6	497209.8	2293.1
酒、饮料和精制茶制造业	155430.3	123023.4	8440.0	219205.9	216083.4	144603.1	21470.3
烟草制品业	163583.5	138851.5	13899.9	526692.5	526349.3	165379.0	252576.5
纺织业	2881.0	2447.0	307.5	3960.5	3438.1	3458.7	103.5
纺织服装、服饰业	5031.5	4229.4	534.5	10738.3	10139.5	7981.2	88.7
木材加工和木、竹、藤、棕、草制品业	2124.5	2084.8	6.1	2333.2	2333.2	2090.9	1.4
家具制造业	794.2	515.3	119.1	2362.3	2362.3	1909.5	15.9
造纸和纸制品业	18771.1	17671.9	340.7	23209.2	23187.5	21384.7	62.5
印刷和记录媒介复制业	44958.3	31597.2	5663.4	65809.8	64649.6	51290.6	419.8
石油、煤炭及其他燃料加工业	3741547.6	3313663.6	25596.2	4385887.6	4163740.8	3933001.0	8345.7
化学原料和化学制品制造业	992204.7	717031.6	33338.4	1066021.1	1062560.9	1009217.7	4498.8
医药制造业	91281.3	65031.5	4339.5	191632.1	190935.4	76363.9	2349.2
化学纤维制造业	19923.6	13094.3	860.4	14034.7	12573.5	10716.5	39.3
橡胶和塑料制品业	121758.7	94941.7	7855.0	146711.2	146456.7	138162.9	1268.0
非金属矿物制品业	1217189.9	938278.4	34531.0	1354994.5	1338194.8	1213889.0	6503.2
黑色金属冶炼和压延加工业	10274195.8	7185007.1	395065.9	12317712.5	12112113.1	11688486.9	58167.2
有色金属冶炼和压延加工业	251173.8	187905.8	5569.7	250046.6	246263.3	233768.2	517.4
金属制品业	789582.5	702888.9	21682.7	1373559.9	1368593.4	1320354.4	2526.8
通用设备制造业	318956.5	253372.4	21446.6	501830.6	493791.9	412467.2	2537.0
专用设备制造业	1704105.8	1261489.0	111546.7	2000056.8	1961091.1	1629181.3	10036.3
汽车制造业	1369508.9	1335381.9	22707.5	1439511.8	1434835.2	1406757.9	1840.4
铁路、船舶、航空航天和其他运输设备制造业	768002.4	593675.9	52429.5	956445.4	936327.1	771587.4	5747.3
电气机械和器材制造业	410548.9	370508.7	11353.9	474580.5	467093.4	407290.6	1517.4
计算机、通信和其他电子设备制造业	13380873.3	12296677.1	436652.7	13885577.1	13807370.6	13457688.2	27229.4
仪器仪表制造业	72697.7	51797.3	5825.4	250238.8	245980.3	173716.4	2153.0
废弃资源综合利用业	1146165.1	1101475.6	3508.9	1307326.1	1305066.1	1291832.3	12030.7
金属制品、机械和设备修理业	68904.5	8309.1	15740.6	77879.9	77670.2	69082.9	604.1
电力、热力生产和供应业	1688206.7	988002.4	73333.6	1652561.3	1595633.0	1740215.3	7910.9
燃气生产和供应业	2481698.2	2296445.3	40324.4	3743313.0	3673967.4	3574509.5	7601.4
水的生产和供应业	202280.8	50863.9	29881.2	198980.3	194829.8	206902.9	1714.6

单位：万元

销售费用	管理费用			研发费用	财务费用		
		上交管理费	董事会费			利息费用	利息收入
	3012.8				4081.5	4088.4	26.1
604.8	3431.8				147.9	152.6	4.5
971.9	778.5				70.4	74.3	
1038.7	855.3				35.8	40.8	5.0
4392.3	6747.1			168.3	1667.1	2227.2	669.5
41347.4	33887.1		13.1	6620.1	2675.9	1631.1	875.1
29604.3	9717.4			535.9	-630.0	212.6	-60.0
6909.1	40288.8		3.9	1256.0	-6354.6		6358.1
	215.9				0.4		0.2
236.7	2276.6			68.0	35.5	35.4	141.2
0.6	30.5			141.7	4.0	3.8	
78.2	429.8				53.0	49.7	0.2
378.1	688.4				334.3	277.0	0.2
2983.2	8541.0	100.0	120.0	1035.9	1028.9	365.3	47.1
114353.7	29945.6			9945.8	40808.1	40304.2	2480.0
18486.0	27116.8	398.7	0.2	30595.9	84601.4	84219.3	4825.2
46722.6	27144.3		12.8	12047.6	168.7	1365.1	289.8
333.4	961.4			1371.7	-433.6	11.8	459.3
1881.9	7509.7	2.7		4417.3	680.6	985.3	201.9
38835.1	64795.7	363.5	50.4	16331.5	18664.6	14586.6	322.3
26412.8	179589.5	94.3	0.5	118935.0	132325.5	159292.6	27149.1
1117.9	6104.7	366.7		5321.8	3159.6	3157.5	85.5
8920.0	20398.8	158.7		12083.4	4815.5	3324.9	-11.9
16028.8	31259.1	94.3	16.1	21825.3	3402.6	4318.0	1431.9
49846.3	105300.5	466.9		109398.9	55350.5	65749.1	23395.7
3025.7	11501.0			1971.9	1531.5	1434.8	63.8
16211.3	44359.1	1193.2	26.8	43963.5	10764.2	14654.2	2229.0
11068.0	24229.8	0.7		19072.6	4148.8	7419.9	4638.7
28517.0	76237.6	94.3	16.5	100294.6	-19385.3	53766.8	95334.4
13989.6	20091.8			16637.9	3217.6	4308.8	743.7
5625.5	12882.0	0.5			1886.3	2327.5	137.0
871.5	3866.5			2181.9	106.5	79.5	14.7
1809.9	50338.4			6397.3	112424.0	112112.1	1796.2
37342.3	52008.3	40.1	6.0	6067.9	87505.1	95720.4	10952.2
8334.1	22547.5	23.8		314.6	10401.1	7226.4	188.4

8-7 规模以上工业企业

指　标	资产减值损失	信用减值损失	其他收益	投资收益	公允价值变动收益	资产处置收益	营业利润	营业外收入
总　计	**-157583.0**	**-186464.4**	**226598.9**	**956985.1**	**-29.6**	**4538.1**	**2248209.8**	**109250.3**
一、按登记注册类型分组								
内资企业	-144831.2	-185309.1	195684.8	947573.1	274.8	4026.5	2024951.2	108550.6
国有企业	-39.0	11.2	3233.6	66.7			-74205.2	7301.1
中央企业	-39.0	11.2	3233.6	66.7			-74719.2	7296.2
地方企业							514.0	4.9
集体企业			8.3				44.5	733.3
股份合作企业							11.7	75
有限责任公司	-72432.6	-180138.0	157776.6	467367.8	153.3	4252.6	798556.0	48690.5
国有独资公司	-16372.2	-5295.3	27178.6	-3681.6		570.6	-106612.8	8763.1
其他有限责任公司	-56060.4	-174842.7	130598.0	471049.4	153.3	3682.0	905168.8	39927.4
股份有限公司	-70368.1	-2959.1	20385.5	462505.0	121.5	-91.6	855092.9	12408.6
私营企业	-1991.5	-2223.2	14280.8	17633.6		-134.5	445451.3	39342.1
私营独资企业							-1064.5	714.1
私营合伙企业							26.5	
私营有限责任公司	-1014.7	-103.5	6696.8	12904.1		-187.8	382176.6	36002.6
私营股份有限公司	-976.8	-2119.7	7584.0	4729.5		53.3	64312.7	2625.4
港、澳、台商投资企业	-12257.5	-51.7	793.7	-4148.1	-308.3	-261.1	117370.3	147.2
合资经营企业(港或澳、台资)	-12257.5	-51.7	57.1	-4148.1	-308.3	-5.9	108607.9	41
港澳台商独资经营企业			0.3			-255.2	5664.3	87.5
港澳台商投资股份有限公司			736.3				3098.1	18.7
外商投资企业	-494.3	-1103.6	30120.4	13560.1	3.9	772.7	105888.3	552.5
中外合资经营企业	-448.0	-1103.6	27283.2	10673.0	3.9	350.9	80127.0	340
外资企业	-46.3		2837.2	2887.1		421.8	25761.3	212.5
二、在总计中:亏损企业	**-57937.8**	**-30162.7**	**94211.6**	**18344.4**	**37.9**	**11.6**	**-930146.5**	**36005.6**
在总计中:国有控股企业	-138099.7	-165546.5	190759.6	934663.0	234.5	4724.4	1191421.1	47920.7
在总计中:轻工业	-4645.8	-419.8	8688.4	1906.9	3.9	420.5	155095.2	8074.4
重工业	-152937.2	-186044.6	217910.5	955078.2	-33.5	4117.6	2093114.6	101175.9
在总计中:大型企业	-122024.0	-155206.4	117049.0	910619.8	-196.1	3535.6	1594122.0	43116.2
中型企业	-29214.2	-22516.2	33397.6	26328.6		413.8	375958.9	12231.1
小微型企业	-6344.8	-8741.8	76152.3	20036.7	166.5	588.7	278128.9	53903
三、按行业分组								
煤炭开采和洗选业	-44423.5	-155255.5	14209.7	677077.6	-0.8	280.5	1479115.3	5389.8

主要经济指标（四）

单位：万元

营业外支出	利润总额	所得税费用	应付职工薪酬						
				工资、奖金、津贴和补贴	福利费	社保费	住房公积金	工会经费	职工教育经费
73531.0	2283928.9	450309.7	3837267.1	2529973.6	201748.7	523168.0	161454.0	46825.9	21826.1
73225.2	2060276.4	417384.3	3212278.2	2145496.8	192544.4	494091.4	155042.4	43006.3	21334.4
23.5	−66927.7	166.6	31850.3	20356.3	1498.9	6514.0	2345.2	387	19.4
23.5	−67446.6	58.2	31666.7	20190.1	1489.2	6510.9	2341.2	386.3	19.4
	518.9	108.4	183.6	166.2	9.7	3.1	4.0	0.7	
	777.7	25.4	1824.9	1508.7	72.4	226.0	13.6	4.2	
4.5	82.2	0.7	322.3	267.2	6.3	46.7		2.1	
46750.5	800496.7	225941.8	1949005.1	1277451.3	126561.1	293287.6	92865.0	22885.9	14427.8
542.2	−98392.0	7317.9	183533.0	120518.6	8447.0	32166.1	9687.7	2196.4	529.3
46208.3	898888.7	218623.9	1765472.1	1156932.7	118114.1	261121.5	83177.3	20689.5	13898.5
11758.7	855743.1	95300.5	930172.2	591804.7	56165.8	171355.2	57252.8	17197	5818
14688.0	470104.4	95949.3	299103.4	254108.6	8239.9	22661.9	2565.8	2530.1	1069.2
1242.9	−1593.4	20.9	2515.5	2383.9	11.8	114.8		5	
3.3	23.2	2.7	235.9	235.7				0.2	
12409.2	405769.0	90758.8	235236.3	200613.3	7015.0	17851.0	1500.5	1946.9	978.6
1032.6	65905.6	5166.9	61115.7	50875.7	1213.1	4696.1	1065.3	578	90.6
182.8	117334.8	17243.5	533355.9	320132.8	5643.9	16193.7	2276.6	2579.1	163.2
70.7	108578.4	16109.5	527992.9	315798.8	5593.6	15664.3	2196.7	2504.3	78.8
21.8	5729.9	680.0	1350.5	909.9	39.5	126.8	48.9	9.6	5.6
90.3	3026.5	454.0	4012.5	3424.1	10.8	402.6	31.0	65.2	78.8
123.0	106317.7	15681.9	91633.0	64344.0	3560.4	12882.9	4135.0	1240.5	328.5
37.9	80429.2	13959.8	47790.9	33061.9	2329.3	7300.1	3088.8	584.1	311.2
85.1	25888.5	1722.1	43842.1	31282.1	1231.1	5582.8	1046.2	656.4	17.3
14682.5	−908824.0	2053.8	495568.7	338263.6	29027.3	81889.0	23020.1	5513.2	2880.6
38767.1	1200574.5	224535.3	2520000.2	1611532.7	175131.5	432235.0	146998.8	36866.4	20101.8
4325.1	158845.3	30657.7	187055.5	133464.2	22078.7	18986.1	6709.6	1859.9	1024
69205.9	2125083.6	419652.0	3650211.6	2396509.4	179670.0	504181.9	154744.4	44966	20802.1
35977.8	1601260.1	257709.3	2819262.8	1792351.3	139733.0	402510.7	123866.9	36804.5	17096.9
15815.4	372374.7	106622.2	522654.5	354938.8	42701.2	66956.6	23039.9	5659.2	3162.7
21737.8	310294.1	85978.2	495349.8	382683.5	19314.5	53700.7	14547.2	4362.2	1566.5
41792.9	1442712.4	246424.8	1174518.8	760513.7	80727.8	220232.7	61649.6	20922.4	13429.3

8-7 续表

指 标	资产减值损失	信用减值损失	其他收益	投资收益	公允价值变动收益	资产处置收益	营业利润	营业外收入
石油和天然气开采业	-6.2		-1721.9				-12947.0	1.3
黑色金属矿采选业							8341.6	11.3
非金属矿采选业							613.0	2.1
开采专业及辅助性活动							1624.9	3.6
农副食品加工业	-11.4	-2.0	891.0	-12.1	3.9	-0.1	-1237.5	788
食品制造业	-644.0	-83.3	2116.1	41.2		35.2	42345.5	1456.8
酒、饮料和精制茶制造业	-438.6	-28.7	585.9			358.3	14381.8	304.9
烟草制品业	-3358.1	-0.7	2218.3				65497.2	84.8
纺织业							182.0	5.3
纺织服装、服饰业				52.4			103.3	470
木材加工和木、竹、藤、棕、草制品业							64.1	0.4
家具制造业			0.7				-123.3	32.1
造纸和纸制品业							361.1	1.8
印刷和记录媒介复制业	-92.4	-31.0	408.5	14.0		27.3	836.0	312.7
石油、煤炭及其他燃料加工业	-2306.6	-2233.0	402.3	774.3		-595.2	245528.9	12590.1
化学原料和化学制品制造业	233.1	-4748.8	2139.5	2539.6		-254.2	-108587.6	2508.3
医药制造业	-231.6	-250.8	962.9	64.9		-1.2	27379.9	1350.4
化学纤维制造业		-66.7	115.2	20.0			1114.5	100.9
橡胶和塑料制品业	-114.1	375.5	360.0			1.0	-6587.7	997.9
非金属矿物制品业	-1873.1	-865.5	3143.1	2782.9		51.1	2271.2	4255.4
黑色金属冶炼和压延加工业	-68706.8	329.7	15682.4	233325.9	113.0	3756.5	298296.3	6197
有色金属冶炼和压延加工业	-770.8	59.9	1407.4	81.4			834.5	919.5
金属制品业	1788.1	-82.2	3079.9	3314.9		31.8	12592.0	3062.3
通用设备制造业	-258.3	870.1	944.6	1300.5		57.2	17222.5	2203.9
专用设备制造业	5111.7	-10314.6	24432.5	8368.2		-113.8	68425.6	9297.2
汽车制造业	-27.5	-16.5	2656.0	10.8		-368.0	15137.8	820.2
铁路、船舶、航空航天和其他运输设备制造业	-2414.6	-954.1	7241.7	10113.4	122.3	132.7	78053.5	3134.9
电气机械和器材制造业	-1555.4	-5120.7	1827.4	166.4		0.9	2570.5	1506.2
计算机、通信和其他电子设备制造业	-16644.0	-192.3	24188.6	-1122.7	-270.4	868.3	221822.5	3350
仪器仪表制造业	-3596.9	-1079.7	4409.3	1538.2		63.7	20611.3	1268.5
废弃资源综合利用业	-140.2	-151.9	2222.7				-15001.0	20791.1
金属制品、机械和设备修理业		4.8	46.6				1217.8	175.8
电力、热力生产和供应业	-1676.7	-5520.2	89113.7	4119.6		-4.1	-180503.4	16477.7
燃气生产和供应业	-14992.2	-846.0	23307.0	10655.0		210.2	-3388.7	2480.8
水的生产和供应业	-432.9	-260.2	207.8	1758.7	2.4		-49958.6	6897.3

单位：万元

营业外支出	利润总额	所得税费用	应付职工薪酬	工资、奖金、津贴和补贴	福利费	社保费	住房公积金	工会经费	职工教育经费
54.5	−13000.2		3190.5	2073.8	280.7	470.0	177.2	38.8	29
88.4	8264.3	2439.0	2990.2	2859.7	127.4			3.1	
38.6	576.5	138.0	269.4	269.4					
15.6	1613.0	408.7	784.7	730.0		41.3	13.4		
147.8	−597.3	6.3	8641.0	6734.0	454.1	1114.4	166.2	51.2	
282.9	43519.9	3142.1	39083.2	31304.9	1121.5	3770.1	879.9	401.7	99.4
74.7	14611.8	3496.7	24021.6	16798.0	839.5	4091.1	1544.5	257.5	44.2
567.1	65015.0	19896.6	49079.7	25209.0	17551.2	2733.0	2452.1	504.2	630.2
	187.3		375.3	363.0		5.5		6.8	
38.0	535.1	150.8	2028.3	1474.9	147.6	285.5	78.5	22.9	6.6
	64.5	1.6	25.9	22.2	0.6	3.0		0.1	
1.5	−92.7	1.5	350.3	291.5	1.6	30.2		0.8	0.4
6.6	356.3	29.9	659.7	632.7				3.5	
115.2	1034.2	283.3	12029.2	8330.3	458.1	1847.7	614.0	136.5	18.5
2620.1	255498.9	51411.0	46168.3	37332.3	2349.0	6007.3		359	120.6
1567.1	−107646.5	9933.1	65600.9	47030.2	4548.2	8259.4	3059.6	689.4	399.3
1002.8	27727.5	3167.0	21260.5	17568.0	700.9	2248.5	354.2	242.5	43.1
1.0	1214.4	54.3	3519.4	2798.6	120.1	434.9	160.5	3.8	1.5
1307.3	−6897.0	238.5	13875.1	10391.7	568.7	1633.1	283.0	116.9	50.7
2939.0	3587.3	3640.9	91549.7	71190.2	4389.9	8996.0	2097.5	730.3	−58.9
8175.5	296317.8	31409.7	552010.2	355905.9	36187.7	81543.9	36194.3	6269.6	1793.2
20.4	1733.3	103.0	11023.6	8165.6	247.7	913.5	194.5	86.8	69.4
503.4	15150.0	2540.2	46807.8	36879.3	2043.2	4998.0	1636.0	284.8	134.8
199.1	19227.3	1722.9	54102.1	41224.4	1589.7	8186.9	1313.1	400.9	101.6
4694.0	73028.7	4561.6	259851.1	184134.0	11669.2	38342.1	12242.9	2951.9	959.8
36.0	15921.9	−736.5	29360.9	24019.9	659.2	3176.3	249.0	452.1	274
1030.2	80158.2	9691.7	114088.9	68856.5	5340.9	13734.7	6069.6	1344.1	698.2
379.6	3697.3	−424.8	31335.5	24310.4	1051.9	3621.4	663.6	296.8	390.3
935.2	224237.6	21999.9	805050.8	496647.2	9204.7	41917.2	7477.5	5852.1	189.2
373.9	21506.0	423.1	34503.3	24598.9	732.6	3379.4	827.4	228.4	63.3
1796.9	3993.0	3933.9	9611.7	6770.3	578.7	907.3	410.3	97.6	52.4
89.7	1303.9	61.5	19010.4	13136.7	969.0	2730.3	1197.4	248	78.6
1193.1	−165219.2	9128.8	149979.4	98131.5	7337.9	30676.2	9398.8	1753.5	1399.8
1392.6	−2299.9	21179.3	107119.1	67579.7	7694.6	15612.0	6414.2	1383.4	803.2
50.3	−43111.7	−148.7	53390.6	35695.2	2054.8	11225.1	3635.2	684.5	4.4

8-8 规模以上工业企业

指 标	应付职工薪酬		其他属于劳动者报酬的部分	上交政府的各项非税费用	水电费		差旅费
	劳务派遣人员薪酬	其他职工薪酬				上缴的各项税费	
总 计	**296949.0**	**55295.5**	**36625.9**	**21140.6**	**1031336.1**	**105442.9**	**31909.1**
一、按登记注册类型分组							
内资企业	106187.5	54549.8	36573.4	19351.3	930378.3	94071.4	30470.4
国有企业		729.6		78.9	3189.3	7.4	81.1
中央企业		729.6		43.0	2472.7	1.0	80.5
地方企业				35.9	716.6	6.4	0.6
集体企业				8.1	207.8	18.6	11.5
股份合作企业					36.4	3.3	3.4
有限责任公司	90553.9	30959.6	25511.2	9041.0	420075.0	84735.6	13709.7
国有独资公司	9647.1	339.1		1417.8	14297.0	763.0	1369.5
其他有限责任公司	80906.8	30620.5	25511.2	7623.2	405778.0	83972.6	12340.2
股份有限公司	9690.7	20886.5	10852.4	2037.8	437743.1	4409.7	6568.9
私营企业	5942.9	1974.1	209.8	8185.5	69126.7	4896.8	10095.8
私营独资企业				21.5	2293.1	81.5	0.3
私营合伙企业				3.2			
私营有限责任公司	3415.8	1905.3	209.8	7646.2	62700.5	4461.0	6661.7
私营股份有限公司	2527.1	68.8		514.6	4133.1	354.3	3433.8
港、澳、台商投资企业	186228.4	137.7	52.5	81.6	7785.4	1471.5	126.0
合资经营企业(港或澳、台资)	186154.3	1.9		81.6	7257.6	247.9	95.4
港澳台商独资经营企业	74.1	135.8			1.0	1195.4	6.0
港澳台商投资股份有限公司			52.5		526.8	28.2	24.6
外商投资企业	4533.1	608.0		1707.7	93172.4	9900.0	1312.7
中外合资经营企业	528.0	587.0		402.1	82616.8	9400.3	1110.1
外资企业	4005.1	21.0		1305.6	10555.6	499.7	202.6
二、在总计中:亏损企业	**9440.8**	**5528.2**	**2211.8**	**6544.4**	**214731.6**	**4701.0**	**2121.4**
在总计中:国有控股企业	46089.4	51033.0	36033.9	9796.0	762749.5	34702.7	19112.9
在总计中:轻工业	2212.6	717.3	52.5	2397.7	27578.3	1504.8	3232.7
重工业	294736.4	54578.2	36573.4	18742.9	1003757.8	103938.1	28676.4
在总计中:大型企业	269981.7	36916.2	35834.6	6698.6	726925.4	5264.8	14006.3
中型企业	17365.7	8826.0	81.1	4689.3	131558.8	80224.0	7328.7
小微型企业	9601.6	9553.3	710.2	9752.7	172851.9	19954.1	10574.1
三、按行业分组							
煤炭开采和洗选业	7904.9	9135.6	17406.7	5973.7	353744.9	80165.7	403.4

主要经济指标（五）

单位：万元

应交增值税	销项税额	进项税额	工业总产值（当年价格）	平均用工人数（万人）	期末用工人数（万人）	从业人员期末人数（万人）	从业人员平均人数（万人）
1142511.2	**6767122.8**	**7507337.1**	**52435148.3**	**29.09**	**25.78**	**25.01**	**28.35**
1109692.5	6566545.4	7303669.3	41538287.6	22.08	21.78	21.01	21.33
10787.2	72612.4	72755.1	581398.3	0.20	0.20	0.20	0.20
8493.3	28258.5	30695.1	213968.6	0.19	0.20	0.20	0.19
2293.9	44353.9	42060.0	367429.7	0.01	0.01	0.01	0.01
1180.9	3782.6	2779.0	31765.8	0.03	0.03	0.03	0.03
67.2	290.1	222.9	2224.6	0.01	0.01	0.01	
583986.6	3631964.5	5216367.2	22585478.8	13.42	13.18	12.78	13.03
45292.9	309404.6	270650.3	2713200.3	1.62	1.60	1.56	1.59
538693.7	3322559.9	4945716.9	19872278.5	11.80	11.58	11.22	11.43
273458.3	1883079.5	1628471.7	12088389.3	4.34	4.09	3.90	3.99
240212.3	974816.3	383073.4	6249030.8	4.09	4.26	4.09	4.08
1999.0	12093.5	10323.4	90053.1	0.06	0.03	0.03	0.06
64.6	261.0	196.4	2008.0		0.01	0.01	
218905.8	903867.0	332634.5	5694343.0	3.40	3.39	3.42	3.39
19242.9	58594.8	39919.1	462626.7	0.63	0.84	0.64	0.63
5671.8	48353.2	78378.3	9699778.2	6.23	3.29	3.29	6.23
3403.8	34203.8	67151.8	9631888.1	6.15	3.21	3.21	6.15
1135.2	9183.2	7393.1	22596.9	0.01	0.01	0.01	0.01
1132.8	4966.2	3833.4	45293.2	0.07	0.07	0.07	0.07
27146.9	152224.2	125289.5	1197082.5	0.78	0.71	0.71	0.79
22057.2	108884.4	87625.4	868533.5	0.29	0.29	0.29	0.30
5089.7	43339.8	37664.1	328549.0	0.49	0.42	0.42	0.49
180794.0	**1497236.8**	**3515582.8**	**6449111.0**	**4.20**	**4.06**	**3.92**	**4.02**
758748.1	3728019.3	3102066.7	24347015.7	13.81	13.43	12.86	13.11
86844.5	250763.2	176633.2	2158893.3	1.82	1.70	1.72	1.83
1055666.7	6516359.6	7330703.9	50276255.0	27.28	24.07	23.28	26.52
617466.6	3978717.6	3073342.0	35700454.7	19.74	16.28	15.87	19.16
210191.1	836189.5	669931.0	6799548.8	3.96	4.06	3.95	3.88
314853.5	1952215.7	3764064.1	9935144.8	5.39	5.43	5.19	5.31
465160.7	1327088.8	883750.8	5722902.3	6.64	6.42	6.18	6.26

8-8 续表

指 标	应付职工薪酬		其他属于劳动者报酬的部分	上交政府的各项非税费用	水电费		差旅费
	劳务派遣人员薪酬	其他职工薪酬				上缴的各项税费	
石油和天然气开采业	110.9	9.8		148.2	1793.0	72.3	2.3
黑色金属矿采选业				35.0	379.8	30.9	27.7
非金属矿采选业				114.1	273.8	31.5	0.5
开采专业及辅助性活动						449.4	7.4
农副食品加工业	120.1	0.4		83.5	5954.2	59.5	79.9
食品制造业	1385.9	119.6	52.5	1380.3	6560.1	496.4	906.7
酒、饮料和精制茶制造业		446.5		500.5	2840.2	198.5	199.5
烟草制品业					566.6		542.4
纺织业					281.6		0.4
纺织服装、服饰业	12.0			16.9	162.3	6.3	8.4
木材加工和木、竹、藤、棕、草制品业				33.6	33.6		0.7
家具制造业	25.8			33.2	43.7	5.4	18.2
造纸和纸制品业		23.5		2.3	39.3	54.3	9.0
印刷和记录媒介复制业	508.1	115.9		39.4	1179.6	49.1	58.9
石油、煤炭及其他燃料加工业				191.9	102442.1	624.2	237.5
化学原料和化学制品制造业	1477.4	135.8	185.0	1401.9	122623.8	11879.6	751.8
医药制造业	90.9	11.4		124.7	1571.2	39.9	811.4
化学纤维制造业				17.2	1472.5	1.9	0.3
橡胶和塑料制品业	817.7	13.1		164.1	3973.7	510.9	152.9
非金属矿物制品业	3091.3	1108.4	199.8	1429.0	28675.3	1289.7	417.1
黑色金属冶炼和压延加工业	4964.4	29150.7	18427.9	1266.3	251171.9	1995.4	1768.7
有色金属冶炼和压延加工业	10.8	1335.0		47.2	14955.7	356.2	65.0
金属制品业	602.1	228.3		216.2	11463.5	665.2	673.0
通用设备制造业	1017.3	266.9		638.8	2529.7	267.6	1927.2
专用设备制造业	8176.3	1372.9	352.8	2558.3	15418.6	1000.1	12535.5
汽车制造业	511.5	17.7		130.6	4260.8	48.3	99.6
铁路、船舶、航空航天和其他运输设备制造业	8860.1	9183.6		409.3	8545.1	202.3	1980.1
电气机械和器材制造业	951.8	48.6		209.7	5044.8	127.7	1364.1
计算机、通信和其他电子设备制造业	243609.1	153.0	1.2	117.3	37550.4	189.2	3144.9
仪器仪表制造业	4004.4	668.6		91.5	431.3	6.1	2303.0
废弃资源综合利用业	472.9	322.1		2367.2	2393.6	124.8	36.3
金属制品、机械和设备修理业	119.1	531.3		51.1	512.9	1.4	741.2
电力、热力生产和供应业	501.0	779.9		462.7	26715.6	3915.4	104.4
燃气生产和供应业	7513.0	115.8		848.7	9730.6	532.7	516.6
水的生产和供应业	90.2	1.1		36.2	6000.3	45.0	13.1

单位：万元

应交增值税	销项税额	进项税额	工业总产值（当年价格）	平均用工人数（万人）	期末用工人数（万人）	从业人员期末人数（万人）	从业人员平均人数（万人）
665.6	2031.0	1328.4	25563.7	0.02	0.02	0.02	0.02
3070.9	5564.1	2504.4	53444.3	0.05	0.05	0.05	0.05
600.6	753.8	153.2	7355.6	0.01	0.01	0.01	0.01
517.0	2619.3	2102.3	13014.0	0.01	0.02	0.02	0.01
1589.8	21874.2	22077.9	257728.5	0.12	0.12	0.12	0.12
8704.3	66420.8	58127.9	588850.3	0.53	0.51	0.51	0.54
7634.9	28066.8	21134.8	216565.3	0.22	0.23	0.22	0.22
47963.7	68701.1	20741.1	524725.8	0.09	0.09	0.09	0.09
4.7	487.5	633.4	2305.5	0.01	0	0	0.01
460.2	1369.7	839.2	10580.0	0.03	0.03	0.03	0.03
10.6	303.3	292.7	2333.2	0	0	0	0
38.7	307.0	269.6	3560.8	0.01	0.01	0.01	0.01
925.0	3020.1	2576.8	19500.1	0.02	0.02	0.02	0.02
1613.3	8106.0	6197.7	52405.5	0.14	0.14	0.15	0.15
15636.3	756618.4	646014.0	4283802.1	0.5	0.5	0.48	0.48
16718.4	136621.6	118399.4	1079648.9	0.6	0.6	0.6	0.61
10785.6	21626.1	10792.6	227362.8	0.24	0.25	0.25	0.24
830.8	1844.0	8996.6	21643.3	0.03	0.02	0.02	0.03
1931.3	19128.8	11190.7	141403.8	0.21	0.2	0.2	0.2
37054.1	818574.2	2877346.7	1363961.0	1.23	1.2	1.2	1.21
179508.0	1665961.7	1507727.5	11076547.2	2.44	2.33	2.3	2.44
2882.1	30740.8	26778.2	244870.8	0.13	0.13	0.13	0.13
11937.5	176419.7	165966.0	1366825.6	0.59	0.53	0.53	0.58
14168.0	61336.4	50664.5	531712.0	0.62	0.6	0.58	0.6
59580.9	261662.4	209052.4	2081156.6	1.89	1.88	1.7	1.73
13098.8	185267.4	−178632.8	793398.4	0.34	0.41	0.41	0.36
27204.9	118724.7	98389.2	923935.0	0.69	0.68	0.58	0.59
6532.1	60395.6	66389.2	514557.8	0.36	0.4	0.39	0.36
29914.1	181143.7	227498.9	13908582.0	8.78	5.87	5.66	8.77
11824.4	27947.3	20608.2	195390.3	0.29	0.3	0.3	0.28
90949.5	169063.3	82641.9	1297639.3	0.11	0.11	0.1	0.11
4839.2	11094.3	6362.7	44238.0	0.12	0.13	0.13	0.12
33778.3	185643.9	215042.7	1626864.3	0.85	0.83	0.85	0.82
30094.4	326782.4	298354.8	3016162.1	0.79	0.79	0.79	0.78
4282.5	13812.6	15023.5	194612.1	0.37	0.37	0.37	0.37

8-9 规模以上工业企业主要经济指标（六）

指 标	营业收入利润率（%）	资产负债率（%）	流动资产周转率（次/年）	每百元资产实现的营业收入（元）	产成品存货周转天数（天）	应收账款平均回收期（天）
总 计	**3.9**	**70.5**	**1.5**	**74.5**	**11.4**	**73.1**
一、按登记注册类型分组						
内资企业	4.3	70.7	1.5	67.6	13.6	65.7
国有企业	-11.9	95.4	6.2	108.4	0.5	18.7
中央企业	-30.6	95.2	2.7	43.3	0.2	44.4
地方企业	0.2	103.7	41.7	3463.7	0.8	2.2
集体企业	2.8	81.1	1.0	82.7	1.9	178.8
股份合作企业	3.7	23.1	0.6	54.2	2.1	447.0
有限责任公司	3.0	76.9	1.4	60.1	11.2	62.8
国有独资公司	-3.1	77.1	1.2	56.6	8.2	89.6
其他有限责任公司	3.8	76.9	1.5	60.6	11.6	59.2
股份有限公司	7.1	54.2	1.8	76.7	16.4	39.5
私营企业	5.8	66.9	1.3	86.4	18.7	117.2
私营独资企业	-1.8	92.4	1.9	152.8	39.2	109.0
私营合伙企业	1.2	88.3	1.7	170.3	2.7	18.5
私营有限责任公司	5.4	69.8	1.3	90.4	17.3	111.1
私营股份有限公司	13.5	40.8	0.7	48.8	41.1	212.7
港、澳、台商投资企业	1.2	80.4	1.7	152.0	2.1	106.4
合资经营企业（港或澳、台资）	1.1	81.6	1.7	155.4	1.8	107.1
港澳台商独资经营企业	8.1	53.7	1.3	67.0	19.5	59.9
港澳台商投资股份有限公司	7.9	40.2	1.9	36.1	46.4	19.4
外商投资企业	8.1	32.0	1.0	64.2	10.7	90.1
中外合资经营企业	8.6	46.9	1.4	87.6	11.6	82.5
外资企业	7.0	15.5	0.6	38.4	8.7	109.5
二、在总计中：亏损企业	**-11.9**	**94.3**	**1.1**	**49.2**	**12.5**	**86.6**
在总计中：国有控股企业	4.2	71.2	1.4	54.4	14.1	57.0
在总计中：轻工业	7.2	46.3	1.5	84.0	34.8	49.7
重工业	3.8	71.3	1.5	74.1	10.8	74.0
在总计中：大型企业	3.9	70.9	1.7	77.0	7.3	62.5
中型企业	5.4	69.3	1.2	65.3	24.9	71.9
小微型企业	2.9	69.7	1.2	71.8	20.0	113.5
三、按行业分组						
煤炭开采和洗选业	15.6	81.6	1.2	49.8	7.6	44.0

8-9 续表

指 标	营业收入利润率（%）	资产负债率（%）	流动资产周转率（次/年）	每百元资产实现的营业收入（元）	产成品存货周转天数（天）	应收账款平均回收期（天）
石油和天然气开采业	–56.7	91.4	0.4	10.2	35.4	612.7
黑色金属矿采选业	18.9	57.7	0.9	57.6	111.9	16.7
非金属矿采选业	6.4	78.7	0.5	37.6	4.0	493.0
开采专业及辅助性活动	7.8	77.3	2.2	160.0	0.0	122.0
农副食品加工业	–0.2	76.2	3.4	149.6	13.2	11.3
食品制造业	7.0	42.2	1.7	98.9	12.9	47.9
酒、饮料和精制茶制造业	6.7	58.5	1.9	101.9	43.7	18.4
烟草制品业	12.3	26.6	1.4	100.3	43.8	19.1
纺织业	4.7	35.6	1.2	9.6	114.8	6.8
纺织服装、服饰业	5.0	92.1	1.1	79.8	0.0	57.0
木材加工和木、竹、藤、棕、草制品业	2.8	59.1	4.8	479.7	0.0	4.6
家具制造业	–3.9	26.4	0.5	14.8	116.1	204.3
造纸和纸制品业	1.5	72.7	1.0	67.2	18.9	162.0
印刷和记录媒介复制业	1.6	65.6	1.0	49.4	7.9	89.1
石油、煤炭及其他燃料加工业	5.8	69.8	3.6	146.3	2.7	23.4
化学原料和化学制品制造业	–10.1	99.1	1.9	50.4	14.1	49.9
医药制造业	14.5	51.4	1.0	59.4	98.0	62.0
化学纤维制造业	8.7	26.4	0.6	10.0	236.6	37.3
橡胶和塑料制品业	–4.7	81.2	1.4	61.9	39.4	164.4
非金属矿物制品业	0.3	78.3	0.9	53.8	33.5	283.0
黑色金属冶炼和压延加工业	2.4	53.4	3.5	84.8	9.7	10.9
有色金属冶炼和压延加工业	0.7	66.4	2.0	130.0	19.0	53.6
金属制品业	1.1	54.5	3.4	241.6	12.8	39.2
通用设备制造业	3.8	69.0	0.8	58.2	27.8	141.0
专用设备制造业	3.7	71.1	0.5	35.7	84.5	212.2
汽车制造业	1.1	89.5	2.2	161.3	2.4	141.9
铁路、船舶、航空航天和其他运输设备制造业	8.4	49.8	0.6	39.4	43.1	198.3
电气机械和器材制造业	0.8	65.1	0.5	36.2	54.2	291.0
计算机、通信和其他电子设备制造业	1.6	71.9	1.6	140.1	5.1	110.0
仪器仪表制造业	8.6	49.6	0.5	34.1	25.1	249.3
废弃资源综合利用业	0.3	66.7	8.5	480.1	12.7	11.3
金属制品、机械和设备修理业	1.7	58.9	1.1	101.6	1.3	215.3
电力、热力生产和供应业	–10.0	72.9	0.7	26.7	3.3	96.6
燃气生产和供应业	–0.1	80.0	1.8	69.8	1.4	51.4
水的生产和供应业	–21.7	66.2	0.9	23.0	2.6	127.6

8-10 国有控股工业企业

行业	企业单位数（个）	亏损企业	工业总产值（当年价格）	年初存货	产成品	资产总计
总计	177	41	24347015.7	3357306.8	1042572.7	52841652.7
煤炭开采和洗选业	18	5	3583621.5	168554.4	69501.4	14508774.4
石油和天然气开采业	2	2	22243.2	1959.9	1824.8	159417.2
食品制造业	3	1	7271.0	329.7	4.3	14133.0
酒、饮料和精制茶制造业	2		101666.9	4930.5	1551.2	111556.2
烟草制品业	1		524725.8	63738.6	20925.1	525305.0
纺织服装、服饰业	1		2578.9			5351.2
印刷和记录媒介复制业	5	1	33210.0	2711.0	707.2	116047.2
化学原料和化学制品制造业	5	2	687143.2	47700.9	18029.5	1768661.7
医药制造业	2		21013.8	591.0	304.1	27141.0
橡胶和塑料制品业	1	1	53185.1	9474.6	5326.6	108073.0
非金属矿物制品业	16	6	274713.3	56406.6	31311.5	591293.8
黑色金属冶炼和压延加工业	5		10257649.5	995672.6	311984.7	14057618.0
有色金属冶炼和压延加工业	2		133638.3	28253.9	9056.3	104800.8
金属制品业	3	1	13524.2	9209.6	4945.7	67176.8
通用设备制造业	9		343610.9	152833.3	30545.9	591193.3
专用设备制造业	23	2	1701965.4	1125406.1	387050.3	4959854.7
汽车制造业	2	1	22507.3	15454.1	4189.3	80548.4
铁路、船舶、航空航天和其他运输设备制造业	10	1	843956.7	262431.2	68566.5	2279372.9
电气机械和器材制造业	5	1	223569.3	95213.6	26773.4	766822.9
计算机、通信和其他电子设备制造业	5	1	281741.9	110004.7	8015.0	477598.5
仪器仪表制造业	6	1	107882.2	27631.2	5863.6	394165.2
废弃资源综合利用业	3	1	457522.2	1255.0	108.8	28332.2
金属制品、机械和设备修理业	2		34134.3	5443.1	130.7	65002.0
电力、热力生产和供应业	22	8	1505876.0	75319.9	15837.2	5217738.2
燃气生产和供应业	20	4	2974604.4	96038.2	20019.6	5196737.4
水的生产和供应业	4	2	133460.4	743.1		618937.7

主要经济指标（一）

单位：万元

资产总计									
流动资产合计	应收账款	存货	产成品	长期股权投资	固定资产原价	房屋和构筑物	机器设备	累计折旧	本年折旧
21147392.2	**4550954.4**	**3422965.0**	**988913.2**	**8914603.4**	**29218405.1**	**8125530.2**	**14978895.5**	**14505597.8**	**1128841.8**
5871242.0	974676.2	177330.4	81399.5	3720274.0	5556504.0	2741407.6	1745662.9	2793176.4	209608.9
43419.5	37812.9	2800.7	2630.8		109177.7		43.6	57047.9	7053.0
12714.8	5886.2	649.9	2.4		3534.1	102.6	2214.2	2137.1	415.8
45032.5	4164.8	9975.3	6101.0	1283.0	29338.9	6743.3	21080.3	18483.9	1458.2
378023.8	27907.1	66579.8	20135.4	100.0	265126.6	101642.5	145002.6	146268.3	15159.0
4247.1					1631.4			557.3	145.8
54972.3	14048.3	4916.0	796.2	398.4	83400.6	34395.6	36350.8	34218.9	4338.7
334973.2	57025.1	64393.4	24078.0	17941.7	1596234.9	570281.3	1018381.3	435832.6	65012.4
20730.9	4256.5	417.5	237.5		7411.4	4688.1	2175.7	3763.0	243.9
19431.7	11038.2	6467.7	1770.4		151137.1	63882.0	85771.7	64545.1	6056.9
220715.0	103586.7	61272.9	26250.9	2010.5	378540.0	168148.5	150741.7	112601.7	17959.1
3328930.3	333886.8	957078.4	233762.1	3972402.7	10440230.2	2550284.1	7699942.3	6282672.8	315047.0
63359.5	12239.7	30260.3	7132.7		77408.8	25928.6	49813.3	24430.9	3658.8
36504.1	8931.4	8545.1	5716.1	92.0	38515.6	19656.9	18129.4	9551.5	1118.9
434236.2	117056.0	141540.4	22793.4	61502.6	105978.3	57936.1	42871.7	41213.3	5100.3
3700632.9	978580.3	1201808.1	351526.1	413589.1	704577.0	276232.1	347562.9	315943.0	37619.0
32062.9	7837.4	18689.2	4411.3	2786.4	45978.6	9867.7	31323.1	20725.9	2466.8
1456092.1	502069.1	275891.3	79763.3	94371.5	722553.3	300690.3	384507.5	292916.0	30606.5
484526.8	167529.1	102902.5	33598.9	2820.0	145635.3	71355.2	73886.4	16888.8	3273.2
310079.1	101185.4	112930.4	51490.1	14326.8	138228.4	71891.9	60393.6	27955.1	6578.9
224409.0	56699.3	29622.0	5452.5	73228.3	49778.9	28188.3	11606.5	15375.9	3225.0
28019.9	9149.9	242.8	242.8		268.8	21.8	218.5	254.3	223.9
60364.4	39582.7	15876.8	137.5		15817.1	2627.9	8273.7	11654.0	546.3
1817095.7	393506.7	84339.9	15837.2	36024.8	5405655.1	529433.3	2174285.0	2654040.8	276684.9
1987760.9	533707.0	46740.8	13647.1	459349.1	2663338.0	404949.6	767340.6	858526.9	92601.1
177815.6	48591.6	1693.4		42102.5	482405.0	85174.9	101316.2	264816.4	22639.5

8-11 国有控股工业企业

行 业	资产总计				负债合计
	固定资产净额	在建工程	无形资产	土地使用权	
总 计	**14496151.6**	**1743402.9**	**2681022.1**	1414523.0	**37603928.7**
煤炭开采和洗选业	2683572.6	254169.5	1238509.9	238652.7	12692798.9
石油和天然气开采业	52129.8	60459.2	1703.7	1698.4	162814.9
食品制造业	1397.0	6.1	1.6		12113.1
酒、饮料和精制茶制造业	10855.0	47858.8	7437.1	7437.1	66809.5
烟草制品业	118858.2	4501.1	19701.4		139876.7
纺织服装、服饰业	1074.0	6.8			5444.1
印刷和记录媒介复制业	49181.5	4657.4	3123.8	2341.5	74236.4
化学原料和化学制品制造业	1159393.4	186645.3	51277.7	45067.7	1929439.3
医药制造业	3648.4		1372.2	1361.7	6575.9
橡胶和塑料制品业	86104.0	478.7	1029.8	889.4	113734.1
非金属矿物制品业	249418.5	70681.8	24089.4	23957.5	422150.2
黑色金属冶炼和压延加工业	4102456.7	265505.9	822553.6	788026.1	7222479.4
有色金属冶炼和压延加工业	37872.0	183.0	1576.3	1571.7	63656.3
金属制品业	19601.7	2534.2	8082.7	8082.7	17578.4
通用设备制造业	64671.8	7326.1	19387.8	18231.7	430868.3
专用设备制造业	387664.3	108049.1	97842.4	45758.0	3598009.7
汽车制造业	25252.6	11644.8	6161.0	6135.9	20055.2
铁路、船舶、航空航天和其他运输设备制造业	426830.3	51924.2	123833.8	106077.6	1133511.8
电气机械和器材制造业	117387.2	111589.2	34161.7	30621.3	535874.8
计算机、通信和其他电子设备制造业	110273.3	7383.6	17224.9	13295.7	321575.5
仪器仪表制造业	34403.0	28761.6	17491.1	14470.7	199752.7
废弃资源综合利用业	14.4				20520.2
金属制品、机械和设备修理业	3734.7		32.0		40474.4
电力、热力生产和供应业	2746387.8	257314.1	86001.4	40261.9	3804972.6
燃气生产和供应业	1786380.8	174545.4	38370.2	15591.6	4153649.0
水的生产和供应业	217588.6	87177.0	60056.6	4992.1	414957.3

主要经济指标（二）

单位：万元

流动负债合计		所有者权益合计	所有者权益合计						
	应付账款		实收资本	国家资本	集体资本	法人资本	个人资本	港澳台资本	外商资本
25893709.2	8202570.1	15237723.0	8509747.6	3825813.5	50430.0	3998489.6	596893.0	7714.0	30407.4
9607276.2	2823679.4	1815975.7	2558906.7	763738.5		1605777.9	189390.3		
159342.3	110144.6	–3397.6	25000.0	25000.0					
12053.1	4371.8	2020.0	1050.0			1029.5	20.5		
53633.4	15342.9	44746.6	23800.0	3800.0		20000.0			
139199.5	78850.8	385428.3	61319.6			61319.6			
5111.1	19.0	–92.8	300.0			300.0			
60577.0	11225.2	41810.7	19585.9	14358.8		5131.6	95.5		
1650870.5	293055.8	–160777.5	482466.6	20000.0	430.0	437529.1	4507.5		20000.0
5542.0	1662.9	20565.0	18934.9	7556.9		11378.0			
113219.3	104079.0	–5661.1	30000.0	30000.0					
296932.0	146137.7	169143.3	153409.0	52601.8	50000.0	46952.9	3854.3		
4278491.2	1570207.3	6835138.7	1428639.7	752467.9		448645.4	227526.3		
62084.4	4674.0	41144.4	13064.3	13064.3					
16078.4	4744.4	49598.4	42952.4	7852.4		35100.0			
367656.5	70385.1	160325.0	67093.1	49103.9		14173.1	3816.0		
2424029.9	802142.9	1361844.6	565708.4	481695.4		60461.7	17965.4		5586.0
18067.1	13114.4	60493.1	62786.4	1661.3		60454.6	670.5		
868786.6	381933.3	1145860.9	563015.0	87288.6		387737.6	83167.4		4821.4
354946.6	172703.8	230948.2	198115.5	70290.0		126937.8	887.7		
248817.7	89585.0	156022.8	96199.2	38153.0		51351.2	6695.0		
135740.4	50120.5	194412.4	77875.9	13124.9		23055.1	41695.9		
20520.2	11383.5	7812.2	8200.0	200.0		3000.0	5000.0		
39474.1	26803.1	24527.6	15460.0			15460.0			
1970243.3	813517.2	1412765.4	904204.2	716782.3		172367.9	7340.0	7714.0	
2692785.7	439288.5	1043088.4	976589.4	569871.6		402457.1	4260.7		
292230.7	163398.0	203980.3	115071.4	107201.9		7869.5			

8-12 国有控股工业企业

行 业	营业收入	主营业务收入	营业成本	税金及附加	销售费用	管理费用
总 计	28726077.2	28221664.3	25309587.0	640699.9	198902.8	1076835.4
煤炭开采和洗选业	5913498.2	5787289.1	4251166.5	269735.0	19330.9	521406.7
石油和天然气开采业	21360.5	20558.6	23442.2	226.8		2937.6
食品制造业	13255.9	12932.5	9453.4	50.8	2350.2	1886.1
酒、饮料和精制茶制造业	89954.7	87749.8	58405.8	17219.6	65.2	5844.3
烟草制品业	526692.5	526349.3	165379.0	252576.5	6909.1	40288.8
纺织服装、服饰业	2887.0	2566.4	991.6	57.0		1874.2
印刷和记录媒介复制业	45542.7	44479.2	33239.7	382.3	2668.6	7462.7
化学原料和化学制品制造业	688099.5	686085.6	687016.7	3615.8	4230.6	14829.4
医药制造业	18209.8	18209.8	891.0	304.6	8868.9	5582.7
橡胶和塑料制品业	57552.5	57367.9	59946.2	810.3	554.3	2060.8
非金属矿物制品业	287271.5	284133.7	255602.5	1989.0	4396.1	22329.5
黑色金属冶炼和压延加工业	11553272.4	11361596.9	10908021.3	56059.2	20557.8	169436.2
有色金属冶炼和压延加工业	130200.4	129249.9	119154.3	223.5	601.0	3361.3
金属制品业	11596.6	10720.3	10171.1	249.2	332.8	2305.2
通用设备制造业	292423.2	287006.9	242571.1	1593.7	7975.1	16546.9
专用设备制造业	1615225.3	1582460.9	1330879.0	8075.6	36558.3	74747.1
汽车制造业	29209.9	28766.9	23550.3	278.1	1410.9	4826.3
铁路、船舶、航空航天和其他运输设备制造业	885715.1	865676.8	723983.8	5984.5	14215.1	37459.7
电气机械和器材制造业	165494.8	163306.6	142480.3	682.6	4154.8	9021.7
计算机、通信和其他电子设备制造业	383412.4	375588.8	310694.6	1146.1	14634.8	12170.2
仪器仪表制造业	115210.4	114808.5	85870.6	955.6	3640.0	9379.1
废弃资源综合利用业	462662.1	462070.2	468193.5	1929.5	287.2	728.6
金属制品、机械和设备修理业	65435.5	65225.8	59645.5	558.4	94.8	2845.6
电力、热力生产和供应业	1519407.2	1484715.6	1651858.7	7093.3	475.9	37572.8
燃气生产和供应业	3698948.3	3629626.5	3536219.7	7547.8	36432.0	49584.5
水的生产和供应业	133538.8	133121.8	150758.6	1355.1	8158.4	20347.4

主要经济指标（三）

单位：万元

研发费用	财务费用			资产减值损失	信用减值损失	其他收益	投资收益	净敞口套期收益	公允价值变动收益
		利息费用	利息收入						
440998.5	**696272.4**	**754218.8**	**101698.0**	**−138099.7**	**−165546.5**	**−138099.7**	**934663.0**		**234.5**
95436.0	245393.7	247115.1	19882.9	−44380.8	−142014.4	−44380.8	667563.8		−0.8
	1799.9	1806.8	26.1	−6.2		−6.2			
108.6	−43.9	2.9	50.7		−77.3				
535.9	−96.3	212.6	−274.3						
1256.0	−6354.6		6358.1	−3358.1	−0.7	−3358.1			
	0.1		141.2				52.4		
	874.9	253.5	44.1	−92.4	−31.0	−92.4	14.0		
17167.7	81960.0	81528.3	4344.0	−43.7	−4771.8	−43.7	−22.4		
1200.7	−215.4	30.1	245.8	−78.9		−78.9			
1883.0	−217.9		1.8	−720.3	375.5	−720.3			
5964.4	8279.9	7843.6	280.5	−756.4	−389.1	−756.4	329.1		
112046.8	95039.2	121878.6	26805.4	−68702.2	329.7	−68702.2	231763.4		113.0
4081.7	1828.5	1920.3	61.1	−770.8	59.9	−770.8			
1205.9	120.1	153.8	1.4	−7.8	−22.6	−7.8	0.4		
14466.7	2772.4	3791.9	1418.7	−62.3	870.1	−62.3	309.5		
88557.8	51671.1	63119.7	23225.6	5086.7	−10254.5	5086.7	8677.5		
717.5	272.0	318.3	59.2	−27.5	−16.5	−27.5			
40228.4	9789.0	13776.4	2281.2	−2391.6	−782.3	−2391.6	11181.9		122.3
6052.4	419.8	3707.5	3317.2	47.6	−4275.2	47.6	142.6		
31619.6	6310.6	2956.7	613.2	−2938.2	−187.6	−2938.2	−357.3		
5348.9	1841.4	2389.3	191.0	−2727.9	867.2	−2727.9	497.3		
	−17.5	1.2	34.8						
1694.8	37.2	12.5	14.3		4.8				
5357.8	99204.3	98683.4	1517.8	−1176.7	−4179.0	−1176.7	2810.9		
6067.9	87516.9	95697.0	10910.1	−14992.2	−794.3	−14992.2	9973.5		
	8087.0	7019.3	146.1		−257.4		1726.4		

8-13 国有控股工业企业

行业	资产处置收益	营业利润	营业外收入	营业外支出	利润总额	所得税费用
总计	**4724.4**	**1191421.1**	**47920.7**	**38767.1**	**1200574.5**	**224535.3**
煤炭开采和洗选业	87.8	1005957.9	4136.2	21312.3	988781.2	122399.2
石油和天然气开采业		−7042.5	1.3	25.0	−7066.2	
食品制造业		−609.8	290.2	10.0	−329.5	
酒、饮料和精制茶制造业	0.4	8280.3	82.9	135.7	8227.4	2152.3
烟草制品业		65497.2	84.8	567.1	65015.0	19896.6
纺织服装、服饰业		16.4	354.1	5.4	365.0	148.7
印刷和记录媒介复制业		1213.6	205.0	113.9	1304.7	282.4
化学原料和化学制品制造业	0.9	−124620.2	1023.5	952.6	−124549.3	8810.8
医药制造业		1578.2	3.4	262.8	1318.7	2.8
橡胶和塑料制品业		−7559.7	135.5	2.9	−7427.1	
非金属矿物制品业	67.4	−7792.3	354.8	76.6	−7514.1	1016.9
黑色金属冶炼和压延加工业	3822.6	374273.3	5834.4	8003.8	372103.9	31170.6
有色金属冶炼和压延加工业		1058.6	31.3	15.1	1074.6	44.2
金属制品业		−2796.1	1004.7	108.6	−1900.2	14.9
通用设备制造业	52.8	8170.0	560.4	105.1	8625.8	366.0
专用设备制造业	−122.9	50826.5	7330.7	4121.4	54035.7	2838.8
汽车制造业		−1794.7	0.5	0.7	−1794.9	-737.7
铁路、船舶、航空航天和其他运输设备制造业	132.7	69547.0	2375.0	285.0	71636.9	8714.8
电气机械和器材制造业	−0.4	−295.5	114.4	126.8	−307.8	486.9
计算机、通信和其他电子设备制造业	421.2	13396.1	217.5	3.5	13610.2	-835.1
仪器仪表制造业	55.8	6171.9	153.6	13.0	6312.6	408.1
废弃资源综合利用业		−6604.9	7488.7	755.5	128.3	264.5
金属制品、机械和设备修理业		610.5	103.2	0.8	712.9	59.6
电力、热力生产和供应业	−4.1	−195756.7	7540.0	409.6	−188626.5	5826.4
燃气生产和供应业	210.2	−6720.4	2468.1	1337.0	−5588.7	21012.6
水的生产和供应业		−53583.6	6026.5	16.9	−47574.1	191.0

主要经济指标（四）

单位：万元

应付职工薪酬	应交增值税	平均用工人数（万人）	期末用工人数（万人）	从业人员期末人数（万人）	从业人员平均人数（万人）	亏损企业亏损总额
2520000.2	**758748.1**	**13.8**	**13.4**	**12.9**	**13.1**	**711433.5**
1095895.5	335904.1	5.8	5.5	5.3	5.4	134823.1
2931.7	665.6	0.0	0.0	0.0	0.0	7066.2
3753.0	524.2	0.1	0.1	0.1	0.1	425.5
8705.9	3598.4	0.1	0.1	0.1	0.1	
49079.7	47963.7	0.1	0.1	0.1	0.1	
1345.7	237.4	0.0	0.0	0.0	0.0	
9702.3	1183.8	0.1	0.1	0.1	0.1	1048.2
48184.7	11151.6	0.4	0.4	0.4	0.4	161072.7
1812.8	2154.3	0.0	0.0	0.0	0.0	
8147.9	850.8	0.1	0.1	0.1	0.1	7427.1
32697.8	9087.4	0.3	0.3	0.3	0.3	12966.3
525456.6	166989.4	2.1	2.0	1.9	2.1	
5445.9	227.3	0.1	0.1	0.1	0.1	
3517.0	192.6	0.1	0.0	0.0	0.1	2882.6
27950.0	7391.0	0.3	0.3	0.3	0.3	
207852.2	46247.9	1.4	1.4	1.2	1.2	166.8
5755.5	1005.1	0.1	0.1	0.1	0.1	3504.3
102552.3	24218.5	0.6	0.6	0.5	0.5	1993.3
12564.7	772.2	0.1	0.1	0.1	0.1	4147.1
39049.6	6545.3	0.2	0.2	0.2	0.2	2153.6
14838.2	6663.8	0.1	0.1	0.1	0.1	1591.7
362.6	17074.7	0.0	0.0	0.0	0.0	942.7
18020.5	4181.9	0.1	0.1	0.1	0.1	
139508.6	30680.6	0.7	0.7	0.7	0.7	229659.1
105681.5	29612.4	0.8	0.8	0.8	0.8	90174.3
49188.0	3624.1	0.3	0.3	0.3	0.3	49388.9

8-14 国有控股工业企业

行　业	利税总额（万元）	应交税金及附加（万元）	营业收入利润率（%）	资产负债率（%）	总资产贡献率（%）
总　计	**2600022.5**	**1623983.3**	**4.2**	**71.2**	**6.2**
煤炭开采和洗选业	1594420.3	728038.3	16.7	87.5	12.6
石油和天然气开采业	-6173.8	892.4	-33.1	102.1	-2.8
食品制造业	245.5	575.0	-2.5	85.7	1.4
酒、饮料和精制茶制造业	29045.4	22970.3	9.2	59.9	26.5
烟草制品业	365555.2	320436.8	12.3	26.6	68.4
纺织服装、服饰业	659.4	443.1	12.6	101.7	9.7
印刷和记录媒介复制业	2870.8	1848.5	2.9	64.0	2.7
化学原料和化学制品制造业	-109781.9	23578.2	-18.1	109.1	-1.8
医药制造业	3777.6	2461.7	7.2	24.2	13.1
橡胶和塑料制品业	-5766.0	1661.1	-12.9	105.2	-5.3
非金属矿物制品业	3562.3	12093.3	-2.6	71.4	1.9
黑色金属冶炼和压延加工业	595152.5	254219.2	3.2	51.4	4.9
有色金属冶炼和压延加工业	1525.4	495.0	0.8	60.7	3.2
金属制品业	-1458.4	456.7	-16.4	26.2	-1.9
通用设备制造业	17610.5	9350.7	3.0	72.9	3.4
专用设备制造业	108359.2	57162.3	3.4	72.5	3.0
汽车制造业	-511.7	545.5	-6.1	24.9	-0.3
铁路、船舶、航空航天和其他运输设备制造业	101839.9	38917.8	8.1	49.7	5.0
电气机械和器材制造业	1147.0	1941.7	-0.2	69.9	0.2
计算机、通信和其他电子设备制造业	21301.6	6856.3	3.6	67.3	5.0
仪器仪表制造业	13932.0	8027.5	5.5	50.7	4.1
废弃资源综合利用业	19132.5	19268.7	0.0	72.4	67.4
金属制品、机械和设备修理业	5453.2	4799.9	1.1	62.3	8.4
电力、热力生产和供应业	-150852.6	43600.3	-12.4	72.9	-1.0
燃气生产和供应业	31571.5	58172.8	-0.2	79.9	2.2
水的生产和供应业	-42594.9	5170.2	-35.6	67.0	-5.8

主要经济指标（五）

流动资产周转率（次/年）	每百元资产实现的营业收入（元）	产成品存货周转天数（天）	应收账款平均回收期（天）	成本费用利润率（%）
1.4	54.4	14.1	57.0	4.3
1.0	40.8	6.9	59.3	19.3
0.5	13.4	40.4	637.3	−25.1
1.0	93.8	0.1	159.9	−2.4
2.0	80.6	37.6	16.7	12.7
1.4	100.3	43.8	19.1	31.3
0.7	54.0			12.7
0.8	39.2	8.6	111.1	3.0
2.1	38.9	12.6	29.8	−15.5
0.9	67.1	96.0	84.2	8.1
3.0	53.3	10.6	69.1	−11.6
1.3	48.6	37.0	129.8	−2.5
3.5	82.2	7.7	10.4	3.3
2.1	124.2	21.6	33.8	0.8
0.3	17.3	202.3	277.3	−13.4
0.7	49.5	33.8	144.1	3.0
0.4	32.6	95.1	218.1	3.4
0.9	36.3	67.4	96.6	−5.8
0.6	38.9	39.7	204.1	8.7
0.3	21.6	84.9	364.4	−0.2
1.2	80.3	59.7	95.0	3.6
0.5	29.2	22.9	177.2	6.0
16.5	1633.0	0.2	7.1	0.0
1.1	100.7	0.8	217.8	1.1
0.8	29.1	3.5	93.2	−10.5
1.9	71.2	1.4	51.9	−0.2
0.8	21.6		131.0	−25.4

8-15 集体工业企业

行 业	企业单位数（个）	亏损企业	工业总产值（当年价格）	年初存货	产成品	资产总计
总 计	5	1	31765.80	1375.80	227.50	33977.50
煤炭开采和洗选业	1		9244.90			3819.80
化学原料和化学制品制造业	1		2682.70	231.50	227.50	2931.40
有色金属冶炼和压延加工业	2		17835.20	417.90		23688.60
通用设备制造业	1	1	2003.00	726.40		3537.70

8-16 集体工业企业

行 业	资产总计				负债合计		
	固定资产净额	在建工程	无形资产	土地使用权		流动负债合计	应付账款
总 计	2956.80	860.00	2.90		27563.80	24997.20	19102.70
煤炭开采和洗选业	350.10	840.00			3113.40	3100.80	1506.60
化学原料和化学制品制造业	1055.80				2332.70	2302.70	-98.80
有色金属冶炼和压延加工业	464.10	20.00			18602.20	18602.20	17583.40
通用设备制造业	1086.80		2.90		3515.50	991.50	111.50

主要经济指标（一）

单位：万元

流动资产合计	应收账款	存货	产成品	长期股权投资	固定资产原价	房屋和构筑物	机器设备	累计折旧	本年折旧
29649.50	13957.10	1464.00	138.80		8317.40	1597.80	1754.20	5360.40	478.20
2229.40	350.00				369.50			19.40	3.50
1875.70	156.80	257.30	138.80		2133.40	1399.10	734.30	1077.60	207.90
23178.00	12435.20	140.60			1637.20	198.70	1019.90	1172.90	48.60
2366.40	1015.10	1066.10			4177.30			3090.50	218.20

主要经济指标（二）

单位：万元

所有者权益合计	所有者权益合计							营业收入	
	实收资本	国家资本	集体资本	法人资本	个人资本	港澳台资本	外商资本		主营业务收入
6413.60	744.00		464.00	280.00				28101.40	28101.40
706.40	200.00			200.00				5937.90	5937.90
598.70	80.00			80.00				2591.10	2591.10
5086.30	330.00		330.00					17569.40	17569.40
22.20	134.00		134.00					2003.00	2003.00

8-17 集体工业企业

行业	营业成本	税金及附加	销售费用	管理费用	研发费用	财务费用			资产减值损失
							利息费用	利息收入	
总计	26726.1	155.5	144.3	790.2	235.8	13.2	16.2	14.4	
煤炭开采和洗选业	5596.1	27.3		64.2		−0.2			
化学原料和化学制品制造业	2378.1	14.0	123.4	−63.9		−2.6		3.0	
有色金属冶炼和压延加工业	17156.2	101.6		523.8		−11.4		11.4	
通用设备制造业	1595.7	12.6	20.9	266.1	235.8	27.4	16.2		

8-18 集体工业企业

行业	应交增值税	平均用工人数（万人）	期末用工人数（万人）	从业人员期末人数（万人）	从业人员平均人数（万人）	亏损企业亏损总额
总计	1180.90	0.03	0.03	0.03	0.03	134.70
煤炭开采和洗选业						
化学原料和化学制品制造业	116.80					
有色金属冶炼和压延加工业	950.40	0.02	0.02	0.02	0.02	
通用设备制造业	113.70	0.01	0.01	0.01	0.01	134.70

主要经济指标（三）

单位：万元

信用减值损失	其他收益	投资收益	净敞口套期收益	公允价值变动收益	资产处置收益	营业利润	营业外收入	营业外支出	利润总额	所得税费用	应付职工薪酬
						44.50	733.30		777.70	25.40	1824.90
						250.40			250.40	10.00	32.60
						150.40	1.10		151.50	3.70	437.50
						–200.80	711.40		510.50	11.70	746.60
						–155.50	20.80		–134.70		608.20

主要经济指标（四）

单位：万元

利税总额	应交税金及附加	营业收入利润率（%）	资产负债率（%）	总资产贡献率（%）	流动资产周转率（次/年）	每百元资产实现的营业收入（元）	产成品存货周转天数（天）	应收账款平均回收期（天）	成本费用利润率（%）
2114.10	1361.80	2.77	81.12	6.23	0.95	82.71	1.87	178.80	2.79
277.70	37.30	4.22	81.51	7.27	2.66	155.45		21.22	4.42
282.30	134.50	5.85	79.58	9.53	1.38	88.39	21.01	21.79	6.22
1562.50	1063.70	2.91	78.53	6.55	0.76	74.17		254.80	2.89
–8.40	126.30	–6.72	99.37	0.22	0.85	56.62		182.44	–6.28

8-19 私营工业企业

行 业	企业单位数（个）	亏损企业	工业总产值（当年价格）	年初存货	产成品	资产总计
总 计	**529**	**122**	**6249030.8**	**772371.9**	**275762.0**	**9358411.9**
煤炭开采和洗选业	44	9	1593026.8	206900.8	27023.5	3165369.3
黑色金属矿采选业	6	3	53444.3	4798.3	3241.9	75916.7
非金属矿采选业	2		7355.6	1593.0	38.5	23946.4
开采专业及辅助性活动	1		13014.0	317.9		12971.9
农副食品加工业	10	3	70621.3	5300.3	3438.6	43864.1
食品制造业	7	2	129869.4	9312.8	2000.0	194930.9
酒、饮料和精制茶制造业	2		9247.3	2654.5	2356.5	19358.1
纺织服装、服饰业	1		5433.9	2792.6		4363.1
木材加工和木、竹、藤、棕、草制品业	1		2333.2	128.4		486.4
家具制造业	2	2	3560.8	2496.2		15963.7
造纸和纸制品业	6		19500.1	2588.7	1080.3	34557.7
印刷和记录媒介复制业	3	1	18141.7	3406.7	687.3	16140.5
石油、煤炭及其他燃料加工业	4		48687.1	1896.9	814.9	20682.9
化学原料和化学制品制造业	23	3	333604.9	23898.5	7796.9	232312.6
医药制造业	8	1	134008.5	16938.2	7818.1	168699.8
橡胶和塑料制品业	19	4	73288.4	15829.9	9768.0	83701.5
非金属矿物制品业	116	42	780599.2	82490.0	25416.9	1545632.2
黑色金属冶炼和压延加工业	13	2	141732.8	53573.0	26251.9	95226.4
有色金属冶炼和压延加工业	9	3	92154.7	13022.6	9090.2	58913.4
金属制品业	52	9	228059.4	53150.1	20275.1	265843.8
通用设备制造业	37	4	121163.3	20366.7	4887.1	210050.6
专用设备制造业	55	5	276156.2	42895.4	17032.1	470637.6
汽车制造业	5	2	770891.1	44997.0	15282.9	811648.1
铁路、船舶、航空航天和其他运输设备制造业	2		52950.9	17468.6	4552.7	119674.6
电气机械和器材制造业	37	6	208141.2	21088.7	9155.7	285410.2
计算机、通信和其他电子设备制造业	32	16	183040.5	47131.6	27054.0	576330.1
仪器仪表制造业	14	1	79095.0	21028.1	5813.5	232707.6
废弃资源综合利用业	10	4	727391.2	49734.1	44343.6	109374.2
金属制品、机械和设备修理业	3		6168.3	2507.7		7189.0
电力、热力生产和供应业	5		66349.7	2064.6	541.8	456508.5

主要经济指标（一）

单位：万元

流动资产合计	应收账款	存货	产成品	长期股权投资	固定资产原价	房屋和构筑物	机器设备	累计折旧	本年折旧
6382064.7	2631459.3	906936.0	362624.0	855990.9	2467416.1	805162.9	859395.9	985373.1	164163.2
1723055.3	105177.3	226548.1	52282.3	687009.3	791543.4	281105.0	156122.2	253928.1	52504.0
51176.8	2020.9	11528.2	9196.9		45590.0	5141.4	9845.8	30049.6	2741.5
17747.5	12312.4	797.7	65.6		9388.0	2415.3	250.1	6739.9	1783.5
9245.8	7033.1	422.0			5175.1		5175.1	1985.0	415.7
30409.7	7302.7	8699.4	5634.2	108.0	15222.5	8234.7	4312.8	3754.6	694.0
109409.5	21899.1	10077.8	1959.2	3826.7	97820.2	61982.2	28804.9	33794.2	4381.0
16201.9	1930.3	4214.6	2324.6		2375.6	1202.6	922.6	890.2	176.9
3326.0	513.5	2792.6			595.8	204.2	391.6	363.9	20.6
486.3	29.8	82.0			0.3			0.2	0.1
4484.3	1340.7	2288.4	615.9		8645.2	5283.3	2742.2	4619.6	237.6
23503.0	10445.0	2902.3	1122.8	1856.5	9456.6	949.5	3558.6	4353.9	522.3
9792.1	1721.1	3848.6	253.1		12139.0		11650.1	5984.4	1092.4
17912.1	3943.2	8668.6	7489.4		10228.0	5231.1	2615.7	8037.8	1015.6
152070.4	74136.3	39720.1	12510.3	13300.4	55773.9	7178.9	10533.2	22829.1	4143.0
83328.7	21219.5	21331.5	9118.4	3461.2	69641.0	27931.2	35955.0	17045.4	3591.6
70630.6	44393.5	17737.0	11976.2	1600.0	18045.0	4649.4	7858.8	8679.6	1740.7
1224890.4	935014.5	86597.2	29621.3	28061.0	477658.1	100074.9	241798.4	241434.4	37184.6
83772.8	17210.7	52616.6	26025.0	40.0	31804.5	10056.8	21220.6	21135.5	1578.5
38846.6	12437.5	9124.4	4932.9	1170.0	26928.0	8522.4	6091.3	15834.4	1000.1
205409.4	91444.7	66936.2	32237.8	13304.3	63724.5	6583.3	30307.0	27779.6	5378.8
147662.9	68913.3	25169.8	5121.5	7013.0	51366.1	21600.4	21431.0	18229.6	3229.3
352378.0	154003.7	55640.7	21242.1	16419.1	136538.8	62049.8	41553.3	72245.2	6646.2
635336.7	559665.1	43352.6	4954.6	33.1	142878.1	27672.1	109017.0	27243.2	10575.2
102578.7	13419.7	24311.2	11435.9	9072.5	21279.0	3715.0	3548.1	13986.5	916.3
260736.1	147715.2	29160.0	14505.6	8504.4	17501.8	1330.2	11262.4	9881.9	1665.9
511349.3	207249.5	76157.8	51655.1	33191.5	36310.1	8430.6	16645.0	14741.9	2857.7
167162.3	81872.9	21883.5	6061.1	8958.4	56203.7	36283.6	14391.6	12716.8	2017.4
81430.1	2624.0	48870.5	40067.4	40.0	29704.0	11539.6	9004.0	4335.3	2116.7
6878.0	3546.4	2308.9	15.8		861.9	5.3	353.5	555.1	94.9
240853.4	20923.7	3147.7	199.0	19021.5	223017.9	95790.1	52034.0	102198.2	13841.1

8-20 私营工业企业

行业	资产总计				负债合计
	固定资产净额	在建工程	无形资产	土地使用权	
总计	**1468718.3**	**203743.4**	**270702.1**	**124599.9**	**6256836.5**
煤炭开采和洗选业	537109.3	16472.4	129425.4	18266.9	1836281.2
黑色金属矿采选业	15540.3	5581.1	4434.3		43795.6
非金属矿采选业	2648.0	147.0	2829.3		18841.8
开采专业及辅助性活动	3190.1				10023.2
农副食品加工业	11467.6	116.1	1761.8		35703.1
食品制造业	64025.8	1993.3	13038.8	12516.3	89963.7
酒、饮料和精制茶制造业	1485.4	1664.9			14546.0
纺织服装、服饰业	231.8	114.0	691.1	691.1	3581.7
木材加工和木、竹、藤、棕、草制品业	0.1				287.3
家具制造业	4025.6				4206.5
造纸和纸制品业	5102.7	324.1	3480.3	2837.0	25122.1
印刷和记录媒介复制业	6020.5				12505.6
石油、煤炭及其他燃料加工业	2048.8	32.4	1302.2	1302.2	14561.5
化学原料和化学制品制造业	32944.3	23561.3	10277.5	9359.4	122695.3
医药制造业	52595.5	3492.6	6217.8	4199.6	87638.2
橡胶和塑料制品业	9365.1	612.2	1212.3	1207.6	49867.5
非金属矿物制品业	231879.4	25594.6	20181.1	12643.0	1286681.7
黑色金属冶炼和压延加工业	10669.0	651.5			69899.0
有色金属冶炼和压延加工业	11046.9	3731.7	3409.4	1267.2	44464.9
金属制品业	31950.5	7460.6	3790.8	3110.0	158565.2
通用设备制造业	32897.7	4793.6	4689.9	1513.3	137797.8
专用设备制造业	64264.5	11303.7	18811.9	15330.6	286384.0
汽车制造业	115634.8	11787.6	32032.0	32026.7	778306.2
铁路、船舶、航空航天和其他运输设备制造业	7292.4		462.9	321.5	59509.8
电气机械和器材制造业	7593.4	4727.5	2235.7	2148.3	140606.4
计算机、通信和其他电子设备制造业	17740.6	5300.5	2385.0	78.3	401572.8
仪器仪表制造业	43486.6	3580.5	4290.5	2183.2	88828.2
废弃资源综合利用业	25335.2	405.5	2023.3	2008.6	87221.5
金属制品、机械和设备修理业	306.8		4.1		3845.2
电力、热力生产和供应业	120819.6	70294.7	1714.7	1589.1	343533.5

主要经济指标（二）

单位：万元

流动负债合计	应付账款	所有者权益合计	所有者权益合计：实收资本	国家资本	集体资本	法人资本	个人资本	港澳台资本	外商资本
5815127.1	2433164.4	3101569.0	1298355.6	13455.9	46825.2	507537.6	730536.8		
1728100.9	381656.7	1329087.7	342294.8	820.9	36688.0	142605.6	162180.3		
35762.3	13573.4	32121.0	3170.0			1000.0	2170.0		
18841.8	1656.4	5104.5	495.0			495.0			
9009.6	6059.7	2948.6	400.0				400.0		
34653.0	16391.6	8161.0	10401.9			1521.7	8880.2		
82838.7	22081.4	104966.9	25218.9		4909.1	12211.4	8098.4		
14530.1	7771.4	4812.1	100.0				100.0		
3581.7	173.4	781.4	500.0				500.0		
287.3	50.2	199.1	110.0				110.0		
3745.4	243.2	11757.2	665.0			600.0	65.0		
24662.8	3166.1	9435.5	8161.6			1424.0	6737.6		
11265.8	5314.7	3634.9	4500.0			2000.0	2500.0		
14561.5	2846.2	6121.5	7500.0			2500.0	5000.0		
119649.3	56383.3	109617.7	49603.1			22471.9	27131.2		
55168.9	22614.9	81061.6	26611.8	135.0		7863.6	18613.2		
48955.8	8425.7	33833.9	33080.8			22716.0	10364.8		
1245841.5	867712.5	258948.8	187891.8		50.0	78722.1	109119.7		
69452.0	12995.1	25327.3	14400.2			7840.0	6560.2		
42535.3	5934.8	14448.6	14145.5			2020.0	12125.5		
155221.4	43847.0	107277.6	75039.9			14919.9	60119.9		
134954.3	41634.4	72252.8	53142.7			24923.2	28219.5		
258719.0	78575.7	184253.1	110964.5			20830.2	90134.3		
744850.2	389371.8	33341.8	10070.0			2360.0	7710.0		
51986.1	14279.0	60164.8	38000.0			26007.2	11992.8		
138828.2	78944.9	144802.8	109838.4	400.0	600.0	34316.9	74521.5		
392819.1	249914.8	174756.5	54337.5			37990.7	16346.8		
78807.6	25758.4	143879.2	42721.6		4578.1	12963.2	25180.3		
87141.0	25521.9	22152.4	29664.3	100.0		7235.0	22329.3		
3845.2	731.4	3343.8	2318.3				2318.3		
204511.3	49534.4	112974.9	43008.0	12000.0		20000.0	11008.0		

8-21 私营工业企业

行 业	营业收入	主营业务收入	营业成本	税金及附加	销售费用	管理费用
总 计	**8085089.9**	**8019151.6**	**6997502.8**	**85570.3**	**183443.7**	**239295.7**
煤炭开采和洗选业	2749220.0	2740976.3	2267634.1	56122.5	40629.5	56556.7
黑色金属矿采选业	43702.0	43702.0	29597.8	1577.9	604.8	3431.8
非金属矿采选业	8990.7	8990.7	5845.2	711.7	971.9	778.5
开采专业及辅助性活动	20752.2	20752.2	17166.5	31.1	1038.7	855.3
农副食品加工业	62087.2	61712.5	57544.3	68.8	2593.3	1830.3
食品制造业	115026.8	114331.7	80898.5	1035.1	10663.5	7780.6
酒、饮料和精制茶制造业	14516.5	14475.7	6281.6	3384.9	1563.7	1348.0
纺织服装、服饰业	5433.9	5433.9	5215.3	6.4	114.7	81.9
木材加工和木、竹、藤、棕、草制品业	2333.2	2333.2	2090.9	1.4	0.6	30.5
家具制造业	2362.3	2362.3	1909.5	15.9	78.2	429.8
造纸和纸制品业	23209.2	23187.5	21384.7	62.5	378.1	688.4
印刷和记录媒介复制业	18206.2	18141.7	16105.6	27.1	314.6	944.6
石油、煤炭及其他燃料加工业	43946.8	43926.6	39915.0	100.5	1158.9	1095.6
化学原料和化学制品制造业	319679.4	318485.2	271692.6	642.9	12471.2	10392.9
医药制造业	106861.8	106689.3	34430.2	1468.6	28437.2	13747.8
橡胶和塑料制品业	72534.7	72464.8	63070.9	418.9	936.0	4775.9
非金属矿物制品业	776769.3	772783.3	693476.6	3681.9	29835.6	32668.4
黑色金属冶炼和压延加工业	149410.9	148414.6	132922.0	323.4	5165.4	3660.4
有色金属冶炼和压延加工业	101196.4	98363.6	96638.0	191.6	516.9	2100.4
金属制品业	240516.5	238195.0	216985.7	558.3	3335.1	10678.8
通用设备制造业	138971.2	137520.4	111965.6	574.5	5031.6	10708.5
专用设备制造业	278241.5	272778.8	216632.5	1487.2	8969.0	21690.0
汽车制造业	1410301.9	1406068.3	1383207.6	1562.3	1614.8	6674.7
铁路、船舶、航空航天和其他运输设备制造业	37958.0	37878.8	20562.6	-350.0	1694.1	3482.6
电气机械和器材制造业	218109.0	214271.6	186857.6	534.7	4599.0	10876.6
计算机、通信和其他电子设备制造业	206069.7	200527.0	165171.9	657.9	4974.0	10336.9
仪器仪表制造业	112982.8	109267.4	70085.7	1053.5	9831.5	9483.6
废弃资源综合利用业	733432.2	733432.2	734973.8	9268.1	4907.8	2826.2
金属制品、机械和设备修理业	6883.6	6883.6	5224.5	17.8	494.0	658.0
电力、热力生产和供应业	65384.0	44801.4	42016.0	332.9	520.0	8682.0

主要经济指标（三）

单位：万元

研发费用	财务费用			资产减值损失	信用减值损失	其他收益	投资收益	净敞口套期收益	公允价值变动收益
		利息费用	利息收入						
112869.5	**48505.6**	**30887.9**	**2277.8**	**−1991.5**	**−2223.2**	**−1991.5**	**17633.6**		
3066.7	13949.4	2634.9	48.5	0.9	267.2	0.9	9513.8		
	147.9	152.6	4.5						
	70.4	74.3							
	35.8	40.8	5.0						
168.3	620.3	539.6	17.2						
4723.5	101.4	32.8	322.5	−644.0	−6.0	−644.0	41.1		
	−2.1		2.9						
	13.9	13.9							
141.7	4.0	3.8							
	53.0	49.7	0.2						
	334.3	277.0	0.2						
1035.9	155.8	111.8	1.1						
	869.3	855.3	0.1						
11978.1	2468.5	2225.2	169.6	228.3		228.3	712.0		
7673.9	915.3	1200.3	46.8	−152.7	−250.8	−152.7	64.9		
1706.2	659.1	744.1	196.6	605.8		605.8			
8691.5	10227.8	6595.0	44.2	−1116.7	−476.4	−1116.7	2453.8		
6207.2	297.2	263.7	2.7	−4.6		−4.6	0.4		
1088.4	1301.9	1237.2	13.0				81.4		
4839.6	2120.1	830.7	32.4		−59.6		3300.0		
5932.4	761.0	463.1	−122.4	−149.7		−149.7	78.0		
15566.5	2967.5	2207.8	183.9	−3.9	−60.1	−3.9	−309.3		
1254.4	1259.5	1116.5	4.6				10.8		
3113.3	879.1	882.5	2.2	−24.2		−24.2	−1068.5		
9257.8	840.1	791.2	968.0	−0.7	−17.3	−0.7	23.8		
14724.1	1907.2	1873.4	47.0		−14.2		418.5		
10508.4	1277.1	1555.1	234.5	−230.0	−1606.0	−230.0	1023.4		
	357.3	191.2	17.9						
152.1	73.8	67.0	0.4						
1039.5	3839.7	3857.4	34.2	−500.0		−500.0	1289.5		

8-22 私营工业企业

行 业	资产处置收益	营业利润	营业外收入	营业外支出	利润总额	所得税费用
总 计	-134.5	445451.3	39342.1	14688.0	470104.4	95949.3
煤炭开采和洗选业	190.4	321702.0	1126.1	4829.9	317998.9	79174.6
黑色金属矿采选业		8341.6	11.3	88.4	8264.3	2439.0
非金属矿采选业		613.0	2.1	38.6	576.5	138.0
开采专业及辅助性活动		1624.9	3.6	15.6	1613.0	408.7
农副食品加工业		-738.2	641.4	59.0	-155.7	6.3
食品制造业	30.8	9867.7	837.7	83.2	10622.2	1181.6
酒、饮料和精制茶制造业		1941.7	29.5	46.8	1924.4	208.7
纺织服装、服饰业		1.3	93.7	10.4	84.5	2.1
木材加工和木、竹、藤、棕、草制品业		64.1	0.4		64.5	1.6
家具制造业		-123.3	32.1	1.5	-92.7	1.5
造纸和纸制品业		361.1	1.8	6.6	356.3	29.9
印刷和记录媒介复制业		-377.6	107.7	1.3	-271.1	0.9
石油、煤炭及其他燃料加工业		807.4	2.6	10.6	799.4	22.2
化学原料和化学制品制造业	0.1	11358.8	1294.6	606.7	12046.7	595.1
医药制造业		20558.2	1064.1	585.1	21037.3	2456.2
橡胶和塑料制品业	1.0	1626.2	829.0	1294.4	1160.8	238.5
非金属矿物制品业	-13.0	-46.0	3573.2	2711.5	815.2	1256.0
黑色金属冶炼和压延加工业		831.0	259.0	98.8	991.2	118.2
有色金属冶炼和压延加工业		28.2	111.8	5.0	135.0	47.1
金属制品业		5823.7	1224.5	329.2	6718.3	316.4
通用设备制造业		4203.5	1428.5	89.7	5541.8	338.5
专用设备制造业	9.1	12180.8	1158.1	445.9	12893.0	1233.5
汽车制造业	-368.0	16932.5	819.7	35.3	17716.8	1.2
铁路、船舶、航空航天和其他运输设备制造业		7484.7	683.8	744.4	7424.2	756.5
电气机械和器材制造业	1.3	5794.2	832.9	232.7	6394.4	613.3
计算机、通信和其他电子设备制造业	6.9	10826.6	2842.7	700.6	12968.9	1449.3
仪器仪表制造业	6.9	12343.2	1070.1	188.2	13225.1	-265.7
废弃资源综合利用业		-18586.6	10961.5	632.0	-8257.3	619.9
金属制品、机械和设备修理业		263.4	72.6	28.2	307.8	6.0
电力、热力生产和供应业		9743.2	8226.0	768.4	17200.7	2554.2

主要经济指标（四）

单位：万元

应付职工薪酬	应交增值税	平均用工人数（万人）	期末用工人数（万人）	从业人员期末人数（万人）	从业人员平均人数（万人）	亏损企业亏损总额
299103.4	**240212.3**	**4.1**	**4.3**	**4.1**	**4.1**	**50732.9**
38481.8	75796.0	0.6	0.6	0.6	0.6	3666.8
2990.2	3070.9	0.1	0.1	0.1	0.1	1373.2
269.4	600.6					
784.7	517.0					
2399.8	191.6	0.1	0.1	0.1	0.1	1073.3
14859.6	4488.1	0.2	0.2	0.2	0.2	1235.2
912.3	167.0					
224.1	70.2					
25.9	10.6					
350.3	38.7					92.7
659.7	925.0					
1435.8	290.3					430.8
1016.9	494.7					
12258.9	4190.5	0.2	0.2	0.2	0.2	796.8
13696.5	5735.8	0.1	0.1	0.1	0.1	637.0
4914.5	1774.0	0.1	0.1	0.1	0.1	1994.0
48945.7	23376.3	0.9	0.8	0.8	0.8	16610.3
6995.5	1633.6	0.1	0.1	0.1	0.1	1465.5
4720.3	1694.8	0.1	0.1	0.1	0.1	851.4
17273.3	4587.6	0.3	0.2	0.3	0.3	1328.6
14011.5	4075.5	0.2	0.2	0.2	0.2	432.0
34497.9	9772.1	0.4	0.4	0.4	0.4	2086.8
23605.4	12093.7	0.3	0.3	0.3	0.3	306.8
7288.1	1875.1	0.1	0.1	0.1	0.1	
9807.3	4368.1	0.1	0.1	0.1	0.1	1334.8
15700.0	4415.5	0.2	0.4	0.2	0.2	5620.4
16698.7	5488.1	0.2	0.2	0.2	0.2	74.5
1916.6	67142.0					9322.0
430.4	291.0					
1932.3	1037.9					

8-23 私营工业企业

行业	利税总额	应交税金及附加	营业收入利润率（%）	资产负债率（%）
总计	**795887.0**	**421731.9**	**5.8**	**66.9**
煤炭开采和洗选业	449917.4	211093.1	11.6	58.0
黑色金属矿采选业	12913.1	7087.8	18.9	57.7
非金属矿采选业	1888.8	1450.3	6.4	78.7
开采专业及辅助性活动	2161.1	956.8	7.8	77.3
农副食品加工业	104.7	266.7	-0.3	81.4
食品制造业	16145.4	6704.8	9.2	46.2
酒、饮料和精制茶制造业	5476.3	3760.6	13.3	75.1
纺织服装、服饰业	161.1	78.7	1.6	82.1
木材加工和木、竹、藤、棕、草制品业	76.5	13.6	2.8	59.1
家具制造业	-38.1	56.1	-3.9	26.4
造纸和纸制品业	1343.8	1017.4	1.5	72.7
印刷和记录媒介复制业	46.3	318.3	-1.5	77.5
石油、煤炭及其他燃料加工业	1394.6	617.4	1.8	70.4
化学原料和化学制品制造业	16880.1	5428.5	3.8	52.8
医药制造业	28241.7	9660.6	19.7	52.0
橡胶和塑料制品业	3353.7	2431.4	1.6	59.6
非金属矿物制品业	27873.4	28314.2	0.1	83.3
黑色金属冶炼和压延加工业	2948.2	2075.2	0.7	73.4
有色金属冶炼和压延加工业	2021.4	1933.5	0.1	75.5
金属制品业	11864.2	5462.3	2.8	59.7
通用设备制造业	10191.8	4988.5	4.0	65.6
专用设备制造业	24152.3	12492.8	4.6	60.9
汽车制造业	31372.8	13657.2	1.3	95.9
铁路、船舶、航空航天和其他运输设备制造业	8949.3	2281.6	19.6	49.7
电气机械和器材制造业	11297.2	5516.1	2.9	49.3
计算机、通信和其他电子设备制造业	18042.3	6522.7	6.3	69.7
仪器仪表制造业	19766.7	6275.9	11.7	38.2
废弃资源综合利用业	68152.8	77030.0	-1.1	79.8
金属制品、机械和设备修理业	616.6	314.8	4.5	53.5
电力、热力生产和供应业	18571.5	3925.0	26.3	75.3

主要经济指标（五）

单位：万元

总资产贡献率（%）	流动资产周转率（次/年）	每百元资产实现的营业收入（元）	产成品存货周转天数（天）	应收账款平均回收期（天）	成本费用利润率（%）
8.8	1.3	86.4	18.7	117.2	6.2
14.3	1.6	86.9	8.3	13.8	13.4
17.2	0.9	57.6	111.9	16.7	24.5
8.2	0.5	37.6	4.0	493.0	7.5
16.9	2.2	160.0		122.0	8.5
1.4	2.0	141.5	35.3	42.3	−0.3
8.1	1.1	59.0	8.7	68.5	10.2
28.3	0.9	75.0	133.2	47.9	20.9
4.0	1.6	124.5		34.0	1.6
16.5	4.8	479.7		4.6	2.8
0.1	0.5	14.8	116.1	204.3	−3.8
4.7	1.0	67.2	18.9	162.0	1.6
1.0	1.9	112.8	5.7	34.0	−1.5
10.9	2.5	212.5	67.6	32.3	1.9
8.2	2.1	137.6	16.6	83.5	3.9
17.4	1.3	63.3	95.3	71.5	24.7
4.7	1.0	86.7	68.4	220.3	1.6
2.2	0.6	50.3	15.4	433.3	0.1
3.4	1.8	156.9	70.5	41.5	0.7
5.5	2.6	171.8	18.4	44.3	0.1
4.8	1.2	90.5	53.5	136.9	2.8
5.1	0.9	66.2	16.5	178.5	4.1
5.6	0.8	59.1	35.3	199.3	4.9
4.0	2.2	173.8	1.3	142.9	1.3
8.2	0.4	31.7	200.2	127.3	25.0
3.9	0.8	76.4	28.0	243.8	3.0
3.5	0.4	35.8	112.6	362.1	6.6
9.1	0.7	48.6	31.1	260.9	13.1
62.5	9.0	670.6	19.6	1.3	−1.1
9.5	1.0	95.8	1.1	185.5	4.7
4.9	0.3	14.3	1.7	115.2	30.7

8-24 外商投资和港澳台商

指　标	企业单位数（个）		工业总产值（当年价格）	年初存货		资产总计
		亏损企业			产成品	
总　计	**25**	**2**	**10896860.7**	**487519.9**	**67289.1**	**8491647.3**
煤炭开采和洗选业	1		5180.0	3748.2	2642.5	33492.0
农副食品加工业	1		113420.6	13737.1	5817.5	98286.8
食品制造业	4		423231.4	29896.6	11513.0	366177.8
酒、饮料和精制茶制造业	2		100806.4	12061.7	9260.2	81542.1
化学原料和化学制品制造业	3		158435.3	8789.1	628.4	117936.7
非金属矿物制品业	1		226221.1	29836.1	19530.3	186516.4
黑色金属冶炼和压延加工业	1	1	331.2	679.1	679.1	1049.9
通用设备制造业	1		29555.8	2568.9	2010.0	19784.4
专用设备制造业	3		27545.9	8100.4	2934.4	30241.3
铁路、船舶、航空航天和其他运输设备制造业	2		122454.7	72245.4	1613.5	356005.5
计算机、通信和其他电子设备制造业	2		9508627.5	303206.1	10257.0	6830201.8
废弃资源综合利用业	1		24722.4	777.2	403.2	44548.1
电力、热力生产和供应业	2	1	134223.0	455.8		305193.3
燃气生产和供应业	1		22105.4	1418.2		20671.2

8-25 外商投资和港澳台商

指　标	资产总计				负债合计		
	固定资产净额	在建工程	无形资产			流动负债合计	
				土地使用权			应付账款
总　计	**770968.5**	**70707.3**	**71641.7**	**45219.6**	**5842659.6**	**5645511.3**	**3317959.2**
煤炭开采和洗选业	2305.5		1064.8		27086.8	25871.8	11144.7
农副食品加工业	41220.8	3095.2	11929.6	11929.6	66470.4	57947.2	3188.8
食品制造业	126535.4	10490.9	17281.9	13579.7	124759.5	94263.5	24235.5
酒、饮料和精制茶制造业	29104.2	38.1	481.4		43145.2	42988.7	13233.9
化学原料和化学制品制造业	67444.5	22.9	4.4		11888.5	10992.4	1759.8
非金属矿物制品业	49677.6	50146.4	7573.7	7370.5	167619.9	167619.9	21495.2
黑色金属冶炼和压延加工业	80.0	75.0			982.4	982.4	4.3
通用设备制造业	3057.7	1.0	1086.7	1086.7	7730.5	7197.2	2845.6
专用设备制造业	844.3	105.1			5319.6	5319.6	2982.6
铁路、船舶、航空航天和其他运输设备制造业	9543.5	2149.5	1597.8		175912.3	139506.5	42425.0
计算机、通信和其他电子设备制造业	204174.4	1246.9	18654.2	10856.7	4982607.8	4976928.8	3189487.1
废弃资源综合利用业	29207.5	10.2	1193.7		4761.9	4761.9	701.4
电力、热力生产和供应业	198811.9	1758.7	10341.8		210932.9	97799.4	1041.4
燃气生产和供应业	8961.2	1567.4	431.7	396.4	13441.9	13332.0	3413.9

投资工业企业主要经济指标（一）

单位：万元

流动资产合计	应收账款	存货	产成品	长期股权投资	固定资产原价	房屋和构筑物	机器设备	累计折旧	本年折旧
7134374.2	3226740.5	653306.3	89420.6	275412.6	1967675.6	287138.3	920937.2	1181234.3	121030.9
30375.6	3372.7	3225.7	3223.4		4935.4			2629.9	236.7
41483.9	996.2	26535.4	4528.3		44290.2	26528.6	17761.6	3069.4	1753.4
202522.3	35355.2	30527.2	13493.2	4248.6	221691.7	57036.7	29455.6	95156.3	14973.8
51483.6	4820.6	12528.3	9062.7		93871.7	6697.0	39206.1	64237.7	3103.4
47298.9	14196.7	8815.7	452.6		291257.1	12149.0	265382.2	221112.3	10827.1
78428.7	2431.7	57256.8	45549.6		58990.4	16541.5	36521.4	9312.7	8948.2
894.8	19.0	565.3	565.3		1728.4		1728.4	1648.3	14.1
15487.2	246.3	3580.9	2557.2		5695.8	4192.5	1093.7	2638.1	279.1
22574.0	8339.7	7833.4	2883.6		29204.7	6358.3	22435.0	21699.2	1084.3
293901.5	124134.7	53543.9	1308.8	28750.5	91162.1	71.7	90178.5	78767.3	3583.0
6246357.6	2968484.8	445538.6	5197.9	232942.0	761244.6	156245.5	416386.1	555929.3	56975.0
13188.0	10566.9	1003.4	598.0		49537.5			20330.0	2448.8
81322.3	53522.8	415.8		9471.5	301322.9			101721.9	16393.6
9055.8	253.2	1935.9			12743.1	1317.5	788.6	2981.9	410.4

投资工业企业主要经济指标（二）

单位：万元

所有者权益合计	实收资本	国家资本	集体资本	法人资本	个人资本	港澳台资本	外商资本	营业收入	主营业务收入
2648987.6	951817.8	124199.6		82909.2	9800.0	343864.6	391044.4	11114958.8	11040768.4
6405.2	5000.0					5000.0		50075.6	47805.2
31816.4	36622.0	4500.0			1500.0		30622.0	167693.2	167234.7
241418.1	31990.0			21990.0	8000.0		2000.0	419392.3	406569.9
38396.9	22339.3	6130.2					16209.1	109584.2	109186.0
106048.3	61366.1	20212.7		20932.1			20221.3	153755.8	153563.0
18896.4	10000.0			9700.0	300.0			209809.4	206344.3
67.5	1903.1					1903.1		2780.8	2780.8
12053.9	3167.7						3167.7	30816.6	30809.0
24921.7	27485.7	385.7		11537.1			15562.9	29131.0	28753.9
180093.2	23571.4			18750.0			4821.4	127142.5	125717.4
1847594.0	610401.5					311961.5	298440.0	9628097.4	9575710.0
39786.3	25000.0					25000.0		25745.9	25737.6
94260.4	89971.0	89971.0						137331.6	136954.1
7229.3	3000.0	3000.0						23602.5	23602.5

8-26 外商投资和港澳台商

指 标	营业成本	税金及附加	销售费用	管理费用	研发费用	财务费用	利息费用	利息收入
总 计	**10746085.4**	**25720.7**	**61348.5**	**92664.6**	**19605.8**	**-27098.9**	**55816.7**	**84888.8**
煤炭开采和洗选业	46630.5	157.9	2060.8	415.2		66.1	66.1	
农副食品加工业	165103.6	289.9	1200.3	1792.1		-315.2	324.4	645.8
食品制造业	343659.7	978.4	20394.9	20870.6	1149.1	2361.0	1515.7	333.0
酒、饮料和精制茶制造业	75348.9	852.6	27801.1	2247.6		-541.3		209.5
化学原料和化学制品制造业	111785.5	974.3	759.8	4149.4		-429.4		431.0
非金属矿物制品业	199345.4	367.0	494.8	3824.6		-5.8	2.8	8.6
黑色金属冶炼和压延加工业	2729.8	0.6	10.9	165.1		0.2		
通用设备制造业	25599.1	138.4	1453.5	630.1		-127.7	0.6	128.3
专用设备制造业	21262.7	220.2	1805.3	2172.7	1728.3	-31.8	19.9	-26.7
铁路、船舶、航空航天和其他运输设备制造业	83179.2	829.3	2656.6	6335.7	6878.6	2640.8	3220.0	196.5
计算机、通信和其他电子设备制造业	9479844.8	19550.5	1413.3	38950.4	9849.8	-37159.3	44226.1	82783.7
废弃资源综合利用业	7051.3	303.1	417.0	7594.0		-59.4		69.5
电力、热力生产和供应业	163535.4	1031.0		2684.1		6512.0	6414.3	68.2
燃气生产和供应业	21009.5	27.5	880.2	833.0		-9.1	26.8	41.4

8-27 外商投资和港澳台商

指 标	应付职工薪酬	应交增值税	平均用工人数（万人）	期末用工人数（万人）	从业人员期末人数（万人）	从业人员平均人数（万人）	亏损企业亏损总额
总 计	**624988.9**	**32818.7**	**7.0**	**4.0**	**4.0**	**7.0**	**12965.5**
煤炭开采和洗选业	486.9	473.2	0.0	0.0	0.0	0.0	
农副食品加工业	2498.3	404.2	0.0	0.0	0.0	0.0	
食品制造业	11980.3	2368.6	0.2	0.2	0.2	0.2	
酒、饮料和精制茶制造业	13981.9	3671.3	0.1	0.1	0.1	0.1	
化学原料和化学制品制造业	7482.9	6840.4	0.1	0.1	0.1	0.1	
非金属矿物制品业	3363.6	2159.6	0.0	0.0	0.0	0.0	
黑色金属冶炼和压延加工业	80.9	33.3					125.7
通用设备制造业	1553.2	194.3	0.0	0.0	0.0	0.0	
专用设备制造业	5367.6	1132.0	0.0	0.0	0.0	0.0	
铁路、船舶、航空航天和其他运输设备制造业	13861.2	6390.5	0.1	0.1	0.1	0.1	
计算机、通信和其他电子设备制造业	555852.7	2720.2	6.5	3.5	3.5	6.5	
废弃资源综合利用业	2876.9	1778.9	0.0	0.0	0.0	0.0	
电力、热力生产和供应业	4630.0	4207.5	0.0	0.0	0.0	0.0	12839.8
燃气生产和供应业	972.5	444.7	0.0	0.0	0.0	0.0	

投资工业企业主要经济指标（三）

单位：万元

资产减值损失	信用减值损失	其他收益	投资收益	净敞口套期收益	公允价值变动收益	资产处置收益	营业利润	营业外收入	营业外支出	利润总额	所得税费用
-12751.8	-1155.3	-12751.8	9412.0		-304.4	511.6	223258.6	699.7	305.8	223652.5	32925.4
							745.1		14.2	730.9	182.7
-11.4	-2.0	-11.4	-12.1		3.9	-0.1	457.9	36.4	1.2	493.1	
						4.4	31451.8	175.2	129.2	31497.8	1536.9
-438.6	-28.7	-438.6				357.9	4050.9	186.4	-108.9	4346.1	1134.0
	23.0					-255.2	36409.4	73.7	0.1	36482.9	9039.2
							5837.5	8.7	64.3	5782.0	
							-125.8	0.1		-125.7	
-46.3		-46.3				4.4	3154.3	17.0		3171.2	796.5
0.8	45.7	0.8					2071.7	22.5	20.7	2073.6	314.1
1.2	-1141.6	1.2	8356.3			-6.9	33648.1	3.0	142.5	33508.6	3945.9
-12117.3		-12117.3	-1261.0		-308.3	407.1	104400.0	68.9	34.0	104435.0	13372.4
-140.2		-140.2					10299.7	1.5	0.4	10300.8	2570.4
			2328.8				-9954.6	104.8	7.6	-9857.4	-133.4
	-51.7						812.6	1.5	0.5	813.6	166.7

投资工业企业主要经济指标（四）

单位：万元

利税总额	应交税金及附加	营业收入利润率（%）	资产负债率（%）	总资产贡献率（%）	流动资产周转率（次/年）	每百元资产实现的营业收入（元）	产成品存货周转天数（天）	应收账款平均回收期（天）	成本费用利润率（%）
282191.9	91464.8	2.0	68.8	3.0	1.6	130.9	3.0	104.5	2.1
1362.0	813.8	1.5	80.9	4.3	1.7	149.5	24.9	24.3	1.5
1187.2	694.1	0.3	67.6	0.9	4.0	170.6	9.9	2.1	0.3
34844.8	4883.9	7.5	34.1	9.8	2.1	114.5	14.1	30.4	8.1
8870.0	5657.9	4.0	52.9	10.6	2.1	134.4	43.3	15.8	4.1
44297.6	16853.9	23.7	10.1	37.2	3.3	130.4	1.5	33.2	31.4
8308.6	2526.6	2.8	89.9	4.5	2.7	112.5	82.3	4.2	2.8
-91.8	33.9	-4.5	93.6	-8.7	3.1	264.9	74.6	2.5	-4.3
3503.9	1129.2	10.3	39.1	17.1	2.0	155.8	36.0	2.9	11.5
3425.8	1666.3	7.1	17.6	11.5	1.3	96.3	48.8	103.1	7.7
40728.4	11165.7	26.4	49.4	12.3	0.4	35.7	5.7	351.5	33.0
126705.7	35643.1	1.1	73.0	1.3	1.5	141.0	0.2	111.0	1.1
12382.8	4652.4	40.0	10.7	27.6	2.0	57.8	30.5	147.8	68.7
-4618.9	5105.1	-7.2	69.1	0.6	1.7	45.0		140.3	-5.7
1285.8	638.9	3.5	65.0	6.2	2.6	114.2		3.9	3.6

8-28 大中型工业企业

行 业	企业单位数（个）	亏损企业	工业总产值（当年价格）	年初存货	产成品	资产总计
总 计	104	20	42500003.5	4400569.0	1123627.8	63709450.9
煤炭开采和洗选业	18	3	4248344.9	347462.7	69188.2	16853726.6
农副食品加工业	1	1	39170.2	2890.1	102.9	49699.1
食品制造业	6		300635.2	22530.9	8068.2	366817.6
酒、饮料和精制茶制造业	2		139998.0	10025.0	9191.1	117638.2
烟草制品业	1		524725.8	63738.6	20925.1	525305.0
印刷和记录媒介复制业	1		12934.2	1378.1	688.3	43620.2
石油、煤炭及其他燃料加工业	3	1	4235115.0	364055.4	38221.6	2977567.6
化学原料和化学制品制造业	3	1	668426.6	48604.2	18530.7	1720704.1
医药制造业	2		84104.7	14340.0	7254.5	151443.1
橡胶和塑料制品业	1	1	53185.1	9474.6	5326.6	108073.0
非金属矿物制品业	5	3	347824.7	52471.4	32247.7	394945.8
黑色金属冶炼和压延加工业	5	1	10894066.7	1064688.4	348597.0	14111936.8
有色金属冶炼和压延加工业	1		100445.5	13560.0	4922.8	66948.4
金属制品业	4		1088837.4	26009.7	5133.2	183621.7
通用设备制造业	2		260627.5	116599.6	8568.0	346115.2
专用设备制造业	10		1609898.0	1106206.8	382090.5	4716322.9
汽车制造业	3		782348.8	47896.0	18491.2	813366.3
铁路、船舶、航空航天和其他运输设备制造业	7	1	784364.4	238404.8	58328.3	1967820.9
电气机械和器材制造业	2	1	200564.9	46821.4	23757.5	392881.8
计算机、通信和其他电子设备制造业	7		13461305.7	542528.5	46191.5	8953725.8
仪器仪表制造业	4	1	119880.6	28619.7	1680.1	440401.2
金属制品、机械和设备修理业	2		34134.3	5443.1	130.7	65002.0
电力、热力生产和供应业	5	3	912626.3	139964.0		3661522.8
燃气生产和供应业	7	1	1476722.4	86153.7	15992.1	4142336.8
水的生产和供应业	2	2	119716.6	702.3		537908.0

主要经济指标（一）

单位：万元

流动资产合计	应收账款	存货	产成品	长期股权投资	固定资产原价	房屋和构筑物	机器设备	累计折旧	本年折旧
30324748.6	8485139.2	4619274.0	1141617.2	9829841.2	29835901.5	9156317.5	15125951.8	14797476.8	1268884.2
7111519.9	1003849.5	354630.2	89108.1	4412995.0	5848503.3	2960791.4	1858536.9	2928729.7	230905.8
12605.2	256.1	3486.8	89.2	2163.8	37334.6	29896.4	5819.8	8797.3	907.6
152946.9	44460.3	22069.0	8177.1	4534.8	246598.5	118202.6	55427.1	87077.8	13169.5
46507.6	1997.2	16290.6	13532.7	1283.0	52756.6	3392.2	2577.4	34358.8	1625.7
378023.8	27907.1	66579.8	20135.4	100.0	265126.6	101642.5	145002.6	146268.3	15159.0
8565.5	3576.2	1588.7	497.8	398.4	53715.4	27844.3	23204.3	20131.3	1227.6
1210913.6	281366.1	280827.9	21976.4	26079.8	1514491.5	787776.5	588036.8	231195.6	114560.1
313308.0	38495.1	68111.2	25218.5	17941.7	1328127.0	551391.4	738841.0	219594.0	55871.0
79927.3	8591.6	18694.2	8442.1	5575.1	63178.9	20070.0	37061.9	20426.5	2800.0
19431.7	11038.2	6467.7	1770.4		151137.1	63882.0	85771.7	64545.1	6056.9
153561.4	22006.3	82261.2	57621.1	6422.2	215217.5	77453.9	98054.5	57030.5	15900.9
3284798.4	331123.5	1014203.9	276665.0	4012139.6	10721169.3	2706198.8	7759360.0	6460875.0	330192.1
35791.4	6107.8	14094.4	5069.7		67232.9	19286.8	46496.0	23282.8	3299.8
128722.6	35155.0	24798.0	5746.3	1185.0	66403.3	19451.3	45548.5	23909.1	4704.7
260429.9	68481.5	104233.4		24076.0	69342.3	44705.2	21472.1	26880.5	2769.4
3548308.0	884685.4	1175793.6	346485.2	412317.2	668167.2	267656.0	336993.0	320465.5	37320.9
637513.2	560890.4	45751.6	7271.6	2786.4	141228.4	28564.0	107698.0	28273.3	10449.2
1277712.8	440185.5	261486.6	73815.0	55627.2	628470.1	280025.0	320681.7	253476.1	25347.2
227709.4	63728.0	59060.4	40277.0	2720.0	102187.2	36230.8	65330.0	12687.2	3349.9
8076013.3	3998042.3	752769.4	127082.4	246972.0	1110093.6	164553.9	699632.2	685480.3	94974.5
271194.0	88111.6	31040.1	2098.6	80105.6	38637.8	14241.7	13373.5	14089.7	2419.9
60364.4	39582.7	15876.8	137.5		15817.1	2627.9	8273.7	11654.0	546.3
1454609.1	172696.1	160055.9		37312.4	3795572.8	426113.8	1362403.2	2124218.5	199045.8
1413032.6	318748.1	37524.1	10400.1	435003.5	2153834.3	319616.1	599141.6	729414.0	73717.8
161238.6	34057.6	1578.5		42102.5	481558.2	84703.0	101214.3	264615.9	22562.6

8-29 大中型工业企业

行业	资产总计				负债合计		
	固定资产净额	在建工程	无形资产	土地使用权		流动负债合计	应付账款
总 计	**14897652.1**	**1890536.3**	**2879442.6**	**1500381.1**	**45003165.1**	**34094298.2**	**13170170.3**
煤炭开采和洗选业	2890546.1	316621.3	1385171.9	255749.4	13614430.9	10823407.7	3059484.3
农副食品加工业	28537.2	1759.2	5710.0	5325.0	41971.9	30465.5	18793.5
食品制造业	159520.6	12499.1	30377.0	26096.0	197132.8	162005.2	50935.5
酒、饮料和精制茶制造业	17868.0	47886.4	3659.0	3185.3	94944.4	81681.3	24563.5
烟草制品业	118858.2	4501.1	19701.4		139876.7	139199.5	78850.8
印刷和记录媒介复制业	33584.1		617.6	592.4	40427.6	38268.7	4300.5
石油、煤炭及其他燃料加工业	1283295.8	229923.9	181040.6	98759.4	2079535.3	1766395.9	818455.1
化学原料和化学制品制造业	1107524.1	209616.2	55301.0	49396.5	1921462.0	1644252.9	310477.5
医药制造业	42752.4	3604.2	3395.4		75648.2	51420.9	5389.7
橡胶和塑料制品业	86104.0	478.7	1029.8	889.4	113734.1	113219.3	104079.0
非金属矿物制品业	143179.8	63947.3	12096.1	11824.8	310523.6	292447.3	64463.6
黑色金属冶炼和压延加工业	4205824.7	234032.1	809076.8	774201.3	7489498.5	4317146.0	1545952.9
有色金属冶炼和压延加工业	28844.2	183.0	1576.3	1571.7	33855.2	32885.7	1192.7
金属制品业	42494.1	4905.0	4942.2	4942.2	108746.0	100266.4	9590.0
通用设备制造业	42461.7	4124.2	13374.1	13208.6	248112.0	197031.3	37292.3
专用设备制造业	347362.5	93603.1	90572.1	38451.9	3425671.1	2279192.9	717045.1
汽车制造业	112954.9	11778.2	32588.9	32566.6	775517.2	740917.3	393128.9
铁路、船舶、航空航天和其他运输设备制造业	372187.0	51748.7	112124.8	102477.0	1100352.3	834114.4	342688.7
电气机械和器材制造业	89500.0	52718.1	5725.0	5602.6	270368.5	181185.9	66484.0
计算机、通信和其他电子设备制造业	423472.4	13536.1	25744.6	15277.8	6421006.0	6343531.4	4294965.8
仪器仪表制造业	24548.1	32298.7	12059.1	10490.1	199414.2	130459.3	55022.9
金属制品、机械和设备修理业	3734.7		32.0		40474.4	39474.1	26803.1
电力、热力生产和供应业	1666128.0	280672.3	39012.4	36124.1	2586876.7	1428322.0	696053.1
燃气生产和供应业	1409427.2	139610.6	30732.0	9866.5	3314422.4	2058073.8	290702.8
水的生产和供应业	216942.3	80488.8	3782.5	3782.5	359163.1	268933.5	153455.0

主要经济指标（二）

单位：万元

所有者权益合计	实收资本							营业收入	主营业务收入
		国家资本	集体资本	法人资本	个人资本	港澳台资本	外商资本		
18706285.3	8666332.9	3117995.9	97463.1	4142826.9	690641.5	311961.5	305444.0	47835307.2	47048090.6
3239295.6	2686180.1	758509.4	38788.0	1700276.4	188606.3			7407213.5	7277004.2
7727.2	3667.0		3667.0					32820.1	32820.1
169684.8	37554.6			31678.4	5876.2			318199.4	304534.5
22693.7	12112.8	9930.2					2182.6	140235	139901.4
385428.3	61319.6			61319.6				526692.5	526349.3
3192.6	4931.6			4931.6				16791.9	16395.1
898032.2	180000.0			180000.0				4341940.8	4119814.2
−200757.9	430267.6		430.0	429837.6				656770.4	656041.6
75794.9	27733.6	135.0		17373.6	10225.0			73442.7	73031.9
−5661.1	30000.0	30000.0						57552.5	57367.9
84422.0	83177.4	3589.5	50000.0	23972.9	5615.0			333068.2	327886.4
6622438.4	1401527.7	752467.9		420333.4	228726.3			12115748.3	11912700.3
33093.1	3064.3	3064.3						100304.7	99416
74875.7	55590.0	20000.0		32211.8	3378.2			1089589.4	1088546.7
98003.1	21000.0	20000.0		1000.0				189128	188375
1290651.5	526670.7	459116.0		49081.4	18473.4			1511294.3	1480558.5
37849.0	9686.4	1661.3		2354.6	5670.5			1422786.9	1418110.7
867468.6	434997.3	50890.0		369293.1	9992.8		4821.4	802506	793504.4
122513.3	73100.0	26250.0		46100.0	750.0			134352.7	132383
2532719.9	1120479.7			352351.2	157727.0	311961.5	298440.0	13598302.7	13528615.4
240987.0	61873.1		4578.1	11694.2	45600.8			136677.3	136458.2
24527.6	15460.0			15460.0				65435.5	65225.8
1074646.1	494230.4	478230.4		6000.0	10000.0			920066.4	887489.1
827914.8	784507.1	396950.0		387557.1				1724565.5	1666154
178744.9	107201.9	107201.9						119822.5	119406.9

8-30 大中型工业企业

行业	营业成本	税金及附加	销售费用	管理费用	研发费用	财务费用		
							利息费用	利息收入
总计	**43135227.5**	**718289.6**	**383183.4**	**1166770.0**	**496096.3**	**726990.3**	**841084.8**	**183849.3**
煤炭开采和洗选业	5256752.9	323023.3	36193.4	571875.4	97672.1	286602.7	278723.5	18716.4
农副食品加工业	28354.1	486.3	547.0	2214.2		1279.1	1284.2	6.5
食品制造业	256640.9	1874.3	18590.6	13813.1	5088.2	1244.8	1545.3	830.6
酒、饮料和精制茶制造业	87529.6	13864.6	27209.4	5917.0	535.9	-135.5	212.6	18.8
烟草制品业	165379.0	252576.5	6909.1	40288.8	1256.0	-6354.6		6358.1
印刷和记录媒介复制业	13128.3	203.8		3501.0		108.6	115.1	6.9
石油、煤炭及其他燃料加工业	3893086.0	8245.2	113194.8	28850.0	9945.8	39938.8	39448.9	2479.9
化学原料和化学制品制造业	676518.5	2760.4	6747.2	13028.6	22258.4	82457.1	82050.9	4356.1
医药制造业	23441.9	1053.1	16472.1	9314.7	5131.5	151.9	795.4	35.6
橡胶和塑料制品业	59946.2	810.3	554.3	2060.8	1883.0	-217.9		1.8
非金属矿物制品业	302245.5	1237.2	6113.0	12712.4	5283.6	4966.9	3704.6	123.4
黑色金属冶炼和压延加工业	11513609.5	57527.3	24770.8	173872.2	105463.3	131435.9	150156.0	18681.4
有色金属冶炼和压延加工业	92252.0	140.3	496.0	2190.5	4081.7	823.4	912.3	57.4
金属制品业	1067395.0	1551.7	4253.5	3841.4	4527.0	2105.2	1871.8	-49.3
通用设备制造业	158376.4	1205.0	4400.7	11132.7	10070.6	1521.4	2528.6	1278.3
专用设备制造业	1246892.6	7567.0	33916.9	65158.7	84414.0	51862.4	63413.3	22969.0
汽车制造业	1391747.6	1646.2	2639.5	8523.1	922.1	1277.6	1273.0	8.4
铁路、船舶、航空航天和其他运输设备制造业	642065.0	4672.7	12221.2	33540.2	36402.7	11319.4	14658.9	1822.6
电气机械和器材制造业	114069.4	355.7	3553.9	8680.0	5667.8	2397.3	2869.1	493.1
计算机、通信和其他电子设备制造业	13219628.2	26248.4	21143.1	59962.9	82282.2	-22096.6	50510.8	94760.6
仪器仪表制造业	99528.1	969.9	6359.5	9260.5	8127.1	1139.3	1479.1	497.3
金属制品、机械和设备修理业	59645.5	558.4	94.8	2845.6	1694.8	37.2	12.5	14.3
电力、热力生产和供应业	988912.9	4039.8	1243.1	31278.1	1443.6	55081.0	57024.1	345.1
燃气生产和供应业	1635363.8	4390.3	27401.1	33896.7	1944.9	74195.8	81731.8	9906.0
水的生产和供应业	142718.6	1281.9	8158.4	19011.4		5849.1	4763.0	131.0

主要经济指标（三）

单位：万元

资产减值损失	信用减值损失	其他收益	投资收益	净敞口套期收益	公允价值变动收益	资产处置收益	营业利润	营业外收入	营业外支出
-151238.2	**-177722.6**	**-151238.2**	**936948.4**		**-196.1**	**3949.4**	**1970080.9**	**55347.3**	**51793.2**
-44406.7	-155256.7	-44406.7	676944.6		-0.8	279.5	1326392.9	4457.7	32273.4
							-60.6	98.5	86.7
	-2.6		36.8			48.8	23080.1	621.8	228.2
-438.6	-28.7	-438.6				357.9	5489.5	243.2	9
-3358.1	-0.7	-3358.1					65497.2	84.8	567.1
	-31.0		14.0				94.6		2
-2306.6	-2233.0	-2306.6	774.3			-595.2	244721.5	12587.5	2609.5
-43.7	-4764.4	-43.7					-150953.3	1199.5	1015.5
-152.7	-150.7	-152.7	64.9				18309.0	138.8	178.4
-720.3	375.5	-720.3					-7559.7	135.5	2.9
-380.8	-81.6	-380.8	158.2			0.9	956.2	23	81.3
-68358.1	379.5	-68358.1	233370.3		113.0	3822.6	292740.1	5993.3	8076.1
-99.9	-4.8	-99.9					997.2	30.6	15.1
1913.0		1913.0				-1.5	9850.0	399.9	28
							2421.1	299.7	2.5
5173.0	-10278.1	5173.0	6584.1			-126.6	41733.9	7083.1	3835.6
10.7		10.7				-367.9	18310.8	754.7	17.3
-1217.2	-462.4	-1217.2	6979.0			130.3	73603.4	2847.2	977
-1247.5	-828.2	-1247.5					-2391.5	32.6	91.4
-16641.0	-136.1	-16641.0	-1261.0		-308.3	316.9	213817.1	190.2	156.7
-2897.8	-453.6	-2897.8	1526.4			60.8	10264.5	97.1	17.8
	4.8						610.5	103.2	0.8
-1072.7	-3074.5	-1072.7	530.8			-2.3	-120275.0	9647.9	337.7
-14993.2	-695.3	-14993.2	9504.2			25.2	-42180.6	2261.9	1166.7
			1721.8				-55388.0	6015.6	16.5

8-31 大中型工业企业

行　业	利润总额	所得税费用	应付职工薪酬	应交增值税	平均用工人数（万人）	期末用工人数（万人）	从业人员期末人数（万人）	从业人员平均人数（万人）
总　计	**1973634.8**	**364331.5**	**3341917.3**	**827657.7**	**23.7**	**20.3**	**19.8**	**23.0**
煤炭开采和洗选业	1298576.9	212107.8	1130440.4	400335.5	6.2	6.0	5.8	5.9
农副食品加工业	-48.8		3242.2	995.7	0.1	0.1	0.1	0.1
食品制造业	23474.2	2191.8	23864.6	5767.1	0.3	0.3	0.3	0.3
酒、饮料和精制茶制造业	5723.6	1474.8	16896.9	4710.2	0.2	0.2	0.2	0.2
烟草制品业	65015.0	19896.6	49079.7	47963.7	0.1	0.1	0.1	0.1
印刷和记录媒介复制业	92.6	62.8	4498.7	567.7	0.1	0.1	0.1	0.1
石油、煤炭及其他燃料加工业	254699.5	51388.8	45151.4	15141.6	0.5	0.5	0.5	0.5
化学原料和化学制品制造业	-150769.3	490.3	46384.3	4989.7	0.4	0.4	0.4	0.4
医药制造业	18269.4	2253.9	11753.6	3144.6	0.1	0.1	0.1	0.1
橡胶和塑料制品业	-7427.1		8147.9	850.8	0.1	0.1	0.1	0.1
非金属矿物制品业	897.8		24807.3	6660.6	0.2	0.2	0.2	0.2
黑色金属冶炼和压延加工业	290657.3	31056.7	539148.9	176499.4	2.3	2.2	2.2	2.3
有色金属冶炼和压延加工业	1012.6	-14.9	4007.1	227.3				
金属制品业	10221.9	2200.4	20232.3	6137.3	0.2	0.2	0.2	0.2
通用设备制造业	2718.4	326.1	21997.2	5530.9	0.3	0.3	0.3	0.3
专用设备制造业	44981.3	1608.5	193078.3	42101.5	1.3	1.3	1.1	1.1
汽车制造业	19048.2	138.4	26442.1	12923.8	0.3	0.4	0.4	0.3
铁路、船舶、航空航天和其他运输设备制造业	75473.5	9327.7	93272.9	21191.8	0.6	0.6	0.5	0.5
电气机械和器材制造业	-2450.3	-1237.5	12077.9	229.8	0.2	0.2	0.2	0.2
计算机、通信和其他电子设备制造业	213850.7	21970.8	780236.6	22347.3	8.5	5.4	5.4	8.5
仪器仪表制造业	10343.9	-1026.2	19210.1	5333.6	0.1	0.1	0.1	0.1
金属制品、机械和设备修理业	712.9	59.6	18020.5	4181.9	0.1	0.1	0.1	0.1
电力、热力生产和供应业	-110965.0	-259.0	116824.1	16818.2	0.7	0.7	0.7	0.7
燃气生产和供应业	-41085.5	10314.1	85851.2	19397.5	0.7	0.7	0.7	0.7
水的生产和供应业	-49388.9		47251.1	3610.2	0.3	0.3	0.3	0.3

主要经济指标（四）

单位：万元

亏损企业亏损总额	利税总额	应交税金及附加	营业收入利润率（%）	资产负债率（%）	总资产贡献率（%）	流动资产周转率（次/年）	每百元资产实现的营业收入（元）	产成品存货周转天数（天）	应收账款平均回收期（天）	成本费用利润率（%）
666842.9	**3519582.1**	**1910278.8**	**4.1**	**70.6**	**6.6**	**1.6**	**75.1**	**9.5**	**63.9**	**4.3**
160950.2	2021935.7	935466.6	17.5	80.8	13.5	1.0	44.0	6.1	48.8	20.8
48.8	1433.2	1482.0	−0.2	84.5	5.5	2.6	66.0	1.1	2.8	−0.2
	31115.6	9833.2	7.4	53.7	8.7	2.1	86.8	11.5	50.3	8.0
	24298.4	20049.6	4.1	80.7	20.8	3.0	119.2	55.7	5.1	4.7
	365555.2	320436.8	12.3	26.6	68.4	1.4	100.3	43.8	19.1	31.3
	864.1	834.3	0.6	92.7	2.2	2.0	38.5	13.7	76.7	0.6
5082.7	278086.3	74775.6	5.9	69.8	10.6	3.6	145.8	2	23.3	6.2
159527.3	−143019.2	8240.4	−23.0	111.7	−3.8	2.1	38.2	13.4	21.1	−18.8
	22467.1	6451.6	24.9	50.0	15.3	0.9	48.5	129.7	42.1	33.5
7427.1	−5766.0	1661.1	−12.9	105.2	−5.3	3.0	53.3	10.6	69.1	−11.6
5768.9	8795.6	7897.8	0.3	78.6	3.1	2.2	84.3	68.6	23.8	0.3
77041.1	524684.0	265083.4	2.4	53.1	4.7	3.7	85.9	8.7	9.8	2.4
	1380.2	352.7	1.0	50.6	3.3	2.8	149.8	19.8	21.9	1.0
	17910.9	9889.4	0.9	59.2	10.8	8.5	593.4	1.9	11.6	0.9
	9454.3	7062.0	1.4	71.7	3.1	0.7	54.6		130.4	1.5
	94649.8	51277.0	3.0	72.6	2.9	0.4	32.0	100	210.7	3.0
	33618.2	14708.4	1.3	95.4	4.3	2.2	174.9	1.9	141.9	1.4
1993.3	101338.0	35192.2	9.4	55.9	5.8	0.6	40.8	41.4	197.5	10.3
5867.2	−1864.8	−652.0	−1.8	68.8	0.1	0.6	34.2	127.1	170.8	−1.8
	262446.4	70566.5	1.6	71.7	2.4	1.7	151.9	3.5	105.8	1.6
74.5	16647.4	5277.3	7.6	45.3	4.0	0.5	31.0	7.6	232.1	8.3
	5453.2	4799.9	1.1	62.3	8.4	1.1	100.7	0.8	217.8	1.1
112888.1	−90107.0	20599.0	−12.1	70.7	−0.9	0.6	25.1		67.6	−10.3
80784.8	−17297.7	34101.9	−2.4	80.0	1.3	1.2	41.6	2.3	66.5	−2.3
49388.9	−44496.8	4892.1	−41.2	66.8	−7.4	0.7	22.3		102.3	−28.1

第九篇

交通运输和邮电

刘 阳 陈 娟

资料整理、审核

刘 阳 陈 娟

9-1　民用汽车拥有量

单位：辆

指　标	2022 年	2021 年	比 2021 年增长（%）
总计	**2152826**	**2004227**	**7.41**
一、汽车	2055115	1929212	6.53
# 载客汽车	1873000	1759947	6.42
载货汽车	170973	159415	7.25
其他汽车	11142	9850	13.12
# 个人汽车	1805488	1695563	6.48
二、电车	75	75	
三、摩托车	76647	47527	61.27
四、拖拉机	7916	7982	-0.83
五、挂车	20972	19412	8.04
六、其他类型	17	19	-10.53

9-2　公路运输线路长度

单位：公里

指　标	2022 年	2021 年
公路线路里程	**6730.46**	**6865.79**
#等级公路	6707.44	6842.77
#晴雨通车里程	6714.88	6850.21
#高速公路	292.21	292.75
小店区	583.98	652.26
迎泽区	147.32	161.71
杏花岭区	273.01	256.88
尖草坪区	393.51	397.86
万柏林区	424.28	445.37
晋源区	546.75	555.50
清徐县	1274.81	1275.74
阳曲县	1288.96	1287.13
娄烦县	794.22	809.83
古交市	1003.64	1023.51
每百平方公里平均里程	**97.42**	**99.37**

9-3 旅客运输量

指 标	2022 年	2021 年	2022 年比 2021 年增长（%）
旅客发送量总计（万人）			
铁 路	1290.03	2242.15	-42.46
民 航	552.70	999.53	-44.70

9-4 货物运输量

指 标	2022 年	2021 年	2022 年比 2021 年增长（%）
货物运输量总计（万吨）			
铁 路	4346.18	4390.02	-1.00
民 航	4.01	5.56	-28.00

9-5　公路通车里程

指　标	单位	2022 年	2022 年比 2021 年增长（%）
公路通车里程	**公里**	**6730.46**	**-2.0**
按隶属关系分			
国道	公里	624.05	-0.1
省道	公里	259.82	0.4
县公路	公里	1139.39	0.1
乡公路	公里	1569.67	-3.4
村道	公里	3120.79	-2.1
专用公路	公里	16.74	-45.5
按等级分			
等级里程	公里	6707.44	-2.0
高速	公里	292.21	-0.2
一级	公里	240.26	3.1
二级	公里	875.13	-2.5
三级	公里	1156.41	-1.8
四级	公里	4143.43	-2.3
等外里程	公里	23.02	0.0
等级公路占总里程比重	%	99.66	0.0
按铺装质量分			
有铺装路面里程	公里	6296.92	-1.5
占总里程比重	%	93.56	0.4
简易铺装路面里程	公里	264.55	-8.7
占总里程比重	%	3.93	-0.3
未铺装路面里程	公里	168.99	-6.7
占总里程比重	%	2.51	-0.1
百平方公里公路网密度	公里	97.42	-2.0

9-6 公路绿化里程

指 标	单位	2022 年	比 2021 年增长（%）
公路绿化里程	**公里**	**2936.93**	**-1.21**
国道	公里	417.88	1.28
省道	公里	174.84	0.98
县公路	公里	1120.48	-0.04
乡公路	公里	774.95	-6.13
村道	公里	432.05	4.59
专用公路	公里	16.74	-39.73
县级以下公路绿化率	**%**	**40.10**	**0.19**
县公路	%	98.34	-0.13
乡公路	%	49.37	-1.43
村道	%	13.84	0.89
专用公路	%	100.00	9.55

9-7 乡镇、村通公路、通油路情况

指 标	单位	数量
乡镇总数	**个**	**46**
通油路乡镇数	个	46
乡镇通油路率	%	100
行政村总数	**个**	**636**
通公路行政村数	个	636
行政村通公路率	%	100
通硬化路行政村数	个	636
行政村通油路率	%	100

注：根据市交通局提供数据。

9-8　2022年太原局铁路线路里程

线路名称	起始地点	营业里程（公里）	延展里程（公里）
京包	郭磊庄	155.5	432.507
太焦	修文	190.7	251.064
南同蒲	榆次客	478.29	1291.153
侯西	侯马站	76.597	218.007
侯月	侯马北	150.29	434.396
太中	K955+000	219.645	516.548
瓦日	瓦塘	499.779	1115.458
北同蒲	大同	334.65	1137.04
京原	灵丘	174.744	258.66
石太	赛鱼	105.24	430.403
口泉	平旺	9.73	100.496
宁岢	宁武	95.371	170.199
忻河	忻州	39.942	58.138
兰村	太原北六场	12.657	17.059
太北Ⅰ－Ⅵ场联	太原北一场		1.957
介西	介休	46.907	118.573
二峰山	翼城东	4.323	7.485
礼垣	礼元	44.28	53.431
大秦	韩家岭	652.0	1827.319
韩原	韩家岭	153.309	320.257
韩原	K0+000		11.229
太兴	太原北六场	164.297	319.645
吕临	173线路所	37.956	46.019
朔准	店坪南	212.396	260.617
西南环	皇后园	57.854	162.35
秦皇岛进出港	南大寺	1.566	9.96
湖大	湖东	21.762	64.81
孝柳	孝西	115.968	191.56
大秦四期煤码头	柳村站	0.448	66.709
秦东联络	秦东上联线路所	14.42	79.89
大秦津蓟上联	蓟县西	5.098	5.085
大秦津蓟下联	蓟县西		5.103
义万联	义棠		5.294
皇太联络	皇后园		5.767

9-8　续表 1

线路名称	起始地点	营业里程（公里）	延展里程（公里）
太北Ⅴ－Ⅵ场联	太原北		1.562
榆联	榆次客	1.8	0.698
介休洗选	义棠		11.701
洗选介西	介休工业		1.658
南联	东信号所	2.324	1.228
龙联	分解场	2.609	10.293
大包下发	大西二场		5.713
大包上引	大同北		3.43
薛梅	薛孤		8.782
大同北环	大西二场		15.681
同蒲大秦上联	西韩岭线路所	0.228	6.909
同蒲大秦下联	西韩岭线路所	5.75	5.813
云岗大秦上联	小站线路所		21.042
云岗大秦下联	云岗		15.604
汾太疏解	太原北六场		3.791
茶高联	茶坞	5.946	2.947
大段上联	大石庄	5.876	6.652
大段下联	大石庄	5.545	6.26
大秦三期煤码头	柳村站		68.862
侯北南环	侯马北		3.113
榆次联 1	榆次客		1.237
榆次联 2	榆次客		3.235
东港	滦南	49.278	164.651
高曲联	高显		17.055
迁曹	迁安北站		7.364
迁曹	迁安北	121.2	288.011
京唐港	葡萄线路所	9.112	17.647
滦菱	滦县	7.932	18.325
滦菱	滦县		1.291
太原南立折	鸣李		1.953
曹港	闫武营线路所	3.133	3.213
燕大上行联络	大同东		0.757
古大联络	大同东		19.282
白彪疏解	白彪线路所		8.029
货联	榆编Ⅳ场		21.646
义万疏解	四公里线所		1.824

9-8　续表 2

线路名称	起始地点	营业里程（公里）	延展里程（公里）
石太动车	太原南		4.854
大西动车	太原南		4.852
太南动车走行	太原南		47.835
运城北动车走行左	运城北		2.73
运城北动车走行右	运城北		3.621
侯西联络	侯马北	4.029	7.796
白文疏解	白文东		4.143
白文北疏解	白文东		4.189
吕临货联	173 线路所		5.307
吕临客联	西属巴	5.513	2.212
曹西	曹妃甸北	18.388	237.278
北东联络	陡泉右线路所		1.411
东北联络	三交东		5.776
东南联络	陡泉左线路所		1.224
岗樊联络	岗上线路所	4.427	9.319
太北Ⅳ－Ⅵ场联	太原北		2.713
西三下联	西张	5.028	5.439
西三上联	西张		4.116
太善村下联	太善村线路所	2.678	2.818
太善村上联	太善村线路所		3.422
大同南动走左	大同南		17.658
大同南动走右	大同南		0.905
刘家堡疏解	刘家堡线路所	4.237	10.319
石太客专	K222+400	10.5	20.967
石太客专	K232+900	3.613	9.536
大西高速	K261+428	11.257	75.902
大西高速	樊家庄线路所	524.372	1130.367
郑太客专	鸣李	8.457	29.714
郑太客专	襄垣东	163.827	339.802
张大客专	怀安	133.923	284.075
云岗	大西四场		0.924
玉门沟	太原西	12.934	41.698
邱家坡联络	店坡	1.022	0.351
中鼎联络	榆编Ⅱ场	14.244	6.879

9-9 邮电局（所）邮电线路及通信工具拥有量

指　标	单位	2022 年	2021 年	2022 年比 2021 年增长（%）
邮路总条数	条	305	473	-35.5
邮路总长度	公里	113542	98498	15.3
函件	万件	289.06	408.03	-29.2
包裹	万件	4.73	5.39	-12.2
快递	万件	31145.64	32177.63	-3.2
汇兑业务	万笔	2.24	4.85	-53.8
订销报纸	万份	12684.68	12545.94	1.1
订销杂志	万份	367.46	348.32	5.5
软交换接入设备容量	门		770491	
IMS 网络	门		3590000	

9-10 邮电业务量

指　标	单位	2022 年	2021 年	2022 年比 2021 年增长（%）
邮电业务总量	**万元**	**1255385**	**1149554**	**9.2**
邮政业务总量	万元	449800	331700	1.7
电信业务总量	万元	805585	707254	13.9
全市电话用户	**户**	**8811824**	**8438398**	**4.4**
固定电话用户	户	756475	696449	8.6
# 公用电话	户		72322	
移动电话用户	户	8055349	7741949	4.1
#3G 用户	户		271591	
4G 用户	户	3682280	4821389	-23.6
5G 用户	户	3952847	2179832	81.3
互联网用户	**户**		**6235289**	
# 宽带用户	户	2827579	2819583	0.3

注：1. 邮政业务总量由太原市邮政管理局提供。

2. 电信业务总量数据由太原联通、太原移动、太原电信、长城宽带等电信企业提供后加总计算。

第十篇

国内外贸易和旅游

李红令　董永新　刘文婷
张　媛　郭亚斐　刘嘉信

资料整理、审核

李红令　董永新　刘文婷
张　媛　郭亚斐　刘嘉信

10-1　社会消费品零售总额

单位：万元

指　标	2022 年	2021 年	比 2021 年增长（%）
社会消费品零售额	17613966.5	18739018.1	-6.0
一、按销售地区分			
城镇	16360344.7	17411769.7	-6.0
# 城区	11199846.2	13300790	-15.8
乡村	1253621.8	1327248.4	-5.5
二、消费形态分			
餐饮收入	943166.3	1070188.7	-11.9
商品零售	16670800.2	17668829.4	-5.6

10-2　批发和零售业、住宿和餐饮业连锁经营情况

	单位	2022 年	2021 年
门店总数	个	5514	4994
营业面积	平方米	1500312	1510638
经营餐饮业务餐位数	个	20670	19264
从业人数	人	32706	34139
商品购进总额	万元	2326618	2672608
# 统一配送商品购进额	万元	1348710	1599259
商品销售额	万元	2236590	2541121
# 零售额	万元	2177024	2541121
营业额	万元	107352	112018
餐费收入	万元	104784	109365

10-3 限额以上批发零售业

指 标	法人企业数（个）	从业人员期末人数（人）	商品购进额	# 进口
总 计	**2269**	**87669**	**85150105.8**	**1651853.8**
一、批发业	**1533**	**42913**	**76549208.3**	**1405576.4**
农、林、牧、渔产品批发	11	1386	59174.1	5022.5
谷物、豆及薯类批发	1	55	3138.4	
种子批发	2	168	18161.7	
畜牧渔业饲料批发	5	26	26356.7	5022.5
棉、麻批发	1	14	115.0	
林业产品批发	1	1090	9886.4	
其他农牧产品批发	1	33	1515.9	
食品、饮料及烟草制品批发	111	5820	1892841.4	31.3
米、面制品及食用油批发	11	263	135308.1	
糕点、糖果及糖批发	3	76	17339.5	
果品、蔬菜批发	6	389	313855.3	
肉、禽、蛋、奶及水产品批发	15	267	96611.0	
盐及调味品批发	10	402	94973.3	
营养和保健品批发	2	95	11067.0	
酒、饮料及茶叶批发	42	2194	563515.3	
烟草制品批发	1	689	506434.2	
其他食品批发	21	1445	153737.7	31.3
纺织、服装及家庭用品批发	52	2264	606047.4	
纺织品、针织品及原料批发	1	1	2274.0	
服装批发	14	983	106626.1	
鞋帽批发	1	80	5465.9	
化妆品及卫生用品批发	5	78	59127.2	
厨具卫具及日用杂品批发	8	288	32065.4	
灯具、装饰物品批发	1	33	4233.6	
家用视听设备批发	4	193	183962.3	
日用家电批发	15	333	203424.5	
其他家庭用品批发	3	275	8868.4	
文化、体育用品及器材批发	42	1240	894282.5	
文具用品批发	16	342	341558.0	

法人企业商品购进、销售和库存

单位：万元

商品销售额	批发额		零售额	期末商品库存额
		# 出口		
88379489.6	**78934435.3**	**514089.8**	**9427594.9**	**3463323.0**
79043005.5	**78121391.5**	**514089.8**	**905262.6**	**2320805.3**
129730.3	129730.3			74000.6
3139.7	3139.7			9116.4
26934.5	26934.5			25467.5
27016.6	27016.6			1738.5
117.1	117.1			
70744.4	70744.4			37465.0
1778.0	1778.0			213.2
2302130.2	2182759.3	56629.2	109625.1	319558.7
145171.8	134614.6	0.1	10557.2	10387.4
19436.6	18842.4		594.2	2083.1
349472.5	339215.9		10256.6	13043.1
99368.8	98025.9		1342.9	3843.1
123922.9	114096.6		9826.3	3604.4
17216.6	17216.6			959.0
639334.5	565489.3	54645.3	64099.4	252314.8
735052.9	735052.9			14302.9
173153.6	160205.1	1983.8	12948.5	19020.9
638512.9	555090.7	17565.4	83422.2	59346.0
2274.4	2274.4			
116135.4	109586.9		6548.5	24609.7
5943.8	5000.0		943.8	1.8
53091.4	53080.2		11.2	2488.1
41013.9	37936.0	14144.1	3077.9	4304.0
4516.8	4516.8			196.3
194343.1	175610.6		18732.5	15958.7
211510.7	159816.4	3421.3	51694.3	10044.7
9683.4	7269.4		2414.0	1742.7
963246.4	928177.7	50772.4	35068.7	64586.1
358034.7	341520.0		16514.7	28242.2

10–3 续表 1

指　标	法人企业数（个）	从业人员期末人数（人）	商品购进额	# 进口
体育用品及器材批发	7	239	83752.2	
图书批发	10	402	169873.9	
首饰、工艺品及收藏品批发	9	257	299098.4	
医药及医疗器材批发	184	10553	4961563.5	16114.9
西药批发	50	6298	3628769.5	8147.7
中药批发	23	1491	394858.8	
动物用药品批发	2	32	1462.2	
医疗用品及器材批发	109	2732	936473.0	7967.2
矿产品、建材及化工产品批发	816	15138	62041317.6	1328177.3
煤炭及制品批发	309	8975	44420146.2	512119.3
石油及制品批发	35	1285	3552582.2	3941.2
非金属矿及制品批发	1	3	5918.4	
金属及金属矿批发	292	2516	11227023.5	796893.5
建材批发	92	1127	1150126.5	3729.6
化肥批发	13	329	898034.9	
农药批发	2	43	24157.7	
其他化工产品批发	72	860	763328.2	11493.7
机械设备、五金产品及电子产品批发	293	5939	2178848.2	37449.8
汽车及零配件批发	65	1026	402908.6	
摩托车及零配件批发	5	93	37637.8	
五金产品批发	32	433	130918.8	
电气设备批发	12	230	50618.0	
计算机、软件及辅助设备批发	40	1078	274211.3	6143.5
通讯设备批发	28	542	441769.4	
其他机械设备及电子产品批发	111	2537	840784.3	31306.3
贸易经纪与代理	4	24	28766.4	18702.0
贸易代理	4	24	28766.4	18702.0
其他批发业	20	549	3886367.2	78.6
再生物资回收与批发	1	6	4980.8	
宠物食品用品批发	1	41	7580.8	
互联网批发	11	277	3818939.9	78.6
其他未列明批发业	7	225	54865.7	
内资企业	1524	42425	76072458.3	1384838.7
国有企业	3	737	728708.8	

单位：万元

商品销售额	批发额	#出口	零售额	期末商品库存额
109496.9	105780.3	47777.6	3716.6	12329.2
194878.4	192754.1		2124.3	7930.2
300836.4	288123.3	2994.8	12713.1	16084.5
5281819.1	5144825.4	18510.4	133649.2	518462.8
3802629.1	3690416.5	54.8	112212.6	384540.9
407728.1	407728.1			45431.7
3934.7	3934.7			1208.8
1067527.2	1042746.1	18455.6	21436.6	87281.4
63360290.3	63100486.5	258871.5	257131.7	1000066.3
45326349.0	45198003.2	45758.7	127509.6	394912.9
3573431.2	3534631.8		38799.4	179819.3
6369.5	6369.5			3.4
11491208.4	11422145.7	153489.9	67226.8	314203.3
1210766.6	1198513.2	5937.0	12253.4	64428.0
908122.6	908026.5	19993.4	96.1	20771.5
27872.0	27872.0			
816171.0	804924.6	33692.5	11246.4	25927.9
2379327.9	2187731.3	72368.4	191596.6	275780.2
416619.0	394903.2	16906.4	21715.8	44006.7
39884.7	35114.4		4770.3	6225.4
151077.4	150263.5	18559.2	813.9	15081.6
63335.2	61601.7		1733.5	6956.4
309162.8	277465.5		31697.3	45992.4
462325.6	408507.2		53818.4	36798.5
936923.2	859875.8	36902.8	77047.4	120719.2
31190.6	30464.9		136.7	158.0
31190.6	30464.9		136.7	158.0
3956757.8	3862125.4	39372.5	94632.4	8846.6
5171.6	5171.6			1983.8
8135.2	8066.2		69	1271.1
3883663.4	3789100.0	39372.5	94563.4	2800.7
59787.6	59787.6			2791.0
78506337.8	77602904.7	494115.5	887081.7	2298488.5
959132.1	959132.1			14302.9

10-3 续表 2

指 标	法人企业数（个）	从业人员期末人数（人）	商品购进额	# 进口
集体企业	2	21	3308.8	
股份合作企业	1	14	1700.2	
有限责任公司	276	18208	48014752.6	1200713.7
国有独资公司	27	1646	8998552.1	683555.2
其他有限责任公司	249	16562	39016200.5	517158.5
股份有限公司	8	1743	6576985.4	
私营企业	1234	21702	20747002.5	184125
私营独资企业	2	30	7088.5	
私营有限责任公司	1209	21102	20463981.1	184125.0
私营股份有限公司	23	570	275932.9	
港、澳、台商投资企业	3	233	386775.1	
与港澳台商合资经营企业	1	58	9673.0	
港澳台商独资企业	1	80	7999.2	
港澳台商投资股份有限公司	1	95	369102.9	
外商投资企业	6	255	89974.9	20737.7
中外合资经营企业	3	81	46514.3	19308.6
外资企业	2	152	15402.1	
外商投资股份有限公司	1	22	28058.5	1429.1
国有控股	160	15045	49070419.0	1201485.9
集体控股	8	165	1034033.1	
私人控股	1361	27413	26411681.9	204090.5
港澳台商控股	2	138	17672.2	
外商控股	2	152	15402.1	
独立门店	824	20295	31252932.8	1225740.3
连锁总店（总部）	7	231	86831.7	
连锁直营店	1	25	1067.1	
连锁加盟店	4	476	28329.1	
其他	697	21886	45180047.6	179836.1
大型	19	9461	22768347.8	
中型	321	20726	36483592.6	1356704.9
小型	793	11219	11904399.9	42780.6
微型	400	1507	5392868.0	6090.9
城镇	1405	38829	73438263.6	1399432.9
其中：城区	1130	30520	47683314.3	1338787

单位：万元

商品销售额	批发额		零售额	期末商品库存额
		# 出口		
4019.2	3923.1		96.1	619.2
1838.7	1838.7			82.0
48829769.4	48440074.7	202418.9	389694.7	1126523.0
9107123.3	9097359.5	43756.9	9763.8	96411.2
39722646.1	39342715.2	158662.0	379930.9	1030111.8
6887043.6	6887043.6			99788.1
21824534.8	21310892.5	291696.6	497290.9	1057173.3
8115.0	8115.0			361.9
21508194.9	21006919.0	291696.6	484924.5	1037339.9
308224.9	295858.5		12366.4	19471.5
426449.1	426058.4		390.7	8530.7
6396.7	6006.0		390.7	8530.7
11205.3	11205.3			
408847.1	408847.1			
110218.6	92428.4	19974.3	17790.2	13786.1
58220.8	58220.8	223.2		10594.5
19085.7	1295.5	1295.5	17790.2	3111.6
32912.1	32912.1	18455.6		80.0
50170796.4	49889491.6	118894.5	281304.8	952237.1
1055159.7	1053945.5		1214.2	31640.9
27780361.7	27159447.6	393899.8	604562.7	1325285.0
17602.0	17211.3		390.7	8530.7
19085.7	1295.5	1295.5	17790.2	3111.6
32317236.7	31885094.4	95009.1	421019.7	1120372.9
82852.0	77973.2		4878.8	10517.8
1069.4	1069.4			0.4
32460.9	27671.7		4789.2	3019.0
46609386.5	46129582.8	419080.7	474574.9	1186895.2
23721422.0	23613407.3	54645.3	108014.7	479680.4
37297091.2	37016875.2	178842.5	280216.0	1137168.5
12459440.8	12199295.9	246406.2	260144.9	559835.6
5565051.5	5291813.1	34195.8	256887.0	144120.8
75715875.6	74864187.0	452537.6	845083.0	2163546.7
49430477.6	48773931.0	308360.8	651366.2	1629827.0

10-3　续表 3

指　标	法人企业数（个）	从业人员期末人数（人）	商品购进额	#进口
乡村	128	4084	3110944.7	6143.5
港商投资	3	233	386775.1	
澳商投资	2	153	378775.9	
台投资商	1	58	9673.0	
二、零售业	**736**	**44756**	**8600897.5**	**246277.4**
综合零售	49	9294	1127056.1	
百货零售	19	1705	127418.0	
超级市场零售	25	7500	869404.3	
便利店零售	4	69	129293.8	
其他综合零售	1	20	940.0	
食品、饮料及烟草制品专门零售	89	3691	526375.0	
粮油零售	9	196	13374.4	
糕点、面包零售	3	143	14651.4	
果品、蔬菜零售	5	88	11326.3	
肉、禽、蛋、奶及水产品零售	8	988	54806.3	
营养和保健品零售	4	94	5729.9	
酒、饮料及茶叶零售	31	841	164837.8	
烟草制品零售	2	109	4262.8	
其他食品零售	27	1232	257386.1	
纺织、服装及日用品专门零售	56	3619	290572.8	316.3
纺织品及针织品零售	1	122	18563.9	
服装零售	31	2327	173722.4	316.3
鞋帽零售	4	205	8915.9	
化妆品及卫生用品零售	7	537	33452.8	
厨具卫具及日用杂品零售	4	157	12280.5	
钟表、眼镜零售	4	214	35412.8	
自行车等代步设备零售	3	28	4786.4	
其他日用品零售	2	29	3438.1	
文化、体育用品及器材专门零售	31	1172	115708.0	1373.9
文具用品零售	2	23	1114.7	
体育用品及器材零售	3	68	13063.8	1373.9
图书、报刊零售	5	390	30092.2	
音像制品、电子和数字出版物零售	1	10	1315.9	
珠宝首饰零售	12	605	56529.9	

单位：万元

商品销售额	批发额	#出口	零售额	期末商品库存额
3327129.9	3257204.5	61552.2	60179.6	157258.6
426449.1	426058.4		390.7	8530.7
415243.8	414853.1		390.7	8530.7
6396.7	6006.0		390.7	8530.7
9336484.1	813043.8		8522332.3	1142517.7
1516458.7	1554.3		1514904.4	165450.4
478782.5			478782.5	118501.8
897676.2	30		897646.2	45855.9
138449.0	1524.3		136924.7	969.2
1551.0			1551.0	123.5
558211.1	60623		497588.1	63673.1
15540.7	599.5		14941.2	2636.3
14758.0			14758.0	547.4
11799.6	1269.7		10529.9	77.5
65275.9	8297.2		56978.7	1556.5
6309.3	3009.4		3299.9	3052.8
176511.0	40509.7		136001.3	34212.6
5123.2			5123.2	1599.7
262893.4	6937.5		255955.9	19990.3
402328.7	38599.7		363729.0	100600.1
29233.9			29233.9	12665.2
255163.5	20243.6		234919.9	69849.1
10648.4			10648.4	1049.0
39117.9	7320.9		31797.0	9147.2
13930.4	3755.1		10175.3	4755.1
45307.1	6461.4		38845.7	2051.9
5198.5	818.7		4379.8	249.6
3729.0			3729.0	833.0
137203.5	10985.8		126217.7	26350.7
1200.1			1200.1	66.8
16048.6	2257.7		13790.9	1426.9
36213.3	133.6		36079.7	6667.2
1605.9	1043.8		562.1	780.7
67611.1	6569.2		61041.9	11326.0

10-3 续表 4

指 标	法人企业数（个）	从业人员期末人数（人）	商品购进额	# 进口
工艺美术品及收藏品零售	1	9	2589.2	
乐器零售	6	62	7222.6	
照相器材零售	1	5	3779.7	
医药及医疗器材专门零售	36	9213	418169.9	
西药零售	24	8792	389647.3	
中药零售	5	226	11507.4	
动物用药品零售	2	38	4389.5	
医疗用品及器材零售	5	157	12625.7	
汽车、摩托车、零配件和燃料及其他动力销售	282	13329	4642945.1	242888
汽车新车零售	205	9806	3497833.1	242888
汽车零配件零售	10	187	10289.0	
摩托车及零配件零售	12	145	33399.0	
机动车燃油零售	51	3131	1088573.9	
机动车燃气零售	3	60	12593.0	
机动车充电销售	1		257.1	
家用电器及电子产品专门零售	109	1920	421642.2	500
日用家电零售	45	874	229026.2	500
计算机、软件及辅助设备零售	23	390	36712.2	
通信设备零售	33	587	147774.5	
其他电子产品零售	8	69	8129.3	
五金、家具及室内装饰材料专门零售	37	326	46791.9	0.3
五金零售	11	80	16296.5	0.3
灯具零售	1	11	2935.0	
家具零售	7	83	4619.2	
卫生洁具零售	2	11	1196.3	
木质装饰材料零售	5	15	4741.0	
陶瓷、石材装饰材料零售	4	95	7798.2	
其他室内装饰材料零售	7	31	9205.7	
货摊、无店铺及其他零售业	47	2192	1011636.5	1198.9
互联网零售	43	1925	969733.8	1198.9
生活用燃料零售	1	186	35569.1	
其他未列明零售业	3	81	6333.6	
内资企业	725	43158	7797160.6	185158

单位：万元

商品销售额	批发额	#出口	零售额	期末商品库存额
2797.8	981.5		1816.3	1180.7
7771.4			7771.4	4829.8
3955.3			3955.3	72.6
544770.4	8995.2		535775.2	86894.0
507429.9	6263.2		501166.7	82047.9
13025.5			13025.5	2975.3
4861.8	2430.5		2431.3	842.4
19453.2	301.5		19151.7	1028.4
4652824.7	514956.4		4136878.6	594365.3
3533235.2	110171.3		3422292.5	473505.7
15212.8	1826.7		13386.1	2496.1
34394.7	3845.4		30549.3	11228.7
1055005.1	392831.9		662173.2	107027.1
14589.0	6281.1		8307.9	107.7
387.9			169.6	
451858.1	68378.5		383479.6	54192.2
236343.1	23033.8		213309.3	34829.2
45004.3	13259.3		31745.0	6981.8
160690.2	31140.8		129549.4	10445.9
9820.5	944.6		8875.9	1935.3
54061.1	7441.9		46619.2	8698.1
18279.9	6784.8		11495.1	2105.0
3179.7			3179.7	71.0
5634.2	347.3		5286.9	1738.1
1934.4			1934.4	608.7
5052.2	309.8		4742.4	1006.5
10247.9			10247.9	98.9
9732.8			9732.8	3069.9
1018767.8	101509.0		917140.5	42293.8
971793.5	84523.2		887152.0	40570.7
39207.5	16852.4		22355.1	32.2
7766.8	133.4		7633.4	1690.9
8481059.2	615578.1		7864373.1	1095299.7

10–3 续表 5

指 标	法人企业数（个）	从业人员期末人数（人）	商品购进额	# 进口
国有企业	3	107	11995.1	
集体企业	7	161	14993.8	
有限责任公司	137	14599	3113760.2	114978.0
国有独资公司	4	398	36438.2	
其他有限责任公司	133	14201	3077322.0	114978.0
股份有限公司	5	792	294656.4	
私营企业	572	27485	4361403.0	70180.0
私营独资企业	7	139	4066.6	
私营有限责任公司	551	23103	3687427.9	70180
私营股份有限公司	14	4243	669908.5	
其他企业	1	14	352.1	
港、澳、台商投资企业	5	573	283130.5	42239.9
与港澳台商合资经营企业	1	163	102842.4	42239.9
港澳台商独资企业	4	410	180288.1	
外商投资企业	6	1025	520606.4	18879.5
外资企业	6	1025	520606.4	18879.5
国有控股	31	7667	1148888.3	24556.2
集体控股	13	583	117904.9	2200.6
私人控股	680	34894	6530015.3	158401.2
港澳台商控股	5	573	283130.5	42239.9
外商控股	6	1025	520606.4	18879.5
其他	1	14	352.1	
独立门店	567	25260	4928223.2	243704.3
连锁总店（总部）	33	9120	1419002.8	
连锁直营店	17	6453	825237.6	
连锁加盟店	8	129	9928.9	
其他	111	3794	1418505.0	2573.1
大型	20	18585	2581273.2	
中型	152	17265	3338412.4	206740.5
小型	328	7850	1456301.7	35771.6
微型	236	1056	1224910.2	3765.3
有店铺零售	657	42057	7554711.3	243704.6
便利店	6	800	346199.1	

单位：万元

商品销售额	批发额	#出口	零售额	期末商品库存额
13932.3	6365.2		7567.1	127.1
17113.2	422.3		16690.9	315.6
3284408.9	333963.9		2950326.7	433575.5
42926.1			42926.1	6041.1
3241482.8	333963.9		2907400.6	427534.4
314358.7	2145		312213.7	10816.9
4850655.7	272681.7		4576984.3	650461.7
5081.2	458.9		4622.3	438.4
4160416.3	263355.8		3896070.8	624760.3
685158.2	8867.0		676291.2	25263.0
590.4			590.4	2.9
311961.0	1043.6		310917.4	17021.9
108308.1			108308.1	10901.3
203652.9	1043.6		202609.3	6120.6
543463.9	196422.1		347041.8	30196.1
543463.9	196422.1		347041.8	30196.1
1194207.6	230644.5		963563.1	189835.4
129794.0	6442.4		123351.6	16354.4
7156467.2	378491.2		6776868.0	889107.0
311961.0	1043.6		310917.4	17021.9
543463.9	196422.1		347041.8	30196.1
590.4			590.4	2.9
5519714.9	463535.9		5055189.3	794151.8
1593682.1	217264.9		1376417.2	118608.8
862558.7	5466.1		857092.6	52182.6
11531.8	2133.6		9398.2	3189.5
1348996.6	124643.3		1224235.0	174385.0
2776337.0	302021.0		2474316.0	289506.2
3742397.4	136204.0		3606193.4	551401.1
1567131.8	238288.5		1328843.3	226688.4
1250617.9	136530.3		1112979.6	74922.0
8268330.3	708759.1		7558581.5	1083151.9
355844.0	2006.3		353837.7	11965.6

10-3 续表 6

指　标	法人企业数（个）	从业人员期末人数（人）	商品购进额	# 进口
超市	42	8015	908501.6	
仓储会员店	2	2	2003.0	
百货店	24	1363	61200.9	0.3
购物中心	14	1524	154892.1	
专业店	287	17297	2452174.7	37348.1
品牌专卖店	253	12638	3579854.1	205856.2
集合店	29	418	49885.8	500
无店铺零售	79	2699	1046186.2	2572.8
网络零售	39	1927	966014.7	
电视 / 广播零售	1	14	3429.0	
邮寄零售	5	44	6739.6	1198.9
电话零售	2	126	5891.0	
其他	32	588	64111.9	1373.9
有店铺零售	660	42214	7604747.2	243704.6
便利店	11	1255	489220.1	
超市	48	8144	968934.1	
仓储会员店	3	15	2419.8	
百货店	35	2340	207601.9	316.6
购物中心	21	1658	220060.4	
专业店	297	17602	2553618.7	37348.1
品牌专卖店	265	13241	3621748.8	205856.2
集合店	33	484	58090.4	500.0
无店铺零售	93	7542	1946431.3	2573.1
网络零售	55	6730	1853756.8	1199.2
电视 / 广播零售	1	14	3429.0	
邮寄零售	6	128	11657.7	1198.9
电话零售	2	126	5891.0	
其他	42	942	118846.8	1373.9
城镇	692	42536	8020163.5	246277.4
其中：城区	586	36872	6320564.2	199222.5
乡村	44	2220	580734.0	
港商投资	5	573	283130.5	42239.9
澳商投资	3	485	174894.7	42239.9
台投资商	4	526	177374.6	42239.9

单位：万元

商品销售额	批发额	# 出口	零售额	期末商品库存额
947836.4	4199.2		943637.2	52959.0
2382.0			2382.0	66.5
241260.2	2163.9		239096.3	11214.0
371547.9	429.4		371118.5	149784.6
2570779.1	488690.0		2081870.8	378087.2
3725166.2	195405.8		3528989.0	463351.2
53514.5	15864.5		37650.0	15723.8
1068153.8	104284.7		963750.8	59365.8
964999.4	84867.3		880013.8	40523.1
3731.7			3731.7	556.6
11087.8			11087.8	2537.3
6648.5	2350.9		4297.6	2870.9
81686.4	17066.5		64619.9	12877.9
8321662.3	709164.4		7611389.9	1091308.1
429822.2	28632.6		401189.6	84115.8
1022463.7	5102.6		1017242.8	55318.7
2947.9	364.7		2583.2	80.1
598831.2	3688.2		595143.0	125376.9
449481.0	33617		415745.7	157715.7
2673009.8	494549.7		2178241.8	395225.9
3785382.4	197114.8		3587496.2	471202.1
62029.1	16545.7		45483.4	17216.8
1979158.0	115625.1		1863414.6	96090.4
1871068.7	92632.3		1778318.1	72781.8
3731.7			3731.7	556.6
16596.3	2350.9		14245.4	5295.0
6648.5	2350.9		4297.6	2870.9
136551.2	23054		113497.2	24802.2
8723920.7	738999.3		7983813.4	1097135.8
7056526.1	625634.6		6429901.8	891438.7
612563.4	74044.5		538518.9	45381.9
311961.0	1043.6		310917.4	17021.9
200092.3			200092.3	15363.1
203859.5			203859.5	15701.5

10-4 限额以上住宿业和

指 标	法人企业数（个）	从业人员期末人数（人）	营业额
总计	**521**	**31603**	**619937.1**
一、住宿业	**186**	**11260**	**186264.9**
旅游饭店	111	8502	137131.5
旅游饭店	111	8502	137131.5
一般旅馆	72	2707	47302.1
经济型连锁酒店	29	848	18928.1
其他一般旅馆	43	1859	28374.0
其他住宿业	3	51	1831.3
其他住宿业	3	51	1831.3
内资企业	186	11260	186264.9
国有企业	7	3390	52086.5
集体企业	1	27	122.6
有限责任公司	32	3615	54321.7
国有独资公司	9	1316	14344.5
其他有限责任公司	23	2299	39977.2
私营企业	146	4228	79734.1
私营独资企业	3	130	1528.2
私营有限责任公司	143	4098	78205.9
国有控股	24	5567	86925.7
集体控股	1	27	122.6
私人控股	160	5129	93808.1
其他	1	537	5408.5
大型	1	1261	25094.7
中型	11	4318	61917.6
小型	150	5562	92723.8
微型	24	119	6528.8
城镇	184	11142	184460.8
城区	165	10212	166005.2
乡村	2	118	1804.1
二、餐饮业	**335**	**20343**	**433672.2**
正餐服务	317	13444	293914.5
正餐服务	317	13444	293914.5
快餐服务	5	5955	114475.3
快餐服务	5	5955	114475.3
饮料及冷饮服务	7	240	8362.7

餐饮业经营情况（一）

单位：万元

客房收入	#通过公共网络实现的客房收入	#通过非自营平台实现的客房收入	餐费收入
123008.9	**16051.8**	**4846.5**	**432701.4**
101381.2	**14311.9**	**4322.1**	**45182.6**
67125.6	8991.6	2310.7	37408.2
67125.6	8991.6	2310.7	37408.2
32632.2	5200.6	2011.4	7566.5
14866.6	1969.7	685.5	2744.6
17765.6	3230.9	1325.9	4821.9
1623.4	119.7		207.9
1623.4	119.7		207.9
101381.2	14311.9	4322.1	45182.6
10724.6	358.7	85.5	18017.7
36.2			
22840.2	1751.4	1240.2	18711.3
4988.1	400.8	273.5	6559.5
17852.1	1350.6	966.7	12151.8
67780.2	12201.8	2996.4	8453.6
1335.6			188.9
66444.6	12201.8	2996.4	8264.7
22141.7	692.2	273.5	31127.8
36.2			
77511.1	13534.2	3963.1	12249.8
1692.2	85.5	85.5	1805.0
4225.1	251.6		6842.7
17576.8	745.1	745.1	25834.8
73432.1	11818.7	3387.6	12214.2
6147.2	1496.5	189.4	290.9
100425.8	14265.7	4275.9	44916.1
87045.8	11773.4	3160.4	41009.0
955.4	46.2	46.2	266.5
21627.7	**1739.9**	**524.4**	**387518.8**
21627.7	1739.9	524.4	256168.7
21627.7	1739.9	524.4	256168.7
			108956.2
			108956.2
			8093.2

10-4 续表

指　标	法人企业数（个）	从业人员期末人数（人）	营业额
咖啡馆服务	2	75	3813.7
其他饮料及冷饮服务	5	165	4549.0
餐饮配送及外卖送餐服务	1	18	2077.1
餐饮配送服务	1	18	2077.1
其他餐饮业	5	686	14842.6
小吃服务	2	40	1258.5
其他未列明餐饮业	3	646	13584.1
内资企业	331	15022	328236.1
国有企业	1	37	3.6
股份合作企业	1	43	355.6
有限责任公司	56	3408	74824.2
国有独资公司	4	115	2658.9
其他有限责任公司	52	3293	72165.3
私营企业	273	11534	253052.7
私营独资企业	11	306	3849.9
私营合伙企业	1	13	376.2
私营有限责任公司	259	11175	247419.9
私营股份有限公司	2	40	1406.7
港、澳、台商投资企业	2	1486	30965.3
港澳台商独资企业	2	1486	30965.3
外商投资企业	2	3835	74470.8
外资企业	2	3835	74470.8
国有控股	13	1273	24821.6
集体控股	1	39	950.5
私人控股	317	13710	302464.0
港澳台商控股	2	1486	30965.3
外商控股	2	3835	74470.8
大型	2	5292	104531.6
中型	29	6002	111567.3
小型	239	8740	197777.5
微型	65	309	19795.8
城镇	332	20237	430377.7
其中：城区	286	18827	395987.3
乡村	3	106	3294.5
港商投资	1	1457	30163.6
澳商投资	1	1457	30163.6
台投资商	2	1486	30965.3

单位：万元

客房收入	#通过公共网络实现的客房收入	#通过非自营平台实现的客房收入	餐费收入
			3605.4
			4487.8
			14300.7
			1258.5
			13042.2
21627.7	1739.9	524.4	284533.9
			3.6
37.2			259.1
7420.9	496.8		62400.5
34.9			2427.6
7386	496.8		59972.9
14169.6	1243.1	524.4	221870.7
217.1			3632.8
			376.2
13952.5	1243.1	524.4	216455.0
			1406.7
			28514.5
			28514.5
			74470.4
			74470.4
6970.4	472.9		15242.4
			950.5
14657.3	1267	524.4	268341.0
			28514.5
			74470.4
			102080.8
11334.6	1397.4	519.3	91338.5
9289.1	342.5	5.1	175894.3
1004			18205.2
21382.8	1739.9	524.4	386620.6
20197.5	1717.4	524.4	355412.6
244.9			898.2
			27712.8
			27712.8
			28514.5

10-5 限额以上住宿业和

指 标	餐费收入			
	#通过公共网络实现的餐费收入	#通过非自营平台实现的餐费收入	商品销售额收入	其他收入
总计	**36076.7**	**2819.1**	**8158.6**	**56068.2**
一、住宿业	**765.4**	**474.4**	**858.9**	**38842.2**
旅游饭店	524.6	413.0	279.4	32318.3
旅游饭店	524.6	413.0	279.4	32318.3
一般旅馆	240.8	61.4	579.5	6523.9
经济型连锁酒店	176.9		72.3	1244.6
其他一般旅馆	63.9	61.4	507.2	5279.3
其他住宿业				
其他住宿业				
内资企业	765.4	474.4	858.9	38842.2
国有企业	0.4	0.4	103.7	23240.5
集体企业				86.4
有限责任公司	295.3	117.7	448.1	12322.1
国有独资公司	118.4	117.7	1	2795.9
其他有限责任公司	176.9		447.1	9526.2
私营企业	469.7	356.3	307.1	3193.2
私营独资企业			3.6	0.1
私营有限责任公司	469.7	356.3	303.5	3193.1
国有控股	118.4	117.7	382.8	33273.4
集体控股				86.4
私人控股	646.6	356.3	476.1	3571.1
其他	0.4	0.4		1911.3
大型				14026.9
中型	179.5	179.5	150.1	18355.9
小型	585.9	294.9	699.5	6378.0
微型			9.3	81.4
城镇	765.4	474.4	858.9	38260.0
城区	523.5	411.9	660.9	37289.5
乡村				582.2
二、餐饮业	**35311.3**	**2344.7**	**7299.7**	**17226.0**
正餐服务	7627.3	2344.7	2947.6	13170.5
正餐服务	7627.3	2344.7	2947.6	13170.5
快餐服务	25436.9		4207.1	1312.0
快餐服务	25436.9		4207.1	1312.0
饮料及冷饮服务	2247.1		145.0	124.5

餐饮业经营情况（二）

单位：万元

客房数（间）	床位数（个）	餐位数（位）	年末餐饮营业面积（平方米）
27316	42550	181301	1091207.0
21823	33671	25833	410104.0
14214	21977	18433	278210.0
14214	21977	18433	278210.0
7252	11185	7210	120743.0
3112	4501	2236	61770.0
4140	6684	4974	58973.0
357	509	190	11151.0
357	509	190	11151.0
21823	33671	25833	410104.0
1634	2638	4448	28944.0
48	96		
4911	7878	8430	125246.0
1109	1914	2665	19625.0
3802	5964	5765	105621.0
15230	23059	12955	255914.0
371	700	600	5200.0
14859	22359	12355	250714.0
4218	7009	10113	99854.0
48	96		
17209	25991	15320	305390.0
348	575	400	4860.0
390	524	626	2000.0
2823	4577	8527	78792.0
17088	26601	16596	318080.0
1522	1969	84	11232.0
21701	33458	25702	408828.0
19397	30112	22895	350277.0
122	213	131	1276.0
5493	8879	155468	681103.0
5493	8879	132455	577994.0
5493	8879	132455	577994.0
		21220	72576.0
		21220	72576.0
		151	2461.0

10–5 续表

指　标	餐费收入			
	# 通过公共网络实现的餐费收入	# 通过非自营平台实现的餐费收入	商品销售额收入	其他收入
咖啡馆服务	0.1		92.9	115.4
其他饮料及冷饮服务	2247.0		52.1	9.1
餐饮配送及外卖送餐服务				2077.1
餐饮配送服务				2077.1
其他餐饮业				541.9
小吃服务				
其他未列明餐饮业				541.9
内资企业	9874.4	2344.7	6160.9	15913.6
国有企业				
股份合作企业				59.3
有限责任公司	3952.0	801.5	2003.1	2999.7
国有独资公司				196.4
其他有限责任公司	3952	801.5	2003.1	2803.3
私营企业	5922.4	1543.2	4157.8	12854.6
私营独资企业				
私营合伙企业	7.2			
私营有限责任公司	5915.2	1543.2	4157.8	12854.6
私营股份有限公司				
港、澳、台商投资企业	25436.9		1138.8	1312.0
港澳台商独资企业	25436.9		1138.8	1312.0
外商投资企业				0.4
外资企业				0.4
国有控股	603.5		280.1	2328.7
集体控股				
私人控股	9270.9	2344.7	5880.8	13584.9
港澳台商控股	25436.9		1138.8	1312.0
外商控股				0.4
大型	25436.9		1138.8	1312.0
中型	1803.1	706.7	2755.1	6139.1
小型	6499.3	763.4	3166.1	9428.0
微型	1572	874.6	239.7	346.9
城镇	35311.3	2344.7	7299.7	15074.6
其中：城区	33934.0	2193.8	5748.8	14628.4
乡村				2151.4
港商投资	25436.9		1138.8	1312.0
澳商投资	25436.9		1138.8	1312.0
台投资商	25436.9		1138.8	1312.0

单位：万元

客房数（间）	床位数（个）	餐位数（位）	年末餐饮营业面积（平方米）
		4	50.0
		147	2411.0
		1642	28072.0
		100	520.0
		1542	27552.0
5493	8879	136373	615393.0
85	167	300	900.0
24	51	300	2000.0
1778	2729	16549	86493.0
54	54	616	3520
1724	2675	15933	82973
3606	5932	119224	526000.0
87	164	4137	14441.0
		46	116.0
3519	5768	114477	508243.0
		564	3200.0
		5460	21850.0
		5460	21850.0
		13635	43860.0
		13635	43860.0
1475	2318	5456	31112.0
		154	1915.0
4018	6561	130763	582366.0
		5460	21850.0
		13635	43860.0
		19070	65111.0
1702	2681	29412	171822.0
3329	5452	96968	410306.0
462	746	10018	33864.0
5279	8485	154068	662164.0
4790	7641	139238	586420.0
214	394	1400	18939.0
		5435	21251.0
		5435	21251.0
		5460	21850.0

10-6 限额以上批发和零售业

指标名称	法人企业数（个）	执行《2006年企业会计准则》企业数（个）	年初存货	期末资产负债
				流动资产合计
总计	**2269**	**1389**	**2915998.9**	**38800486.2**
一、批发业	**1533**	**925**	**2210470.6**	**35461079.1**
农、林、牧、渔产品批发	11	7	79952.3	314635.0
谷物、豆及薯类批发	1	1	9122.4	9871.0
种子批发	2	2	25054.6	47752.1
畜牧渔业饲料批发	5	2	1222.1	5971.6
棉、麻批发	1	1	4.7	3309.7
林业产品批发	1	1	44297.2	247054.8
其他农牧产品批发	1		251.3	675.8
食品、饮料及烟草制品批发	111	75	252092.2	1079111.0
米、面制品及食用油批发	11	5	8889.9	24454.6
糕点、糖果及糖批发	3	2	1301.6	10387.3
果品、蔬菜批发	6	6	9623.1	129920.7
肉、禽、蛋、奶及水产品批发	15	9	2888.7	24320.1
盐及调味品批发	10	7	11787.2	128503.9
营养和保健品批发	2	2	410.6	10549.2
酒、饮料及茶叶批发	42	28	184390.4	445018.2
烟草制品批发	1	1	17840.0	229230.8
其他食品批发	21	15	14960.7	76726.2
纺织、服装及家庭用品批发	52	32	72498.1	356579.8
纺织品、针织品及原料批发	1			28.8
服装批发	14	12	19072.0	64470.9
鞋帽批发	1	1	26.4	6069.1
化妆品及卫生用品批发	5	1	2077.0	7165.6
厨具卫具及日用杂品批发	8	3	3000.8	16566.4
灯具、装饰物品批发	1	1	196.4	1478.7
家用视听设备批发	4	2	34680.3	110107.2
日用家电批发	15	10	11696.9	144156.2
其他家庭用品批发	3	2	1748.3	6536.9
文化、体育用品及器材批发	42	24	59290.7	472283.2
文具用品批发	16	6	25210.6	117081.3
体育用品及器材批发	7	4	14477.5	75117.6
图书批发	10	9	6686.7	253795.3
首饰、工艺品及收藏品批发	9	5	12915.9	26289.0
医药及医疗器材批发	184	126	363446.6	3596987.3
西药批发	50	39	246730.6	2412002.5
中药批发	23	14	40598.7	306461.0
动物用药品批发	2		2479.0	4925.6
医疗用品及器材批发	109	73	73638.3	873598.2
矿产品、建材及化工产品批发	816	480	1083525.0	27885327.2
煤炭及制品批发	309	204	477959.1	23607105.2
石油及制品批发	35	25	124052.1	797732.0
非金属矿及制品批发	1	1	2.9	215.0
金属及金属矿批发	292	164	372166.8	2061053.6

法人企业财务状况（一）

单位：万元

应收账款	存货	固定资产原价	累计折旧	本年折旧
6221247.8	3241757.7	1522049.4	793529.2	116110.5
5904881.1	2329831.3	894977.6	478891.3	73164.7
54646.7	74439.2	23202.5	9135.0	900.8
287.4	9116.4	6302.8	2215.5	200.7
4134.2	25919.4	5678.3	3511.3	311.5
125.1	1733.1	227.2	58.6	24.6
113.5	3.3	2762.1		
49796.6	37478.6	8222.6	3349.4	363.9
189.9	188.4	9.5	0.2	0.1
159876.1	306910.0	134282.8	80167.2	5243.6
5936.2	9441.3	2530.2	1971.7	175.0
6961.3	1857.2	360.2	79.2	32.4
64978.1	14343.7	32421.2	11983.4	836.8
14983.0	3829.8	677.7	422.6	55.9
18084.4	13850.9	28591.3	20302.3	909.6
9101.7	395.2	1405.1	1194.9	87.9
7307.0	234650.2	12875.7	8562.0	951.3
	12744.5	46862.6	30194.3	1688.4
32524.4	15797.2	8558.8	5456.8	506.3
85714.8	73267.4	9301.4	5674.3	704.4
27797.4	19015.1	2055.0	1555.0	96.5
5434.5	27.3	276.2	223.4	223.4
2516.7	1682.5	54.9	21.2	1.4
4748.0	3947.3	823.7	742.2	170.9
153.1	306.3	19.0	18.1	
4024.8	34655.9	2095.3	602.3	98.7
39720.2	11838.4	3879.6	2431.3	102.4
1320.1	1794.6	97.7	80.8	11.1
96423.8	66261.9	50854.5	26830.2	2095.1
37323.5	25397.9	4895.5	2747.5	208.5
29291.0	11371.9	3920.1	2569.3	279.7
32517.2	14215.7	32720.2	14462.6	1298.3
-2707.9	15276.4	9318.7	7050.8	308.6
1524374.0	453470.5	134369.5	71921.3	13573.8
889227.9	325400.9	86575.9	40368.5	6644.5
110277.1	43891.4	19359.9	10865.7	2998.4
2729.2	1202.5	88.6	60.1	6.5
522139.8	82975.7	28345.1	20627.0	3924.4
3485656.4	1047677.9	402713.6	201600.9	29484.8
2006181.9	458050.9	220100.4	114204.8	12970.5
278974.5	170371.4	38351.5	25055.4	2391.9
28.6	3.0	46.7	14.8	11.1
593626.6	310303.0	81377.5	29182.4	5741.5

10–6 续表 1

指标名称	法人企业数（个）	执行《2006年企业会计准则》企业数（个）	年初存货	期末资产负债 流动资产合计
建材批发	92	48	66010.9	706519.8
化肥批发	13	6	18802.0	376855.2
农药批发	2			55359.6
其他化工产品批发	72	32	24531.2	280486.8
机械设备、五金产品及电子产品批发	293	162	275995.0	1274229.2
汽车及零配件批发	65	41	42842.7	224181.5
摩托车及零配件批发	5	1	5237.5	8383.0
五金产品批发	32	17	14625.9	82433.2
电气设备批发	12	7	6298.1	65943.0
计算机、软件及辅助设备批发	40	20	46007.8	151747.3
通讯设备批发	28	12	17203.5	90772.3
其他机械设备及电子产品批发	111	64	143779.5	650768.9
贸易经纪与代理	4	4	3526.4	19338.0
贸易代理	4	4	3526.4	19338.0
其他批发业	20	15	20144.3	462588.4
再生物资回收与批发	1	1	1419.1	3967.5
宠物食品用品批发	1		551.5	2030.6
互联网批发	11	11	16383.7	437172.5
其他未列明批发业	7	3	1790.0	19417.8
内资企业	1524	917	2191043.9	35003445.0
国有企业	3	3	17840.0	272278.3
集体企业	2		426.9	3833.9
股份合作企业	1		16.6	877.0
有限责任公司	276	239	1127100.8	24261924.5
国有独资公司	27	26	137289.2	2346465.3
其他有限责任公司	249	213	989811.6	21915459.2
股份有限公司	8	8	117384.4	4399670.3
私营企业	1234	667	928275.2	6064861.0
私营独资企业	2	2	117.0	849.5
私营有限责任公司	1209	652	904990.4	5979829.9
私营股份有限公司	23	13	23167.8	84181.6
港、澳、台商投资企业	3	3	4228.0	364785.2
合资经营企业（港或澳、台资）	1	1	4228.0	8612.1
港、澳、台商独资经营企业	1	1		13509.2
港、澳、台商投资股份有限公司	1	1		342663.9
外商投资企业	6	5	15198.7	92848.9
中外合资经营企业	3	3	10499.4	47783.0
外资企业	2	1	4699.3	10857.7
外商投资股份有限公司	1	1		34208.2
国有控股	160	155	937458.0	26765995.4
集体控股	8	4	37782.9	180873.2
私人控股	1361	763	1226302.4	8481231.5
港澳台商控股	2	2	4228	22121.3
外商控股	2	1	4699.3	10857.7
独立门店	824	497	1073323.7	19101038.6
连锁总店（总部）	7	4	10839.5	45416.5
连锁直营店	1	1	0.4	55152.0

单位：万元

应收账款	存货	固定资产原价	累计折旧	本年折旧
434346.3	62192.8	20174.8	13870.9	2468.1
75409.7	23132.0	17606.8	6848.1	1811.6
361.3		0.4	0.4	0.1
96727.5	23624.8	25055.5	12424.1	4090.0
432888.0	298336.0	134207.1	79789.6	20573.2
73088.9	46420.0	12534.2	8663.1	1608.3
1300.6	5509.4	1293.5	367.3	133.6
36975.0	16685.7	3483.5	2240.5	278.0
22339.4	9597.7	36219.3	24142.4	11395.2
50039.0	46072.8	4643.9	2304.1	542.1
34168.9	33674.7	2862.0	1208.1	189.5
214976.2	140375.7	73170.7	40864.1	6426.5
8318.2	536.9	596.2	100.3	45.6
8318.2	536.9	596.2	100.3	45.6
56983.1	8931.5	5450.0	3672.5	543.4
2148.4	1792.0	21.8	20.6	1.8
530.5	1145.1	1.3	0.4	0.3
50328.5	3315.8	525.6	235.2	135.5
3975.7	2678.6	4901.3	3416.3	405.8
5753031.6	2309763.2	882482.6	470684.3	72696.9
36330.6	12744.5	47511.3	30594.2	1696.4
1981.5	511.2	986.9	527.3	16.2
2.7	72.6	1933.3	995.6	15.7
3480946.9	1158073.3	478740.6	259387.9	37640.3
467954.0	102132.5	119241.8	69335.0	4023.6
3012992.9	1055940.8	359498.8	190052.9	33616.7
294942.8	123202.7	41024.2	20280.2	2173.5
1938827.1	1015158.9	312286.3	158899.1	31154.8
427.5	361.9	1638.5	1045.7	157.0
1904490.2	991907.1	301010.5	153393.9	30165.4
33909.4	22889.9	9637.3	4459.5	832.4
114099.9	7549.3	8109.5	6555.3	136.2
791.1	7549.3	7629.9	6165.0	120.5
13442.3		29.4	19.8	5.2
99866.5		450.2	370.5	10.5
37749.6	12518.8	4385.5	1651.7	331.6
28777.5	9376.1	4088.2	1522.8	219.8
532.9	3111.6	177.9	95.3	93.1
8439.2	31.1	119.4	33.6	18.7
3399810.2	984825.6	448981.1	259114.2	32481.8
33272.6	26777.1	9570.1	2119.8	1429.6
2457032.0	1307567.7	428589.2	211377.2	39034.5
14233.4	7549.3	7659.3	6184.8	125.7
532.9	3111.6	177.9	95.3	93.1
2425536.7	1156763.6	476703.2	248362.5	33582.0
13449.6	14415.2	3272.1	2172.9	74.1
1121.3	0.4	8344.7	4853.4	355.0

10–6 续表 2

指标名称	法人企业数（个）	执行《2006 年企业会计准则》企业数（个）	年初存货	期末资产负债
				流动资产合计
连锁加盟店	4	4	3701.9	11039.4
其他	697	419	1122605.1	16248432.6
大型	19	19	410465.4	19377155.2
中型	321	247	1114583.3	11030928.6
小型	793	451	518070.0	3647142.8
微型	400	208	167351.9	1405852.5
城镇	1405	849	2061960.9	34418980.2
其中：城区	1130	672	1653625.1	27770748.6
乡村	128	76	148509.7	1042098.9
港商投资	3	3	4228.0	364785.2
澳商投资	2	2	4228.0	351276.0
台投资商	1	1	4228.0	8612.1
二、零售业	**736**	**464**	**705528.3**	**3339407.1**
综合零售	49	34	50247.7	827342.1
百货零售	19	15	18564.4	542599.4
超级市场零售	25	17	27428.5	223934.4
便利店零售	4	2	3985.9	60317.3
其他综合零售	1		268.9	491.0
食品、饮料及烟草制品专门零售	89	54	56453.1	201718.0
粮油零售	9	4	3375.4	14704.2
糕点、面包零售	3	3	355.8	2964.6
果品、蔬菜零售	5	5	32.6	2009.3
肉、禽、蛋、奶及水产品零售	8	6	1343.7	28424.5
营养和保健品零售	4	1	2410.3	5436.0
酒、饮料及茶叶零售	31	18	26772.4	69816.4
烟草制品零售	2	2	1280.4	6835.0
其他食品零售	27	15	20882.5	71528.0
纺织、服装及日用品专门零售	56	37	90420.7	239424.3
纺织品及针织品零售	1	1	11597.3	29409.1
服装零售	31	22	66533.7	155997.3
鞋帽零售	4	4	550.1	4783.6
化妆品及卫生用品零售	7	5	6642.3	9919.5
厨具卫具及日用杂品零售	4	1	2628.0	9221.6
钟表、眼镜零售	4	3	1749.2	26322.0
自行车等代步设备零售	3		401.7	621.8
其他日用品零售	2	1	318.4	3149.4
文化、体育用品及器材专门零售	31	12	27439.7	76282.3
文具用品零售	2		28.8	918.3
体育用品及器材零售	3	1	1978.9	5591.4
图书、报刊零售	5	1	7642.6	27781.5
音像制品、电子和数字出版物零售	1		733.5	1396.2
珠宝首饰零售	12	8	11362.0	27432.4
工艺美术品及收藏品零售	1		1274.5	2340.4
乐器零售	6	1	4328.0	8128.7
照相器材零售	1	1	91.4	2693.4
医药及医疗器材专门零售	36	21	77734.1	251738.3
西药零售	24	13	73027.6	227133.1

单位：万元

		固定资产原价	累计折旧	
应收账款	存货			本年折旧
849.5	3120.6	398.7	106.4	61.9
3463924.0	1155531.5	406258.9	223396.1	39091.7
1154404.6	467970.0	288496.7	143553.6	13681.9
3120864.3	1118824.3	360357.9	196245.9	34197.7
1151385.5	554989.6	209811.5	121870.6	21267.5
478226.7	188047.4	36311.5	17221.2	4017.6
5556279.1	2167098.3	815638.0	438205.6	66149.3
3616621.5	1690015.5	657677.6	352823.9	54641.1
348602.0	162733.0	79339.6	40685.7	7015.4
114099.9	7549.3	8109.5	6555.3	136.2
100657.6	7549.3	8080.1	6535.5	131.0
791.1	7549.3	7629.9	6165.0	120.5
316366.7	911926.4	627071.8	314637.9	42945.8
-53272.5	63752.8	145478.5	76057.3	8889.3
4013.0	13638.4	72476.4	38828.3	3126.5
-62450.1	48113.4	72337.7	36770.9	5646.5
5164.6	1843.6	619.3	434.3	92.5
	157.4	45.1	23.8	23.8
49524.4	54027.2	25094.7	13153.5	2214.1
4103.0	4131.4	5042.1	1949.4	77.6
2091.4	493.7	379.6	209.3	64.1
750.0	101.4	1269.3	417.4	175.7
16388.9	2013.5	1283.2	614.2	157.6
2236.4	3044.4	98.4	53.6	14.6
10703.6	32364.2	4059.6	1837.3	964.4
285.9	1599.7	1413.8	760.7	44.5
12965.2	10278.9	11548.7	7311.6	715.6
31217.6	90448.1	24666.1	12664.7	1184.0
10193.8	16666.5	5876.6	1536.6	354.3
12067.7	59043.9	12933.1	7131.0	285.0
1730.4	762.5	246.9	171.1	4.7
1961.6	6048.3	2751.4	1637.7	200.5
1525.0	4301.5	244.5	95.9	26.9
2865.4	1974.8	2335.0	2012.3	266.0
-343.7	817.6	167.7	41.9	32.1
1217.4	833.0	110.9	38.2	14.5
14638.4	26335.2	24577.8	10678.9	701.2
306.6	64.3	2.5	2.5	
2423.3	1742.0	634.1	276.3	35.7
2595.2	6670.1	10066.5	4896.2	239.8
170.5	780.7	58.3	19.2	19.2
6765.7	11332.2	13519.2	5247.4	344.9
65.8	1184.8	70.6	70.6	
1797.7	4496.8	226.6	166.7	61.6
513.6	64.3			
56194.0	84258.1	23219.0	17405.9	2944.2
46953.0	78710.8	21629.9	16298.6	2753.1

10-6 续表 3

指标名称	法人企业数（个）	执行《2006 年企业会计准则》企业数（个）	年初存货	期末资产负债
				流动资产合计
中药零售	5	4	2760.1	11065.7
动物用药品零售	2	1	823.4	4715.0
医疗用品及器材零售	5	3	1123.0	8824.5
汽车、摩托车、零配件和燃料及其他动力销售	282	203	308092.2	1337961.7
汽车新车零售	205	158	273344.0	1054040.5
汽车零配件零售	10	3	2186.4	7271.7
摩托车及零配件零售	12	8	8667.2	14665.2
机动车燃油零售	51	31	23331.8	253692.0
机动车燃气零售	3	2	383.4	7002.7
机动车充电销售	1	1	179.4	1289.6
家用电器及电子产品专门零售	109	66	55385.9	199843.0
日用家电零售	45	23	32400.0	94897.7
计算机、软件及辅助设备零售	23	15	7877.2	46906.6
通信设备零售	33	22	12992.1	44723.0
其他电子产品零售	8	6	2116.6	13315.7
五金、家具及室内装饰材料专门零售	37	13	9896.1	51439.7
五金零售	11	4	1418.1	20408.3
灯具零售	1		0.4	2014.4
家具零售	7	2	2435.2	8118.1
卫生洁具零售	2		946.5	698.6
木质装饰材料零售	5	2	963.2	3628.2
陶瓷、石材装饰材料零售	4	4	1348.4	4384.1
其他室内装饰材料零售	7	1	2784.3	12188.0
货摊、无店铺及其他零售业	47	24	29858.8	153657.7
互联网零售	43	22	27556.0	122993.6
生活用燃料零售	1	1	618.9	27394.4
其他未列明零售业	3	1	1683.9	3269.7
内资企业	725	455	678010.1	3146681.3
国有企业	3	1	236.5	3941.3
集体企业	7	4	891.7	9023.3
有限责任公司	137	115	246877.7	969513.1
国有独资公司	4	4	6755.2	30942.2
其他有限责任公司	133	111	240122.5	938570.9
股份有限公司	5	5	12654.2	211672.9
私营企业	572	329	417345.2	1952478.2
私营独资企业	7	4	772.0	1768.5
私营有限责任公司	551	319	409077.3	1910994.8
私营股份有限公司	14	6	7495.9	39714.9
其他企业	1	1	4.8	52.5
港、澳、台商投资企业	5	5	16520.1	60658.2
合资经营企业（港或澳、台资）	1	1	7215.5	13781.6
港、澳、台商独资经营企业	4	4	9304.6	46876.6
外商投资企业	6	4	10998.1	132067.6
外资企业	6	4	10998.1	132067.6
国有控股	31	26	90961.7	363313.4
集体控股	13	8	14752.8	34679.7
私人控股	680	420	572290.8	2748635.7

单位：万元

应收账款	存货	固定资产原价	累计折旧	本年折旧
2203.6	3441.9	651.6	552.6	69.5
1847.1	902.4	217.8	141.7	27.7
5190.3	1203.0	719.7	413.0	93.9
94300.9	480856.3	324877.1	164860.7	24200.0
74792.9	427095.3	209877.2	106544.5	17524.2
1219.8	2562.6	1162.6	362.4	82.9
-1017.8	10071.4	1210.9	586.1	135.4
18206.8	40840.0	106715.2	54764.4	6103.9
499.2	112.7	4887.9	2415.3	254.5
600.0	174.3	1023.3	188.0	99.1
44071.8	61469.7	6000.0	3825.3	599.9
9184.6	39472.8	2358.7	1784.5	221.1
17185.1	7874.1	2228.8	1221.0	219.5
10577.4	12205.3	955.1	557.5	100.3
7124.7	1917.5	457.4	262.3	59.0
26271.3	8464.6	1974.1	1294.2	242.7
13535.3	1937.1	549.0	365.0	69.9
1891.2	63.0	37.4	4.4	4.4
2115.3	2468.6	700.0	552.4	64.6
184.8	203.7	92.9	41.0	15.5
2153.4	922.3	77.8	52.1	17.7
2763.0	87.5	181.1	131.6	14.2
3628.3	2782.4	335.9	147.7	56.4
53420.8	42314.4	51184.5	14697.4	1970.4
32967.9	40174.3	7709.1	3454.5	698.4
19710.4	454.7	43423.7	11223.7	1268.5
742.5	1685.4	51.7	19.2	3.5
309744.6	869829.2	546648.0	271861.8	38906.9
287.7	127.1	1972.2	1552.4	95.0
4809.6	1363.2	2336.2	1377.6	150.5
137790.5	320619.9	186081.7	83009.8	12640.7
2547.0	5989.3	18860.7	8372.8	291.1
135243.5	314630.6	167221.0	74637.0	12349.6
5324.7	10948.4	31249.3	12396.4	1289.6
161510.8	536767.7	324713.1	173476.5	24728.1
443.0	692.5	702.3	308.0	29.5
228706.1	507900.0	277556.1	153092.5	21509.6
-67638.3	28175.2	46454.7	20076.0	3189.0
21.3	2.9	295.5	49.1	3.0
6030.3	15306.5	20408.3	11946.1	989.4
700.4	9857.4	9552.2	5081.4	767.0
5329.9	5449.1	10856.1	6864.7	222.4
591.8	26790.7	60015.5	30830.0	3049.5
591.8	26790.7	60015.5	30830.0	3049.5
43159.9	101720.8	84848.4	43273.2	6125.3
5606.9	17267.2	8081.3	5076.0	356.5
260956.5	750838.3	453422.8	223463.5	32422.1

10–6 续表 4

指标名称	法人企业数（个）	执行《2006 年企业会计准则》企业数（个）	年初存货	期末资产负债
				流动资产合计
港澳台商控股	5	5	16520.1	60658.2
外商控股	6	4	10998.1	132067.6
其他	1	1	4.8	52.5
独立门店	567	357	505449.0	2313186.4
连锁总店（总部）	33	26	102745.7	609356.2
连锁直营店	17	13	26579.1	97023.9
连锁加盟店	8	4	2480.7	8666.9
其他	111	64	68273.8	311173.7
大型	20	19	129343.8	775785.1
中型	152	131	304538.4	1456694.9
小型	328	194	200165.4	691258.6
微型	236	120	71480.7	415668.5
有店铺零售	657	426	660069.8	3142876.6
便利店	6	2	17027.2	93274.9
超市	42	24	36101.7	253314.3
仓储会员店	2	2	77.5	1089.8
百货店	24	17	11773.5	236205.6
购物中心	14	9	48469.0	404759.2
专业店	287	174	221186.8	999040.4
品牌专卖店	253	184	314448.5	1117160.0
集合店	29	14	10985.6	38032.4
无店铺零售	79	38	45458.5	196530.5
网络零售	39	20	27578.6	122158.7
电视 / 广播零售	1	1	289.8	714.0
邮寄零售	5	3	1561.1	4874.0
电话零售	2		1601.3	3719.8
其他	32	14	14427.7	65064.0
有店铺零售	660	428	665214.7	3162131.8
便利店	11	5	22650.9	153756.3
超市	48	28	40766.9	293722.3
仓储会员店	3	2	80.1	1122.8
百货店	35	25	27234.0	569746.7
购物中心	21	15	56404.0	436865.0
专业店	297	178	234521.0	1058941.3
品牌专卖店	265	189	320951.0	1131596.3
集合店	33	17	12418.2	42364.1
无店铺零售	93	48	58411.5	251741.6
网络零售	55	31	39420.6	174444.4
电视 / 广播零售	1	1	289.8	714.0
邮寄零售	6	3	3098.2	8456.8
电话零售	2		1601.3	3719.8
其他	42	18	20596.2	85761.6
城镇	84	43	53023.0	214326.8
其中：城区	45	15	17657.5	85241.3
乡村	9	5	5388.5	37414.8
港商投资	5	5	16520.1	60658.2
澳商投资	3	3	13982.4	53534.3
台投资商	4	4	14840.7	54340.5

单位：万元

应收账款	存货	固定资产原价	累计折旧	本年折旧
6030.3	15306.5	20408.3	11946.1	989.4
591.8	26790.7	60015.5	30830.0	3049.5
21.3	2.9	295.5	49.1	3.0
254093.0	661183.0	428530.8	211367.3	29712.5
50179.2	105818.1	116533.6	63381.9	6538.4
-55583.0	51877.3	54556.5	26163.5	4272.5
1386.0	3598.5	217.8	141.6	48.6
66291.5	89449.5	27233.1	13583.6	2373.8
3191.8	187366.8	189398.5	98528.6	14383.1
120519.7	414351.7	330493.9	158363.8	19308.7
112762.0	238829.3	73941.3	39739.7	5506.6
79893.2	71378.6	33238.1	18005.8	3747.4
254185.6	851775.2	615938.1	309334.9	41887.7
5869.6	1213.3	9340.1	6130.8	560.9
-57763.1	57169.6	91266.5	52463.3	6840.0
899.9	66.5			
3515.3	10066.0	27879.8	17188.3	987.8
9369.0	35667.4	38698.2	13612.0	1448.8
178545.3	311317.1	235541.3	111073.8	16180.6
108889.4	422644.2	211793.2	108304.9	15709.2
4860.2	13631.1	1419.0	561.8	160.4
62181.1	60151.2	11133.7	5303.0	1058.1
32668.7	40165.8	7903.8	3668.0	719.5
	492.6			
350.3	2497.3	92.8	20.7	10.9
708.2	2540.6	42.9	10.2	10.2
28453.9	14454.9	3094.2	1604.1	317.5
254844.3	859286.3	616588.6	309706.2	41957.0
12694.3	9189.6	12357.2	7640.4	1058.8
-56850.5	59458.4	99497.1	57941.3	6856.1
899.9	80.1	240.0	189.7	8.4
7996.6	20559.0	82687.4	44672.5	3342.6
11321.0	45020.6	40826.0	14411.4	1584.9
181544.7	327191.2	237606.5	112485.4	16355.1
110348.7	430864.8	213072.7	108625.9	15783.3
5802.1	15689.6	1600.0	667.7	170.6
-7272.6	95179.1	58234.2	24956.2	4548.6
-36907.2	72775.0	54273.5	23223.5	4172.1
	492.6			
1058.5	4937.7	135.7	30.9	21.1
708.2	2540.6	42.9	10.2	10.2
30817.0	24206.5	4516.2	2151.7	414.3
-27521.2	86030.7	56306.0	24130.1	4320.2
-54486.9	38844.2	48039.7	19921.1	3268.2
20248.6	9148.4	1928.2	826.1	228.4
6030.3	15306.5	20408.3	11946.1	989.4
909.5	13843.1	19942.8	11801.4	946.3
986.9	14138.7	20114.0	11914.3	962.2

10-7 限额以上批发和零售业

指标名称	期末资产负债			
	固定资产净额	在建工程	资产总计	流动负债合计
总计	**610677.8**	**169908.1**	**49968678.9**	**30019286.8**
一、批发业	**377087.7**	**132373.2**	**45172750.1**	**27092746.1**
农、林、牧、渔产品批发	11296.1	3852.8	394021.0	117568.0
谷物、豆及薯类批发	4087.3	238.8	14197.1	9377.3
种子批发	2167.0	2317.1	56873.8	26429.8
畜牧渔业饲料批发	168.6		6140.3	3915.4
棉、麻批发			11573.0	
林业产品批发	4873.2	1296.9	304549.7	77191.3
其他农牧产品批发			687.1	654.2
食品、饮料及烟草制品批发	52387.1	9961.5	1225730.8	743738.2
米、面制品及食用油批发	558.4		25013.3	20755.5
糕点、糖果及糖批发	280.9		10884.4	8987.7
果品、蔬菜批发	20437.8		154771.3	148610.5
肉、禽、蛋、奶及水产品批发	254.8		24583.8	30532.9
盐及调味品批发	8273.1	7103.6	187597.5	104162.8
营养和保健品批发	136.8	219	10978.4	6115.1
酒、饮料及茶叶批发	2676.5	1556.7	458075.0	290944.7
烟草制品批发	16668.3		250856.9	57588.5
其他食品批发	3100.5	1082.2	102970.2	76040.5
纺织、服装及家庭用品批发	3590.3		393168.6	372070.3
纺织品、针织品及原料批发			28.9	65.8
服装批发	469.6		67018.9	81113.6
鞋帽批发	52.8		6122.0	4519.9
化妆品及卫生用品批发	33.5		7199.2	3404.4
厨具卫具及日用杂品批发	81.5		16660.5	11234.2
灯具、装饰物品批发	0.9		1479.6	1161.2
家用视听设备批发	1492.9		111608.9	105553.6
日用家电批发	1442.2		176437.3	159455.3
其他家庭用品批发	16.9		6613.3	5562.3
文化、体育用品及器材批发	24022.2	128.2	657217.8	402111.4
文具用品批发	2147.9		127819.8	99912.8
体育用品及器材批发	1350.6		80903.6	69053.1
图书批发	18255.9	128.2	403397.1	203583.8
首饰、工艺品及收藏品批发	2267.8		45097.3	29561.7
医药及医疗器材批发	60017.6	17232	3842827.1	2855411.9
西药批发	45874.6	10859.3	2574403.2	1941602.7
中药批发	6850.8	6372.7	334225.5	262925.9
动物用药品批发	28.2		4954.9	3001.1
医疗用品及器材批发	7264.0		929243.5	647882.2
矿产品、建材及化工产品批发	183293.1	98802.9	36638090.4	21513736.6
煤炭及制品批发	94528.9	24374.7	31091798.0	17707514.3
石油及制品批发	11293.8	62116.6	1717000.8	905750.1
非金属矿及制品批发	31.9		247.1	58.3
金属及金属矿批发	49637.0	6945.1	2326046.4	1650115.1

法人企业财务状况（二）

单位：万元

应付账款	负债合计	所有者权益合计	实收资本	个人资本
6164570.6	36324498.9	13650510.0	6388838.1	595425.9
5429641.1	32302543.2	12847729.1	5605422.2	463084.1
58413.5	129462.5	264558.5	42866.4	24266.7
0.9	12469.8	1727.3	3026.0	
4648.7	28665.9	28207.9	20000.0	8766.7
59.8	3915.4	2224.9	1122.0	500.0
	6565.9	5007.1	3718.4	
53630.5	77191.3	227358.4	15000.0	15000.0
73.6	654.2	32.9		
307783.1	755583.1	469535.6	204196.2	25872.6
4022.0	20755.5	4257.8	2880.0	904.0
-3331.2	9061.7	1822.7	1111.7	500.0
92063.8	148703.3	6068.0	17168.1	60
18732.4	30629.4	-6045.6	2141.0	1116.0
28844.8	110385.7	77211.8	36842.3	2088.0
1125.3	6261.1	4717.3	2000.0	1000
140452.0	294506.7	162956.2	129808.9	17556.0
	58101.0	192755.9	1683.8	
25874.0	77178.7	25791.5	10560.4	2648.6
60520.5	375061.5	18107.1	47443.5	6416.7
	65.8	-36.9		
19268.7	81093.6	-14074.7	15501.8	2490.0
3080.6	4519.9	1602.1		
-377.0	3404.4	3794.8	3020.0	1001.0
4858.9	12245.6	4414.9	2443.0	1050.0
553.8	1161.2	318.4	100.0	
7327.5	105553.6	6055.3	3900.0	1000.0
25057.7	161455.1	14982.2	21878.7	775.7
750.3	5562.3	1051.0	600.0	100
192683.6	406341.9	250875.9	49418.6	11045.3
25781.3	101954.8	25865.0	10640.8	1410.0
55471.0	69053.1	11850.5	1909.0	309.0
114534.6	205630.2	197766.9	20650.0	500.0
-3103.3	29703.8	15393.5	16218.8	8826.3
978423.4	2980928.4	861998.7	490672.1	53862
575870.9	2057018.9	517384.3	301261.7	27717.3
100722.5	268226.3	65999.2	37564.5	8948.5
539.8	3001.1	1953.8	150.0	50.0
301290.2	652682.1	276661.4	151695.9	17146.2
3375099.5	26319820.8	10297831.1	4464347.7	262881.5
2542854.9	22294506.5	8776685.8	3463735.1	75141.3
278640.5	1082151.8	634849.0	201505.5	8724.8
	58.3	188.8	30.0	30.0
340868.4	1698881.3	627332.3	580521.2	111212.5

10–7 续表 1

指标名称	期末资产负债			
	固定资产净额	在建工程	资产总计	流动负债合计
建材批发	5951.5	5.5	726933.9	614615.5
化肥批发	10369.5	5073.7	402817.0	282050.2
农药批发			55397.4	35586.9
其他化工产品批发	11480.5	287.3	317849.8	318046.2
机械设备、五金产品及电子产品批发	40303.0	286.9	1435007.9	912443.4
汽车及零配件批发	3369.4	47.5	229849.7	196500.9
摩托车及零配件批发	68.2		9369.2	7107.8
五金产品批发	1030.0		87680.6	60429.8
电气设备批发	579.3	81	82149.7	27831.9
计算机、软件及辅助设备批发	2122.0		156373.1	87778.1
通讯设备批发	1431.5		92524.1	76389.8
其他机械设备及电子产品批发	31702.6	158.4	777061.5	456405.1
贸易经纪与代理	445.4		24620.2	10117.5
贸易代理	445.4		24620.2	10117.5
其他批发业	1732.9	2108.9	562066.3	165548.8
再生物资回收与批发	1.2		3968.6	3578.5
宠物食品用品批发	0.9		2031.6	589.8
互联网批发	245.9	3.9	532344.7	148041.0
其他未列明批发业	1484.9	2105	23721.4	13339.5
内资企业	372894.7	132373.2	43861993.7	26692773.1
国有企业	16917.1		299178.5	102875.1
集体企业	459.6	16.6	4358.5	3457.3
股份合作企业	937.7	45.6	1860.4	2045.0
有限责任公司	195926.6	91491.8	30215778.9	17749693.4
国有独资公司	48481.3	29593.4	2983192.7	2102877.1
其他有限责任公司	147445.3	61898.4	27232586.2	15646816.3
股份有限公司	20743.9	21339.7	6597676.2	4112596.5
私营企业	137909.8	19479.5	6743141.2	4722105.8
私营独资企业	592.7		1487.9	973.1
私营有限责任公司	132139.5	19479.5	6636880.9	4658386.3
私营股份有限公司	5177.6		104772.4	62746.4
港、澳、台商投资企业	1554.1		1187886.3	372550.5
合资经营企业(港或澳、台资)	1464.8		19560.5	12513.3
港、澳、台商独资经营企业	9.6		13509.2	475.5
港、澳、台商投资股份有限公司	79.7		1154816.6	359561.7
外商投资企业	2638.9		122870.1	27422.5
中外合资经营企业	2553.1		51916.6	11340.0
外资企业			10877.1	6755.5
外商投资股份有限公司	85.8		60076.4	9327.0
国有控股	166951.1	97025.4	34575507.0	20131040.2
集体控股	7450.2	5072.9	242392.5	148394.3
私人控股	201212.0	30274.9	10310903.8	6793567.3
港澳台商控股	1474.4		33069.7	12988.8
外商控股			10877.1	6755.5
独立门店	211822.5	74278.0	24346034.0	12849106.2
连锁总店(总部)	1099.1		48913.7	39315.3
连锁直营店	3102.3		63470.3	57678.4
连锁加盟店	266.3		11628.3	7153.5

单位：万元

应付账款	负债合计	所有者权益合计	实收资本	个人资本
113298.4	632608.6	94325.3	80733.2	37496.1
32792.3	330370.3	72446.7	60937.1	8200.0
101.2	35582.9	19814.5	20000.0	
66543.8	245661.1	72188.7	56885.6	22076.8
403642.4	964156.1	470851.9	267197.5	77111.5
93740.1	198839.3	31010.4	27159.4	9659.8
2860.8	7107.8	2261.4	816.0	608.0
38879.6	60563.3	27117.3	16779.9	3700.0
14753.8	37093.7	45056.0	6428.1	3591.3
35072.0	98301.8	58071.3	44242.4	17610.8
46357.5	76484.1	16040.0	9712.4	6742.0
171978.6	485766.1	291295.5	162059.3	35199.6
9240.8	10796.5	12296.4	12100.0	100.0
9240.8	10796.5	12296.4	12100.0	100.0
43834.3	360392.4	201673.9	27180.2	1527.8
1691.5	3578.5	390.1	111.0	
−193.2	589.8	1441.8	180.0	
39901.8	342884.6	189460.1	22385.4	
2434.2	13339.5	10381.9	4503.8	1527.8
5294743.2	31738150.2	12101365.7	5392725.2	451787.8
39057.7	103404.4	195774.1	4983.8	
1281.1	3457.3	901.2	488.8	
1049.6	2045.0	−184.6	1505.0	1505
3297974.4	21769349.7	8438510.9	3814763.0	49334.6
414414.6	2167080.6	816112.1	528013.2	223.5
2883559.8	19602269.1	7622398.8	3286749.8	49111.1
459395.4	4832495.3	1765180.9	666088.6	
1495985.0	5027398.5	1701183.2	904896.0	400948.2
905.5	979.9	508.0	299.3	10.0
1477184.2	4960535.9	1661785.5	878534.2	382895.7
17895.3	65882.7	38889.7	26062.5	18042.5
119211.4	536970.5	650915.8	150400.0	6296.3
777.0	12513.3	7047.2	8888.8	6296.3
	475.5	13033.7	3711.8	
118434.4	523981.7	630834.9	137799.4	
15686.5	27422.5	95447.6	62297.0	5000
4642.7	11340.0	40576.6	11100	5000
4926.7	6755.5	4121.6	1500.0	
6117.1	9327.0	50749.4	49697.0	
3224416.5	24640085.8	9934783.0	3902849.1	5258.5
34980.9	161160.8	74598.9	65019.7	
2164540.0	7481552.3	2814144.7	1623452.8	451529.3
777.0	12988.8	20080.9	12600.6	6296.3
4926.7	6755.5	4121.6	1500.0	
2288841.8	16618999.0	7707275.7	2898292.8	230979.5
10906.9	39818.3	9095.4	5834.2	445
	57973.1	5497.2	10001.0	
−447.5	7461.1	4167.2	3500.0	500.0

10-7 续表 2

指标名称	期末资产负债			
	固定资产净额	在建工程	资产总计	流动负债合计
其他	160797.5	58095.2	20702703.8	14139492.7
大型	145042.6	3215.0	25898849.1	13627024.0
中型	140535.6	91051.7	13806165.9	9313273.3
小型	76133.7	38006.5	3986701.0	3025492.2
微型	15375.8	100.0	1481034.1	1126956.6
城镇	342612.0	87711.0	43989475.8	26119920.6
其中：城区	277771.6	54688.3	35062024.1	20881755.7
乡村	34475.7	44662.2	1183274.3	972825.5
港商投资	1554.1		1187886.3	372550.5
澳商投资	1544.5		1174377.1	372075.0
台投资商	1464.8		19560.5	12513.3
二、零售业	**233590.1**	**37534.9**	**4795928.8**	**2926540.7**
综合零售	41566.5	5626.8	1291244.1	370729.5
百货零售	32956.0	5626.8	807559.6	232098.2
超级市场零售	8408.8		414954.7	90429.3
便利店零售	180.4		68074.0	47744.3
其他综合零售	21.3		655.8	457.7
食品、饮料及烟草制品专门零售	11143.1	3027.2	253600.6	162482.5
粮油零售	3092.7	8.1	19969.7	14892.5
糕点、面包零售	170.2		3135.0	2517.5
果品、蔬菜零售	851.9	18.5	2922.3	2194.9
肉、禽、蛋、奶及水产品零售	522.7		29273.6	25304.4
营养和保健品零售	40.3		5480.8	4011.1
酒、饮料及茶叶零售	2189.3	460.2	73748.9	39054.9
烟草制品零售	71.2	646.5	7488.2	515.5
其他食品零售	4204.8	1893.9	111582.1	73991.7
纺织、服装及日用品专门零售	10782.1	881.7	287705.6	188207.9
纺织品及针织品零售	4340.0		38383.5	22031.2
服装零售	4658.9		188794.5	121938.1
鞋帽零售		824.6	6873.1	3269.7
化妆品及卫生用品零售	1113.6	10.9	12090.1	10156.1
厨具卫具及日用杂品零售	148.6		10172.5	8196.2
钟表、眼镜零售	322.6	46.2	27335.3	8329.6
自行车等代步设备零售	125.8		778.7	281.4
其他日用品零售	72.6		3277.9	14005.6
文化、体育用品及器材专门零售	13898.7	373.3	96998.3	74085.3
文具用品零售			918.3	543.3
体育用品及器材零售	357.8		6171.5	4053.0
图书、报刊零售	5170.2	373.3	34541.3	29819.9
音像制品、电子和数字出版物零售	39.1		1477.6	354.2
珠宝首饰零售	8271.7		40568.1	33586.7
工艺美术品及收藏品零售			2340.4	224.7
乐器零售	59.9		8287.7	3455.7
照相器材零售			2693.4	2047.8
医药及医疗器材专门零售	6633.9		383583.9	265248.8
西药零售	6249.8		358130.5	249519.7
中药零售	98.8		11271.5	8879.4
动物用药品零售	76.1		5022.5	4405.4

单位：万元

应付账款	负债合计	所有者权益合计	实收资本	个人资本
3130339.9	15578291.7	5121693.6	2687794.2	231159.6
1772049.9	17323008.1	8575841.0	2424133.9	15000.0
2551583.9	10698189.2	3107976.7	2127200.4	138054.4
764088.3	3016338.2	970362.8	854691.2	227655.7
341919.0	1265007.7	193548.6	199396.7	82374.0
5038603.2	31295179.1	12675482.0	5463445.4	418113.0
3518095.5	25077914.2	9972670.5	3969732.0	335686.2
391037.9	1007364.1	172247.1	141976.8	44971.1
119211.4	536970.5	650915.8	150400.0	6296.3
119211.4	536495.0	637882.1	146688.2	6296.3
777.0	12513.3	7047.2	8888.8	6296.3
734929.5	**4021955.7**	**802780.9**	**783415.9**	**132341.8**
124168.6	1145238.2	180921.9	168865.6	3025.0
53818.2	677602.7	164872.9	144400.0	610
41910.2	419048.7	-4094.0	22255.6	2000
28131.9	48029.1	20044.9	1795.0	
308.3	557.7	98.1	415.0	415.0
69613.8	172199.4	81401.2	38228.4	6350.3
3734.3	17519.2	2450.5	6231.4	390.0
266.8	2517.5	617.5	260.0	110
605.2	2239.1	683.2	1015.0	910.0
6870.2	25832.3	3441.3	2168.0	
835.7	4016.1	1464.7	775.8	61.5
11822.0	44057.5	29691.4	15867.9	2209.0
405.7	515.5	6972.7	500.5	
45073.9	75502.2	36079.9	11409.8	2669.8
49628.6	206385.2	81320.4	28086.0	2680.0
11883.8	25559.0	12824.5	5000.0	
41628.3	145192.7	43601.8	15650.0	1760.0
-1072.8	6229.2	643.9	240.0	200
-5423.2	10156.1	1934.0	2121.0	110.0
1320.7	8196.2	1976.3	975.0	110
999.0	8432.2	18903.1	3100.0	
49.1	877.2	-98.5		
243.7	1742.6	1535.3	1000.0	500
20827.9	75779.2	21219.1	18932.2	3509.5
294.5	543.3	375.0	260.0	
2152.3	4352.1	1819.4	800.0	800
11983.4	30283.4	4257.9	3802.1	700.0
12.8	654.2	823.4	668.5	
6682.6	33605.9	6962.2	7895.6	1308.0
6.7	224.7	2115.7	1000.0	201.5
-358.0	4067.8	4219.9	4006.0	
53.6	2047.8	645.6	500.0	500.0
72383.8	306127.4	77456.5	19859.5	4394.0
69809.3	285135.5	72995.0	16549.5	2934
2097.0	10583.8	687.7	1750.0	500.0
253.6	4405.4	617.1	100.0	

10-7 续表 3

指标名称	期末资产负债			
	固定资产净额	在建工程	资产总计	流动负债合计
医疗用品及器材零售	209.2		9159.4	2444.3
汽车、摩托车、零配件和燃料及其他动力销售	110862.1	25686.0	2001755.0	1493230.5
汽车新车零售	90801.3	10105.2	1377914.0	1020869.0
汽车零配件零售	800.1		8520.4	6018.8
摩托车及零配件零售	522.7	0.4	17532.2	12513.7
机动车燃油零售	17463.9	15580.4	584293.3	448760.9
机动车燃气零售	1274.1		11370.2	5068.1
机动车充电销售			2124.9	
家用电器及电子产品专门零售	2010.3	314.3	219083.5	164774.4
日用家电零售	481.4	231.0	111134.7	107911.5
计算机、软件及辅助设备零售	947.7		48185.3	23145.3
通信设备零售	386.2	83.3	46244.2	28335.3
其他电子产品零售	195.0		13519.3	5382.3
五金、家具及室内装饰材料专门零售	610.8		52696.6	39497.4
五金零售	183.9		20614.1	15160.5
灯具零售	33		2047.4	1652.3
家具零售	103.7		8819.7	5181.6
卫生洁具零售	51.9		750.5	585.9
木质装饰材料零售	25.7		3653.8	3220.1
陶瓷、石材装饰材料零售	28.1		4434.7	3219.8
其他室内装饰材料零售	184.5		12376.4	10477.2
货摊、无店铺及其他零售业	36082.6	1625.6	209261.2	168284.4
互联网零售	3850.1	657.5	142012.3	119072.4
生活用燃料零售	32200.0	968.1	63763.4	47583.3
其他未列明零售业	32.5		3485.5	1628.7
内资企业	221572.8	36220.2	4474093.8	2528490.9
国有企业	419.7		4807.6	1607.5
集体企业	883.5		10450.8	7488.4
有限责任公司	88777.3	19911.4	1437235.2	923624.9
国有独资公司	9887.9	373.3	45035.8	35076.1
其他有限责任公司	78889.4	19538.1	1392199.4	888548.8
股份有限公司	18525.7		325149.3	66247.9
私营企业	112720.2	16290.3	2696133.5	1529493.2
私营独资企业	319.4		2182.3	1322.0
私营有限责任公司	111448.4	16051.2	2540445.4	1506500.7
私营股份有限公司	952.4	239.1	153505.8	21670.5
其他企业	246.4	18.5	317.4	29.0
港、澳、台商投资企业	8460.3	10.9	99907.7	36480.1
合资经营企业(港或澳、台资)	4470.8		20198.6	7913.6
港、澳、台商独资经营企业	3989.5	10.9	79709.1	28566.5
外商投资企业	3557.0	1303.8	221927.3	361569.7
外资企业	3557.0	1303.8	221927.3	361569.7
国有控股	31504.2	13790.8	714657.6	350695.4
集体控股	2930.0		40868.8	27839.2
私人控股	186892.2	22410.9	3718250.0	2149927.3
港澳台商控股	8460.3	10.9	99907.7	36480.1
外商控股	3557.0	1303.8	221927.3	361569.7

单位：万元

应付账款	负债合计	所有者权益合计	实收资本	个人资本
223.9	6002.7	3156.7	1460.0	960.0
296666.5	1707122.5	290413.3	426336.8	76013.8
260009.7	1083962.1	292723.4	273805.8	69171.9
2456.1	6018.1	2502.3	2136.3	1071.2
4448.6	12521.8	5010.4	9255.0	1636.7
29600.0	597293.0	−15608.0	136536.7	4123
152.1	5585.0	5785.2	4603.0	11.0
	1742.5			
51317.4	174445.5	44638.0	58540.0	26509.4
27892.2	116676.2	−5541.5	23413.2	4846.0
12666.8	23110.2	25075.1	18155.3	12967.2
7524.8	29261.4	16982.8	10697.6	3675.2
3233.6	5397.7	8121.6	6273.9	5021.0
18602.8	40426.2	11890.0	5486.9	2625.9
7422.9	15160.5	5453.6	2054.9	1954.9
873.0	1652.3	395.1		
1128.1	6168.5	2270.8	1918.4	610
31.7	585.9	164.6	61.0	61
1996.9	3220.1	433.7	86.5	
1583.9	3219.9	1214.8	403.0	
5566.3	10419.0	1957.4	963.1	
31720.1	194232.1	13520.5	19080.5	7233.9
21097.4	129927.6	10576.1	17470.5	5923.9
10231.7	62675.7	1087.7		
391.0	1628.8	1856.7	1610.0	1310
717252.0	3592209.2	910692.4	766155.1	132341.8
610.4	1607.5	3200.1	2340.1	
3837.4	7488.4	2962.4	366.7	
263412.8	1108883.3	324332.5	276067.3	13500.3
11427.0	38317.6	6718.2	8524.1	
251985.8	1070565.7	317614.3	267543.2	13500.3
24705.6	290027.6	35121.7	4638.0	
424666.3	2184175.4	544785.3	482628.0	118831.5
550.8	1422.1	662.7	87.0	15.0
416976.0	2031176.5	542193.6	467412.3	113884.3
7139.5	151576.8	1929.0	15128.7	4932.2
19.5	27.0	290.4	115.0	10
6700.8	61295.1	38612.6	11432.6	
3391.0	7917.0	12281.6	8000.0	
3309.8	53378.1	26331.0	3432.6	
10976.7	368451.4	−146524.1	5828.2	
10976.7	368451.4	−146524.1	5828.2	
69009.8	530845.9	183811.7	169523.4	1474.0
16549.5	28760.1	12108.7	6834.3	419.5
631673.2	3032576.2	714481.6	589682.4	130438.3
6700.8	61295.1	38612.6	11432.6	
10976.7	368451.4	−146524.1	5828.2	

10-7 续表 4

指标名称	期末资产负债			
	固定资产净额	在建工程	资产总计	流动负债合计
其他	246.4	18.5	317.4	29.0
独立门店	191646.6	24187.7	3224906.4	1895307.2
连锁总店（总部）	26954.8	3169.4	946329.9	696466.2
连锁直营店	2964.3	824.6	246971.3	78556.9
连锁加盟店	70.1		8847.9	8115.1
其他	11954.3	9353.2	368873.3	248095.3
大型	31997.1	18258.1	1422359.5	856987.4
中型	160860.2	13178.7	2079835.8	1198197.8
小型	32344.2	5472.8	820372.7	583763.7
微型	8388.6	625.3	473360.8	287591.8
有店铺零售	228347.8	36646.4	4575792.0	2749800.8
便利店	3202.4	1888.0	133182.6	88199.7
超市	11597.3		448949.9	141645.3
仓储会员店			1089.8	504.9
百货店	10483.7	5596.4	357973.6	143763.6
购物中心	24374.3	372.2	575534.9	128358.2
专业店	84469.2	19230.9	1570494.4	1180119.1
品牌专卖店	93781.9	9558.9	1448697.7	1034136.9
集合店	439.0		39869.1	33073.1
无店铺零售	5242.3	888.5	220136.8	176739.9
网络零售	3920.9	888.5	141468.1	117719.4
电视 / 广播零售			714.0	611.9
邮寄零售	70.4		5046.2	3395.3
电话零售	32.7		3752.5	3194.4
其他	1218.3		69156.0	51818.9
有店铺零售	228624.2	36646.4	4596484.3	2778606.7
便利店	4705.2	10172.1	214768.6	133779.3
超市	14345.4		516562.9	166791.4
仓储会员店	50.3		1173.1	767.9
百货店	37114.5	5634.9	864368.1	265859.2
购物中心	25697.8	614.0	609374.3	140098.0
专业店	85093.9	19230.9	1632471.0	1246976.1
品牌专卖店	94666.1	9558.9	1466218.0	1048740.3
集合店	514.1		44290.5	36204.5
无店铺零售	7293.8	888.5	395754.4	224158.2
网络零售	5249.7	888.5	313196.7	157792.7
电视 / 广播零售			714.0	611.9
邮寄零售	103.1		8661.7	6512.3
电话零售	32.7		3752.5	3194.4
其他	2092.7	541.1	94304.9	72906.8
城镇	6193.9	541.1	354996.0	190137.1
其中：城区	2484.9		205572.5	71952.1
乡村	1099.9	347.4	40758.4	34021.1
港商投资	8460.3	10.9	99907.7	36480.1
澳商投资	8139.5	10.9	88940.2	34212.1
台投资商	8197.8	10.9	91839.5	35093.0

单位：万元

应付账款	负债合计	所有者权益合计	实收资本	个人资本
19.5	27.0	290.4	115.0	10.0
518430.8	2537275.8	717947.0	633637.8	111002.3
127737.6	978352.7	-32022.8	33246.9	5324.0
30750.6	243654.0	3317.3	16638.8	200.0
2202.5	8115.1	732.8	1161.4	220.0
55808.0	254558.1	112806.6	98731.0	15595.5
227533.8	1357273.7	65085.8	120029.0	2474.0
280536.0	1625768.3	454067.5	420168.1	50981.5
125695.5	659123.4	161249.3	178962.2	54795.8
101164.2	379790.3	122378.3	64256.6	24090.5
694482.4	3842531.4	763577.0	747551.6	115864.4
59826.0	88991.1	44191.5	1109.0	1109.0
56752.2	471185.5	-22235.6	43069.2	4225.0
	504.9	584.9	500.0	
31056.2	208590.6	149383.0	119164.9	534.9
35629.1	531358.6	79092.3	23460.0	160.0
256876.2	1409475.4	157647.9	260791.4	39512.7
246141.7	1098651.3	348817.9	291784.3	67208.8
8201.0	33774.0	6095.1	7672.8	3114.0
40447.1	179424.3	39203.9	35864.3	16477.4
19201.0	128189.6	11769.9	18915.0	5638.3
0.7	611.9	102.1	100.0	2.0
1979.5	3920.3	1125.9	1215.5	285.6
1042.1	3194.4	558.1	561.5	61.5
18223.8	43508.1	25647.9	15072.3	10490.0
696164.6	3871432.2	753859.9	750061.6	115864.4
73997.8	134845.0	79923.6	52904.0	1109.0
60556.4	519206.0	-4151.7	43943.2	4225.0
94.3	867.9	305.2	564.0	
61875.9	670450.7	193917.4	152941.9	2534.9
38745.0	543282.0	99499.7	29570.0	160.0
261190.1	1476681.4	152418.5	270782.4	42452.7
252857.1	1113829.9	351159.6	296356.7	69985.5
8656.0	36905.4	7385.1	8472.8	3214.0
57110.1	360964.6	33281.2	44824.2	17087.3
40318.3	302909.9	8778.2	28140.4	6535.8
0.7	611.9	102.1	100.0	2.0
3021.6	7037.3	1624.4	1715.5	285.6
1042.1	3194.4	558.1	561.5	61.5
19204.6	65046.2	29258.7	20760.5	11538.3
49284.9	325505.2	27982.2	39802.6	15385.7
26523.1	203768.2	1804.3	16418.9	6513.4
7825.2	35459.4	5299.0	5021.6	1701.6
6700.8	61295.1	38612.6	11432.6	
6491.9	56894.9	32045.3	9000.0	
6527.5	57775.8	34063.7	11432.6	

10-8 限额以上批发和零售业

指标名称	损益及分配		
	营业收入		营业成本
		主营业务收入	
总计	**78686689.9**	**78181053.2**	**75486584.4**
一、批发业	**70279516.1**	**70031654.1**	**67942927.5**
农、林、牧、渔产品批发	131578.9	129179.1	65113.1
谷物、豆及薯类批发	3411.0	3139.7	3252.3
种子批发	27357.7	26934.5	18193.7
畜牧渔业饲料批发	25431.4	25431.4	24667.2
棉、麻批发	1512.5	1363.3	975.7
林业产品批发	72291.2	70735.1	16692.1
其他农牧产品批发	1575.1	1575.1	1332.1
食品、饮料及烟草制品批发	2089016.7	2053240.8	1694421.1
米、面制品及食用油批发	133589.6	133525.9	124345.6
糕点、糖果及糖批发	16913.5	16913.4	15180.9
果品、蔬菜批发	328018.8	325964.1	313958.7
肉、禽、蛋、奶及水产品批发	91238.9	90583.1	86863.7
盐及调味品批发	115788.3	96098.1	92367.7
营养和保健品批发	15606.1	15606.1	10480.3
酒、饮料及茶叶批发	578681.8	565756.4	464710.9
烟草制品批发	650634.1	650489.3	453310.2
其他食品批发	158545.6	158304.4	133203.1
纺织、服装及家庭用品批发	583229.1	578198.8	536076.9
纺织品、针织品及原料批发	2012.7	2012.7	2012.3
服装批发	104046.6	102323.6	89842.4
鞋帽批发	5943.8	5943.8	5465.9
化妆品及卫生用品批发	47980.3	46985.8	45786.6
厨具卫具及日用杂品批发	38474.2	37779.8	32535.6
灯具、装饰物品批发	4063.6	4063.6	3783.6
家用视听设备批发	180645.5	180627.1	164484.3
日用家电批发	190916.9	189316.9	184298.8
其他家庭用品批发	9145.5	9145.5	7867.4
文化、体育用品及器材批发	884718.1	882812.5	838568.9
文具用品批发	319967.0	319619.6	310146.4
体育用品及器材批发	102654.8	102480.5	92017.3
图书批发	195210.9	193827.0	173917.8
首饰、工艺品及收藏品批发	266885.4	266885.4	262487.4
医药及医疗器材批发	4703116.7	4613651.1	4314702.9
西药批发	3371186.9	3291194.9	3158341.6
中药批发	373000.5	371911.2	337511.8
动物用药品批发	3494.2	3494.2	1977.2
医疗用品及器材批发	955435.1	947050.8	816872.3
矿产品、建材及化工产品批发	56262555.2	56159924.7	55106376.3
煤炭及制品批发	40211926.3	40139918.9	39373851.5
石油及制品批发	3194158.0	3187632.7	3149667.7
非金属矿及制品批发	5636.8	5636.8	5237.4
金属及金属矿批发	10182666.8	10170907.2	10022204.3

法人企业财务状况（三）

单位：万元

税金及附加	其他业务利润	销售费用	管理费用	财务费用
186386.5	304440.5	1317742.0	898109.5	504833.6
162792.8	171065.4	769794.6	656430.6	446206.8
219.5	675.1	8839.8	5625.4	731.2
1.8		90.6	919.6	–3.2
46.2		1180.3	1706.5	566.9
9.4		36.1	307.0	48.8
18.3		64.4	467.5	107.7
141.6	675.1	7353.2	2100.3	10.9
2.2		115.2	124.5	0.1
91671.7	8660.7	138916.4	74180.8	–1764.8
150.5		6305.6	1815.1	428.3
19.9		1385.4	442.3	46.3
464.7	2106.5	9205.6	2570.3	2361.8
76.2	654.2	3591.3	825.9	206.9
614.8		7528.6	10879.2	276.8
25.6		2955.2	1618.1	105.6
1278.6	1511.2	82368.8	13978.0	1279.0
88761.2	125.8	7158.6	37783.9	–6933.8
280.2	4263.0	18417.3	4268.0	464.3
562.5	1521.3	26054.4	16585.3	1691.2
0.1			8.9	0.1
157.8	221.1	8330.7	5698.2	12.3
6.6		670.9	41.2	–1.2
35.7		1159.5	383.4	318.8
15.0	1184.9	3018.9	1957.9	113.2
3.3		142.8	87.2	3.9
205.6		7452.6	1593.5	–94.2
137.2	115.3	5041.6	5579.5	1323.9
1.2		237.4	1235.5	14.4
726.8	428.3	18252.0	18227.9	–644.4
264.3	52.8	3998.9	3221.9	609.2
97.8	254.2	5718.8	3296.3	–979.6
176.7	121.3	4668.7	9833.3	–1146.8
188.0		3865.6	1876.4	872.8
10110.0	135961.4	165829.4	113679.0	30909.8
6384.6	132548.5	99968.6	53296.6	24382.6
971.2	3436.0	17576.6	12090.7	1763.3
9.5	–3.4	127.3	1064.6	–0.9
2744.7	–19.7	48156.9	47227.1	4764.8
53712.3	19709.9	336833.0	354955.8	408511.5
41940.8	9047.1	211670.8	273398.8	348278.7
1941.8	3962.0	14567.9	12966.1	8441.3
2.9		305.8	6.7	–0.1
6523.6	3894.2	60800.4	36549.7	38479.3

10-8 续表 1

指标名称	损益及分配		
	营业收入	主营业务收入	营业成本
建材批发	1072998.0	1066668.0	1027258.6
化肥批发	806005.4	803911.0	787460.7
农药批发	27872.0	27872.0	24157.7
其他化工产品批发	761291.9	757378.1	716538.4
机械设备、五金产品及电子产品批发	2157510.2	2148471.1	1978326.4
汽车及零配件批发	374685.1	373234.5	355627.9
摩托车及零配件批发	35296.2	35296.1	33188.6
五金产品批发	137090.2	137090.2	124508.0
电气设备批发	67485.6	67485.6	51265.4
计算机、软件及辅助设备批发	274727.7	274311.7	254298.4
通讯设备批发	412256.2	412002.1	387448.1
其他机械设备及电子产品批发	855969.2	849050.9	771990.0
贸易经纪与代理	29251.4	28487.5	27991.1
贸易代理	29251.4	28487.5	27991.1
其他批发业	3438539.8	3437688.5	3381350.8
再生物资回收与批发	4545.9	4545.9	4208.2
宠物食品用品批发	7322.5	7300.6	6206.3
互联网批发	3372045.2	3371928.6	3320991.0
其他未列明批发业	54626.2	53913.4	49945.3
内资企业	69789481.9	69541745.5	67481286.3
国有企业	849034.1	848889.3	650015.6
集体企业	3632.1	3632.1	3112.4
股份合作企业	1627.1	1627.1	1448.6
有限责任公司	43324045.8	43144012.2	42364177.2
国有独资公司	8086176.5	8063138.2	7875170.6
其他有限责任公司	35237869.3	35080874.0	34489006.6
股份有限公司	6122987.0	6122755.8	5837326.0
私营企业	19488155.8	19420829.0	18625206.5
私营独资企业	7298.4	7298.4	6831.5
私营有限责任公司	19204194.0	19136940.2	18359557.7
私营股份有限公司	276663.4	276590.4	258817.3
港、澳、台商投资企业	390779.3	390666.1	381420.9
合资经营企业（港或澳、台资）	5660.8	5660.8	5239.0
港、澳、台商独资经营企业	9916.2	9916.2	7079.0
港、澳、台商投资股份有限公司	375202.3	375089.1	369102.9
外商投资企业	99254.9	99242.5	80220.3
中外合资经营企业	51634.3	51621.9	41528.6
外资企业	17111.2	17111.2	13434.2
外商投资股份有限公司	30509.4	30509.4	25257.5
国有控股	44533401.7	44366670.8	43318326.1
集体控股	918461.0	918461.0	908375.3
私人控股	24794965.2	24713834.1	23690473.9
港澳台商控股	15577.0	15577.0	12318.0
外商控股	17111.2	17111.2	13434.2
独立门店	28740465.8	28625777.5	27767626.8
连锁总店（总部）	78950.3	78613.9	73146.8
连锁直营店	2372.5	1069.4	1412.3
连锁加盟店	32552.0	32551.3	30682.8

单位：万元

税金及附加	其他业务利润	销售费用	管理费用	财务费用
1098.0	1708.8	13425.5	14837.5	8614.1
1554.5	237.2	8777.0	3003.5	2156.6
13.4		1253.2	38.8	1605.7
637.3	860.6	26032.4	14154.7	935.9
2859.5	4119.3	69678.3	65782.5	5636.6
205.4	1682.0	10883.8	7025.0	670.8
16.8		1079.3	550.7	51.1
157.3	1.1	5561.2	4345.9	-39.2
175.7		2075.4	4225.2	546.8
299.3	121.0	6698.4	8802.1	977.8
402.5	64.5	14114.7	7093.3	175.5
1602.5	2250.7	29265.5	33740.3	3253.8
40.8		374.8	426.9	546.8
40.8		374.8	426.9	546.8
2889.7	-10.6	5016.5	6967.0	588.9
1.4		200.1	29.9	14.7
9.1	21.9	434.8	295.0	16.1
2846.3	-65.5	2207.5	4542.1	544.1
32.9	33.0	2174.1	2100.0	14.0
162247.7	170939.2	759758.8	646382.1	444728.4
88913.7	125.8	8014.3	38695.3	-6939.4
7.1		171.6	123.6	21.2
0.6		96.5	86.7	62.5
40807.0	148555.3	283231.5	314047.5	385929.4
6973.3	969.6	16512.1	56624.1	34937.7
33833.7	147585.7	266719.4	257423.4	350991.7
7966.9		48820.4	58100.9	25004.5
24552.4	22258.1	419424.5	235328.1	40650.2
1.4		123.4	233.2	0.4
24262.1	21288.1	406872.4	231070.1	39762.5
288.9	970.0	12428.7	4024.8	887.3
311.2	113.9	2005.2	3374.1	1479.6
11.6		1042.8	422.4	367.7
47.5	0.7	961.5	714.9	0.7
252.1	113.2	0.9	2236.8	1111.2
233.9	12.3	8030.6	6674.4	-1.2
180.1	12.3	2001.6	3257.8	80.9
38.4		3217.8	941.2	44.2
15.4		2811.2	2475.4	-126.3
130651.6	138002.1	246935.7	349713.5	378224.6
572.2	10.5	3013.6	2996.2	1017.2
31471.5	33052.1	514623.2	301642.4	66552.4
59.1	0.7	2004.3	1137.3	368.4
38.4		3217.8	941.2	44.2
114966.5	25853.5	332608.4	334157.6	318577.2
111.4	10.5	1495.5	2497.1	36.8
180.8			319.2	737.5
78.5	88.0	2726.7	1540.6	240.0

10-8 续表 2

指标名称	损益及分配		
	营业收入		营业成本
		主营业务收入	
其他	41425175.5	41293642.0	40070058.8
大型	21067692.6	20936263.2	20122490.9
中型	33253436.4	33187392.0	32404596.4
小型	11117705.4	11094518.2	10657031.7
微型	4840681.7	4813480.7	4758808.5
城镇	67305035.6	67076261.1	65114642.8
其中：城区	43921388.8	43789669.0	42205082.7
乡村	2974480.5	2955393.0	2828284.7
港商投资	390779.3	390666.1	381420.9
澳商投资	380863.1	380749.9	374341.9
台投资商	5660.8	5660.8	5239.0
二、零售业	**8407173.8**	**8149399.1**	**7543656.9**
综合零售	1279095.4	1169184.5	1091019.6
百货零售	325496.9	304209.3	257909.6
超级市场零售	829785.9	741298.3	722488.8
便利店零售	122360.0	122224.3	109329.1
其他综合零售	1452.6	1452.6	1292.1
食品、饮料及烟草制品专门零售	525386.3	509622.9	465372.5
粮油零售	14771.4	14434.2	13577.6
糕点、面包零售	13080.2	13080.2	10369.0
果品、蔬菜零售	11645.9	11598.7	11421.1
肉、禽、蛋、奶及水产品零售	56901.4	56194.5	48894.8
营养和保健品零售	6511.8	5961.2	4879.2
酒、饮料及茶叶零售	163692.4	158249.3	140126.6
烟草制品零售	5028.9	5028.9	4059.7
其他食品零售	253754.3	245075.9	232044.5
纺织、服装及日用品专门零售	371630.5	358735.0	291656.3
纺织品及针织品零售	26091.2	25870.7	17319.2
服装零售	239480.3	227393.2	190016.3
鞋帽零售	9670.9	9670.9	7735.2
化妆品及卫生用品零售	35572.6	35080.6	29598.3
厨具卫具及日用杂品零售	12473.5	12415.3	9925.4
钟表、眼镜零售	40440.7	40403.0	30276.0
自行车等代步设备零售	4601.2	4601.2	4020.0
其他日用品零售	3300.1	3300.1	2765.9
文化、体育用品及器材专门零售	127325.9	126251.5	110000.4
文具用品零售	1065.2	1065.2	959.4
体育用品及器材零售	15615.8	15615.8	13096.6
图书、报刊零售	36209.5	35183.5	28775.7
音像制品、电子和数字出版物零售	1421.2	1421.2	1268.7
珠宝首饰零售	59993.1	59993.1	53918.3
工艺美术品及收藏品零售	2563.8	2515.4	2381.0
乐器零售	6931.0	6931.0	6209.3
照相器材零售	3526.3	3526.3	3391.4
医药及医疗器材专门零售	514108.4	504169.0	369027.4
西药零售	479627.3	469687.9	341084.6
中药零售	11709.9	11709.9	9720.7

单位：万元

税金及附加	其他业务利润	销售费用	管理费用	财务费用
47455.6	145113.4	432964.0	317916.1	126615.3
111703.8	7185.6	164171.5	222277.3	319650.4
30139.2	151529.2	338254.1	267314.7	81172.4
9597.9	11405.2	219434.9	140497.7	37312.6
11351.9	945.4	47934.1	26340.9	8071.4
159629.0	163696.8	673553.0	625430.2	436195.3
137648.9	29721.3	521926.0	502140.3	392472.4
3163.8	7368.6	96241.6	31000.4	10011.5
311.2	113.9	2005.2	3374.1	1479.6
263.7	113.2	1043.7	2659.2	1478.9
11.6		1042.8	422.4	367.7
23593.7	133375.1	547947.4	241678.9	58626.8
4926.0	85621.5	129977.3	41496.5	25475.1
3833.1	9413.7	36175.9	22244.0	16847.7
890.5	75475.6	86219.2	15438.9	7889.6
201.4	732.2	7416.1	3809.4	732.0
1.0		166.1	4.2	5.8
984.4	3445.5	31795.0	15662.8	333.2
9.7	14.1	298.4	874.8	42.3
31.4	138.7	653.5	1831.2	40.7
2.5	38.8	725.5	1124.9	68.5
143.8		8193.1	406.4	306.3
3.4	62.6	446.9	519.2	5.8
315.7	72.3	6906.7	4181.7	375.3
24.5	888.6	336.9	1257.9	–56.6
453.4	2230.4	14234.0	5466.7	–449.1
1345.2	6076.8	48101.6	28975.0	1299.3
123.1		3084.0	3599.4	436.6
924.1	5579.6	30415.9	21700.5	676.9
14.5		879.0	829.9	–4.9
83.3	497.2	7320.6	742.0	112.9
18.1		1653.3	498.6	17.9
174.6		4439.6	960.8	19.7
2.6		191.8	382.6	7.9
4.9		117.4	261.2	32.3
1185.6	198.3	13633.5	5320.6	488.4
1.0		5.2	84.2	
12.9		2443.4	699.2	–196.2
108.8	90.9	5339.7	1839.0	–22.2
0.5	39.8	0.6	109.7	1.8
1052.9	67.6	5095.7	2100.8	632.1
2.3		300.3	65.3	2.4
5.0		436.9	389.9	63.7
2.2		11.7	32.5	6.8
1125.6	2458.2	106480.7	18436.4	1910.0
1070.7	2361.3	104204.8	15966.1	1558.5
12.4	96.9	1441.1	622.8	111.2

10-8 续表 3

指标名称	损益及分配		
	营业收入		营业成本
		主营业务收入	
动物用药品零售	4454.6	4454.6	3659.8
医疗用品及器材零售	18316.6	18316.6	14562.3
汽车、摩托车、零配件和燃料及其他动力销售	4208079.6	4109351.7	3934701.3
汽车新车零售	3185406.2	3118696.2	2997020.1
汽车零配件零售	10408.3	10408.3	9312.5
摩托车及零配件零售	30430.5	30312.3	27957.2
机动车燃油零售	967539.8	936550.5	887746.7
机动车燃气零售	13384.4	13384.4	12093.9
机动车充电销售	910.4		570.9
家用电器及电子产品专门零售	409541.9	408069.2	376175.8
日用家电零售	210401.2	209794.5	196061.3
计算机、软件及辅助设备零售	44093.8	44075.2	36286.7
通信设备零售	146147.9	145391.8	136127.7
其他电子产品零售	8899.0	8807.7	7700.1
五金、家具及室内装饰材料专门零售	48215.3	47888.8	42243.4
五金零售	16181.9	16181.9	14065.8
灯具零售	2813.9	2813.9	2536.4
家具零售	5410.3	5164.6	4297.9
卫生洁具零售	1711.9	1711.9	1405.9
木质装饰材料零售	4414.9	4414.9	4177.9
陶瓷、石材装饰材料零售	9069.1	8992.1	7907.1
其他室内装饰材料零售	8613.3	8609.5	7852.4
货摊、无店铺及其他零售业	923790.5	916126.5	863460.2
互联网零售	877037.7	873038.6	820242.0
生活用燃料零售	39635.1	35970.2	37873.5
其他未列明零售业	7117.7	7117.7	5344.7
内资企业	7637697.7	7407623.9	6835410.7
国有企业	12883.8	12811.4	10787.7
集体企业	15178.1	15178.1	12502.7
有限责任公司	2971552.9	2915727.0	2651336.2
国有独资公司	42245.9	40689.1	33630.6
其他有限责任公司	2929307.0	2875037.9	2617705.6
股份有限公司	303825.3	296082.9	280065.0
私营企业	4333674.6	4167241.5	3880203.0
私营独资企业	4874.3	4020.7	3978.4
私营有限责任公司	3709266.0	3615585.2	3319946.6
私营股份有限公司	619534.3	547635.6	556278.0
其他企业	583.0	583.0	516.1
港、澳、台商投资企业	287373.6	271598.4	250767.4
合资经营企业（港或澳、台资）	99396.9	95169.3	89583.2
港、澳、台商独资经营企业	187976.7	176429.1	161184.2
外商投资企业	482102.5	470176.8	457478.8
外资企业	482102.5	470176.8	457478.8
国有控股	1086232.3	1059411.5	915213.2
集体控股	118095.4	116983.7	112086.7
私人控股	6432787.0	6230645.7	5807594.7
港澳台商控股	287373.6	271598.4	250767.4

单位：万元

税金及附加	其他业务利润	销售费用	管理费用	财务费用
7.3		181.9	368.4	4.1
35.2		652.9	1479.1	236.2
12975.5	33042.0	153889.0	101190.4	21114.3
11122.9	32504.5	104933.4	69195.4	14312.8
18.5		351.3	658.8	43.6
14.3	62.2	547.8	1654.4	28.5
1719.1	475.3	46782.7	29355.7	6685.8
10.3		1270.4	182.5	43.6
90.4		3.4	143.6	
333.8	1246.1	23727.6	12922.9	1837.3
111.2	499.4	16106.4	5810.8	1063.2
108.0	472.7	1933.5	3120.8	169.1
103.3	274.0	5618.3	2831.3	562.5
11.3		69.4	1160.0	42.5
59.7	1.6	1377.8	3025.2	68.6
28.7		114.8	837.9	−0.4
3.0			62.9	16.6
7.3	−2.2	719.4	828.3	12.0
1.2		2.6	279.3	0.1
2.7		40.8	113.1	10.0
10.4		371.0	608.3	29.8
6.4	3.8	129.2	295.4	0.5
657.9	1285.1	38964.9	14649.1	6100.6
604.4	518.2	37066.4	13628.6	4639.4
37.7	766.9	750.1	726.6	1416.3
15.8		1148.4	293.9	44.9
20329.8	126581.6	507009.5	226463.1	56732.7
17.8	72.4	1200.3	289.9	−6.6
24.6		771.8	1238.7	46.1
9314.3	14004.8	202706.4	78493.4	17294.2
130.9		5166.3	3067.6	−21.2
9183.4	14004.8	197540.1	75425.8	17315.4
916.5	662.1	20990.5	5906.5	3325.7
10054.4	111840.8	281319.5	140525.5	36066.1
7.5		439.8	323.9	12.1
9461.1	50642.3	235559.7	128660.0	31138.4
585.8	61198.5	45320.0	11541.6	4915.6
2.2	1.5	21.0	9.1	7.2
2735.2	5988.4	19384.1	8589.5	−75.4
1957.8	2486.2	3747.4	782.8	−63.4
777.4	3502.2	15636.7	7806.7	−12.0
528.7	805.1	21553.8	6626.3	1969.5
528.7	805.1	21553.8	6626.3	1969.5
3861.7	3503.0	112627.1	36663.5	6087.7
182.8	1547.9	3407.2	3810.2	290.2
16283.1	121529.2	390954.2	185980.3	50347.6
2735.2	5988.4	19384.1	8589.5	−75.4

10-8 续表 4

指标名称	损益及分配		
	营业收入		营业成本
		主营业务收入	
外商控股	482102.5	470176.8	457478.8
其他	583.0	583.0	516.1
独立门店	4936105.3	4815287.0	4455702.7
连锁总店（总部）	1472815.0	1429868.6	1290754.9
连锁直营店	790694.1	709865.6	689411.5
连锁加盟店	10353.4	10293.3	9183.4
其他	1197206.0	1184084.6	1098604.4
大型	2545146.9	2397706.4	2215283.4
中型	3306075.2	3233617.1	2997818.1
小型	1431604.1	1415732.4	1286248.9
微型	1124347.6	1102343.2	1044306.5
有店铺零售	7439138.8	7186290.1	6648996.0
便利店	334329.5	326813.4	305659.6
超市	874688.6	785575.3	762366.7
仓储会员店	2113.3	2026.9	2011.3
百货店	233609.3	216465.1	179857.1
购物中心	224486.1	208506.0	176700.7
专业店	2364510.2	2309270.3	2057183.8
品牌专卖店	3359098.4	3291481.2	3122260.7
集合店	46303.4	46151.9	42956.1
无店铺零售	968035.0	963109.0	894660.9
网络零售	870545.5	866546.7	813742.4
电视 / 广播零售	3584.1	3302.4	2831.8
邮寄零售	9709.4	9709.1	8634.5
电话零售	5942.0	5883.8	4661.0
其他	78254.0	77667.0	64791.2
有店铺零售	7488788.1	7233328.0	6693181.4
便利店	406373.5	391996.1	360590.2
超市	947886.2	847201.5	818556.3
仓储会员店	2614.1	2527.7	2417.2
百货店	440553.2	408037.3	350261.6
购物中心	293579.7	277362.9	232922.3
专业店	2459377.4	2401198.9	2144414.6
品牌专卖店	3412264.1	3344569.2	3170805.8
集合店	53871.1	53717.5	49252.8
无店铺零售	1793580.1	1710906.1	1649016.5
网络零售	1690311.4	1608397.9	1561172.7
电视 / 广播零售	3584.1	3302.4	2831.8
邮寄零售	14642.4	14583.9	12470.6
电话零售	5942.0	5883.8	4661.0
其他	128834.9	127594.0	109599.3
城镇	1720477.5	1638158.1	1586384.2
其中：城区	847958.3	775184.2	769390.7
乡村	73102.6	72748.0	62632.3
港商投资	287373.6	271598.4	250767.4
澳商投资	187473.7	171820.5	156285.4
台投资商	190929.5	175154.3	159063.9

单位：万元

税金及附加	其他业务利润	销售费用	管理费用	财务费用
528.7	805.1	21553.8	6626.3	1969.5
2.2	1.5	21.0	9.1	7.2
17621.4	61209.7	275173.1	154553.0	44022.3
2818.0	7797.2	145264.3	35686.6	6415.9
1035.7	63473.8	76024.7	16243.9	6698.2
16.7	−2.2	508.4	837.0	20.9
2101.9	896.6	50976.9	34358.4	1469.5
4436.6	79571.7	247784.8	55227.8	13719.0
12192.7	43447.5	180568.7	105618.8	36155.9
5248.4	5595.3	75452.4	59454.4	7566.0
1716.0	4760.6	44141.5	21377.9	1185.9
22708.5	132421.6	504019.8	221998.9	53784.2
645.4	2112.6	17462.2	6723.6	188.5
1117.5	78816.8	94566.2	17763.1	8004.9
0.4	86.4	69.9	17.0	5.1
1872.9	2354.8	25451	18542.5	4994.4
2539.3	8279.0	22872.4	19722.3	12476.2
5616.4	7370.9	207511.8	77362.0	14089.3
10874.5	33284.1	134408.8	78981.3	13764.1
42.1	117	1677.5	2887.1	261.7
885.2	953.5	43927.6	19680.0	4842.6
425.9	517.9	37148.2	13521.3	4660.5
0.6	281.7	718.2	25.9	3.4
182.5	0.3	389.3	358.5	4.8
5.6		1029.3	325.0	3.7
270.6	153.6	4642.6	5449.3	170.2
22749.7	132421.6	504249.5	225865.2	56645.6
1010.8	2248.1	22784.5	19835.4	509.2
1674.9	82123.3	104084.5	24952.8	7848.4
0.9	86.4	69.9	95.8	5.1
4427.7	12862.9	49418.5	31315.3	16734.9
2728.7	9785.0	23352.1	21070.9	12484.7
5743.4	7685.3	209615.5	82010.3	17022.9
10940.3	33333.1	138028.4	81259.6	14079.5
48.3	117.0	2127.8	3460.7	291.1
1636.4	62198.5	97686.5	30087.1	9800.1
1352.0	61929.1	90805.8	24240.8	9598.4
0.6	281.7	718.2	25.9	3.4
186.8	0.3	1396.8	527.0	8.6
5.6		1029.3	325.0	3.7
314.8	496.6	8966.4	6784.4	298.7
1538.4	62198.4	90496.1	27917.0	8754.1
914.2	61576.4	56697.9	14297.5	5069.9
98.0	0.1	7190.4	2170.1	1046.0
2735.2	5988.4	19384.1	8589.5	−75.4
2577.8	5883.5	17868.8	7944.0	−197.3
2592.7	5988.4	18488.5	8093.0	−132.9

10-9 限额以上批发和零售业

指标名称	损益及分配		
	财务费用		投资收益
	利息收入	利息费用	
总计	**70766.0**	**490091.3**	**1422091.2**
一、批发业	**68842.5**	**462922.4**	**1418819.7**
农、林、牧、渔产品批发	174.5	795.9	
谷物、豆及薯类批发	3.2		
种子批发	167.8	711.6	
畜牧渔业饲料批发	2.4	43.6	
棉、麻批发	-0.2	28.5	
林业产品批发	1.2	12.1	
其他农牧产品批发	0.1	0.1	
食品、饮料及烟草制品批发	7690.2	1947.0	-297.4
米、面制品及食用油批发	17.9	451.2	
糕点、糖果及糖批发	0.3	46.0	
果品、蔬菜批发	1.0	124.6	
肉、禽、蛋、奶及水产品批发	1.6	88.6	
盐及调味品批发	20.4	292.8	149.5
营养和保健品批发	1.6	105.8	
酒、饮料及茶叶批发	610.3	376.2	2049.0
烟草制品批发	6954.9	19.6	
其他食品批发	82.2	442.2	-2495.9
纺织、服装及家庭用品批发	1510.6	3445.6	26.4
纺织品、针织品及原料批发			
服装批发	-158.2	153.0	19.7
鞋帽批发			
化妆品及卫生用品批发	1.5	219.6	
厨具卫具及日用杂品批发	15.3	37.2	
灯具、装饰物品批发			
家用视听设备批发	344.5	203.0	
日用家电批发	1307.5	2832.8	
其他家庭用品批发			6.7
文化、体育用品及器材批发	1815.0	208.8	8877.9
文具用品批发	155.3	688.3	3.5
体育用品及器材批发	292.1	-708.4	
图书批发	1220.9	68.8	8744.7
首饰、工艺品及收藏品批发	146.7	160.1	129.7
医药及医疗器材批发	12986.1	29043.7	797.4
西药批发	12370.5	22869.5	645.7
中药批发	155.6	1237.5	-84.1
动物用药品批发	1.6	0.6	
医疗用品及器材批发	458.4	4936.1	235.8
矿产品、建材及化工产品批发	43035.0	424213.6	1405918.4
煤炭及制品批发	33289.5	380363.1	1399592.0
石油及制品批发	73.3	8428.2	-72.0
非金属矿及制品批发			
金属及金属矿批发	4459.3	24196.5	3724

法人企业财务状况（四）

单位：万元

				人工成本及增值税
营业利润	营业外收入	利润总额	所得税费用	应付职工薪酬（本年贷方累计发生额）
1119689.9	55237.1	1156210.5	75964.3	826850.2
1117933.6	35929.9	1138382.4	55787.1	538940.7
46094.7	620.4	46695.6	186.1	3611.9
-850.0	422.5	-427.5	0.1	653.2
3959.2	68.2	4027.4		1595.3
362.7	6.6	367.0	16.8	127.8
-121.3	103.2	-18.2		54.4
42743.1	18.3	42744.3	169.1	1076.7
1.0	1.6	2.6	0.1	104.5
97804.7	3659.8	100540.8	30288.1	58766.9
560.5	64.7	625.1	56.8	1057.0
138.6	25.0	162.4	3.5	235.6
-438.3	409.2	-72.2	10.1	2219.3
-407.5	21.0	-392.7	22.2	1890.7
2503.1	693.0	3114.4	817.4	3741.2
421.3	5.9	427.2	73.9	4943.8
24075.5	233.8	24227.0	6446.1	17804.4
70706.0	30.0	70608.3	22039.2	21745.6
245.5	2177.2	1841.3	818.9	5129.3
483.9	613.5	1060.8	831.0	12076.0
-8.7	0.1	-8.7		3.6
258.0	68.8	307.3	103.8	5328.6
-239.7	6.2	-233.5		89.9
294.3		291.3	13.1	441.8
833.5	79.3	912.7	27.7	1100.7
42.5	1.7	44.2	1.1	171.7
4820.1	11.5	4831.6	664.0	1821.5
-5445.3	443.4	-5022.5	20.1	2261.9
-70.8	2.5	-61.6	1.2	856.3
16760.4	484.8	16973.3	1523.8	13973.0
1424.2	54.8	1450.1	188.7	3601.0
758.2	390.1	1142.4	321.3	2286.2
16979.1	14.8	16663.8	988.6	6747.9
-2401.1	25.1	-2283.0	25.2	1337.9
72995.1	1035.7	71892.1	18186.4	87130.7
39988.9	461.7	40010.3	11639.7	53831.5
1678.1	168.7	1702.5	599.8	9582.2
337.7	1.9	316.2	29.2	405.5
30990.4	403.4	29863.1	5917.7	23311.5
804436.5	14361.3	808823.4	-14887.8	313473.3
754151.9	5452.2	751565.3	-26419.4	260667.7
17429.5	353.7	17440.6	2107.6	16035.4
84.1	0.4	84.5	2.1	21.6
14772.1	5648.4	19421.3	6339.4	17442.1

10-9 续表 1

指标名称	损益及分配		
	财务费用		投资收益
	利息收入	利息费用	
建材批发	474.4	3626.6	118.4
化肥批发	4186.6	5851.5	3.2
农药批发	35.5	1613.5	
其他化工产品批发	516.4	134.2	2552.8
机械设备、五金产品及电子产品批发	1408.6	2591.2	2527.8
汽车及零配件批发	368.9	830.9	13.5
摩托车及零配件批发	0.5	49.0	
五金产品批发	19.6	34.1	56.5
电气设备批发	53.4	128.7	
计算机、软件及辅助设备批发	65.7	659.0	1.5
通讯设备批发	7.3	87.8	7.8
其他机械设备及电子产品批发	893.2	801.7	2448.5
贸易经纪与代理	71.7	0.5	
贸易代理	71.7	0.5	
其他批发业	150.8	676.1	969.2
再生物资回收与批发			
宠物食品用品批发	1.8	17.9	
互联网批发	93.5	596.4	–451.8
其他未列明批发业	55.5	61.8	1421
内资企业	68924.6	461744.8	1418819.7
国有企业	6962.4	19.6	
集体企业	0.9	21.8	
股份合作企业	3.4	65.9	
有限责任公司	45157.5	396726.1	1018383.8
国有独资公司	10058.2	31428.6	18470.2
其他有限责任公司	35099.3	365297.5	999913.6
股份有限公司	14907.5	39231.7	400387.2
私营企业	1892.9	25679.7	48.7
私营独资企业			
私营有限责任公司	1805.3	24988.1	139.0
私营股份有限公司	87.6	691.6	–90.3
港、澳、台商投资企业	–310.2	773.5	
合资经营企业（港或澳、台资）			
港、澳、台商独资经营企业			
港、澳、台商投资股份有限公司	–310.2	773.5	
外商投资企业	228.1	404.1	
中外合资经营企业	215.5	396	
外资企业	0.3		
外商投资股份有限公司	12.3	8.1	
国有控股	61589.8	407877.1	1369857.0
集体控股	552.3	902.8	201.5
私人控股	6700.1	54142.5	48761.2
港澳台商控股			
外商控股	0.3		
独立门店	42317.2	318512.6	982394.8
连锁总店（总部）	12.0	28.7	204.3
连锁直营店	35.6	773.1	

单位：万元

				人工成本及增值税
营业利润	营业外收入	利润总额	所得税费用	应付职工薪酬（本年贷方累计发生额）
8973.1	1033.1	9876.0	1443.7	9679.3
1783.5	1385.7	2992.0	1021.5	3281.5
870.2	3.4	785.4	0.1	521.4
6372.1	484.4	6658.3	617.2	5824.3
36392.0	3419.8	37772.7	5886.0	44792.7
181.5	677.0	745.0	189.0	4256.3
409.2	13.5	422.7	12.4	448.0
2658.5	250.5	2787.4	296.6	2964.3
9823.2	178.8	9996.4	393.6	2102.6
1729.0	278.3	1854.0	648.2	7760.7
2429.3	36.8	2326.1	853.8	4326.4
19161.3	1984.9	19641.1	3492.4	22934.4
-8.6	47.4	38.7	240.6	162.0
-8.6	47.4	38.7	240.6	162.0
42974.9	11687.2	54585.0	13532.9	4954.2
91.6		91.5	2.2	20.0
361.2	4.7	365.9	7.8	457.5
40888.2	11672.4	52535.7	13506.5	3068.6
1633.9	10.1	1591.9	16.4	1408.1
1111555.7	35840.1	1131924.6	54374.6	531830.2
70486.5	30.0	70388.8	22044.6	22371.5
196.1		194.3	7.5	81.5
-67.8		-68.1		42.9
396121.1	16091.5	404309.1	-26520.6	325335.8
-8633.4	1371.5	-9114.6	9265.7	26792.1
404754.5	14720.0	413423.7	-35786.3	298543.7
513974.7	273.1	513505.6	36678.4	53880.0
130845.1	19445.5	143594.9	22164.7	130118.5
85.8	1.9	78.9	12.1	158.9
130995.2	18751.6	143157.6	21936.7	126746.2
-235.9	692.0	358.4	215.9	3213.4
2200.1	11.4	2204.5	45.5	2930.4
-1422.7	3.0	-1423.7		327.0
1113.3	8.4	1121.7	45.5	984.9
2509.5		2506.5		1618.5
4177.8	78.4	4253.3	1367.0	4180.1
4585.4	14.9	4600.3	1468.3	1432.0
-573.3	63.5	-510.6	0.8	2387.2
165.7		163.6	-102.1	360.9
890698.0	7328.0	890652.9	17788.9	356927.0
2691.6	1318.9	3900.9	1046.2	1606.3
225426.7	27208.1	244641.2	36905.7	176708.3
-309.4	11.4	-302.0	45.5	1311.9
-573.3	63.5	-510.6	0.8	2387.2
454843.1	10763.2	458821.3	-37554.8	285706.3
1814.3	97.1	1910.0	401.1	2019.1
-277.3	94.3	-185.0		124.4

10–9　续表 2

指标名称	损益及分配		
	财务费用		投资收益
	利息收入	利息费用	
连锁加盟店	127.7	60.1	49.8
其他	26350.0	143547.9	436170.8
大型	49901.0	349905.9	1353565.1
中型	14187.2	80823.3	61139.3
小型	2843.9	26257.2	3990.2
微型	1910.4	5936.0	125.1
城镇	68126.8	456424.0	1421249.7
其中：城区	48046.6	400202.2	1368034.9
乡村	715.7	6498.4	–2430
港商投资	–310.2	773.5	
澳商投资	–310.2	773.5	
台投资商			
二、零售业	**1923.5**	**27168.9**	**3271.5**
综合零售	46.8	7949.4	229.1
百货零售	58.0	7711.4	290.0
超级市场零售	–11.5	237.9	
便利店零售	0.3	0.1	–60.9
其他综合零售			
食品、饮料及烟草制品专门零售	–333.9	771.4	1910.8
粮油零售	4.6	40.7	
糕点、面包零售	0.2	40.7	
果品、蔬菜零售	–0.9	43.6	
肉、禽、蛋、奶及水产品零售	25.7	328.3	
营养和保健品零售	0.2	5.7	
酒、饮料及茶叶零售	55.7	284.3	
烟草制品零售	64.6		
其他食品零售	–484.0	28.1	1910.8
纺织、服装及日用品专门零售	374.8	219.0	33.7
纺织品及针织品零售	411.6	11.0	
服装零售	–136.9	178.2	33.6
鞋帽零售	–5.5		
化妆品及卫生用品零售	50.8	18.9	0.1
厨具卫具及日用杂品零售	14.8		
钟表、眼镜零售	39.5	–21.9	
自行车等代步设备零售			
其他日用品零售	0.5	32.8	
文化、体育用品及器材专门零售	–162.5	100.5	46
文具用品零售			
体育用品及器材零售	–206.4	8.2	
图书、报刊零售	39.0	0.3	5.6
音像制品、电子和数字出版物零售	1.7	0.1	
珠宝首饰零售	0.6	67.4	40.4
工艺美术品及收藏品零售	1.3		
乐器零售	1.1	18.1	
照相器材零售	0.2	6.4	
医药及医疗器材专门零售	1154.3	1910.6	177.7
西药零售	1149.9	1769.0	177.7

单位：万元

				人工成本及增值税
营业利润	营业外收入	利润总额	所得税费用	应付职工薪酬（本年贷方累计发生额）
-157.9	32.2	-128.8	40.2	1784.1
661711.4	24943.1	677964.9	92900.6	249306.8
875814.2	1373.0	872749.9	-10800.5	188840.5
189840.0	21198.6	206072.0	50486.0	208802.8
59325.1	8711.2	64620.6	13524.5	132745.8
-7045.7	4647.1	-5060.1	2577.1	8551.6
1113113.0	32149.6	1130489.5	52494.4	513923.6
910249.6	15520.9	914026.5	10792.8	430150.9
4820.6	3780.3	7892.9	3292.7	25017.1
2200.1	11.4	2204.5	45.5	2930.4
1086.8	3.0	1082.8		1945.5
-1422.7	3.0	-1423.7		327.0
1756.3	19307.2	17828.1	20177.2	287909.5
2414.0	2616.0	3261.7	3807.0	58422.6
4167.3	615.5	4030.4	3021.9	12099.3
-3144.6	1942.5	-2211.2	288.8	41200.7
1407.7	57.5	1458.4	496.3	5026.0
-16.4	0.5	-15.9		96.6
13266.4	1944.9	14602.6	3539.4	19473.2
-23.3	78.7	47.1	4.2	619.5
293.9	3.0	286.7	149.9	1187.0
-1706.7	1303.4	-408.9	1.0	446.9
-1040.9	127.9	-976.9	1.2	4690.8
169.2	7.3	175.5	3.4	477.2
11639.2	105.3	11726.8	2238.8	4309.4
295.1	9.4	267.1	2.1	625.0
3639.9	309.9	3485.2	1138.8	7117.4
-2282.2	462.1	-201.3	1312.7	22466.9
-908.9	0.9	-934.9	1.2	1322.0
-4368.7	284.6	-2341.8	516.4	13563.1
217.1	5.2	221.9	5.2	942.7
-2277.8	50.1	-2323.2	-2.9	2831.5
360.1	94.6	454.7	17.9	736.7
4580.7	5.8	4586.1	771.1	2836.0
-3.1	0.3	-3.1	1.5	103.2
118.4	20.6	139.0	2.3	131.7
-3190.6	986.3	-2239.7	76.2	9477.0
15.4	1.1	16.5	0.6	60.5
-440.0	561.5	121.1	8.8	378.2
174.1	317.4	489.1	57.0	5342.7
39.7	20.1	59.8	1.3	49.9
-2700.0	45.1	-2678.6	5.4	3301.0
-187.5	1.5	-194.9		96.7
-174.0	39.5	-134.5	1.1	229.6
81.7	0.1	81.8	2.0	18.4
13064.1	999.2	13857.3	5083.8	48767.7
11579.2	912.3	12323.9	5046.2	46679.9

10-9 续表 3

指标名称	损益及分配		
	财务费用		投资收益
	利息收入	利息费用	
中药零售	0.2	108.2	
动物用药品零售	2.7	6.8	
医疗用品及器材零售	1.5	26.6	
汽车、摩托车、零配件和燃料及其他动力销售	742.6	10275.0	987.4
汽车新车零售	644.6	8441.6	–375.1
汽车零配件零售	0.1	12.7	
摩托车及零配件零售	0.6	22.9	
机动车燃油零售	91.3	1766.9	1362.5
机动车燃气零售	6.0	30.9	
机动车充电销售			
家用电器及电子产品专门零售	–44.6	515.7	–118.9
日用家电零售	–97.2	290.5	
计算机、软件及辅助设备零售	17.9	144.3	–72.1
通信设备零售	33.2	69.8	–46.8
其他电子产品零售	1.5	11.1	
五金、家具及室内装饰材料专门零售	6.9	65.2	
五金零售	–0.3	1.4	
灯具零售	0.1	16.7	
家具零售	4.8	9.3	
卫生洁具零售		0.1	
木质装饰材料零售		10.2	
陶瓷、石材装饰材料零售	1.0	25.8	
其他室内装饰材料零售	1.3	1.7	
货摊、无店铺及其他零售业	139.1	5362.1	5.7
互联网零售	48.1	3915.3	5.7
生活用燃料零售	91.9	1426.9	
其他未列明零售业	–0.9	19.9	
内资企业	1939.8	27044.9	3271.5
国有企业	1.2	–6.0	
集体企业	0.5	46.1	
有限责任公司	2039.6	9061.3	1156.6
国有独资公司	42.0	6.7	
其他有限责任公司	1997.6	9054.6	1156.6
股份有限公司	0.9	880	–60.9
私营企业	–102.4	17056.3	2175.8
私营独资企业	0.1		
私营有限责任公司	–132.5	16886.8	2242.2
私营股份有限公司	30.0	169.5	–66.4
其他企业		7.2	
港、澳、台商投资企业	–61.5	44.2	
合资经营企业（港或澳、台资）	88.8	25.4	
港、澳、台商独资经营企业	–150.3	18.8	
外商投资企业	45.2	79.8	
外资企业	45.2	79.8	
国有控股	1335.3	3652.3	1557.2
集体控股	2.1	197.6	40.4
私人控股	602.4	23187.8	1673.9

单位：万元

				人工成本及增值税
营业利润	营业外收入	利润总额	所得税费用	应付职工薪酬（本年贷方累计发生额）
-99.4	3.2	-96.7	7.4	1043.1
233.1		232.1	9.9	214.4
1351.2	83.7	1398.0	20.3	830.3
-10930.2	9549.9	-3144.1	5699.8	99119.4
-7324.5	9341.0	988.2	5127.7	68808.5
91.1	8.9	28.6	6.6	575.5
228.2	27.6	247.1	16.7	943.1
-4083.2	172.3	-4555.2	537.8	28168.7
-33.4		-44.5	11.0	623.6
191.6	0.1	191.7		
-7155.4	1017.0	-6426.5	340.3	13895.3
-9088.6	337.4	-8770.6	21.2	7230.2
1513.6	460.6	1712.4	152.8	2837.0
561.7	151.9	708.9	161.4	3286.0
-142.1	67.1	-77.2	4.9	542.1
1453.0	65.0	1451.4	235.6	1519.7
1125.5	12.3	1081.3	203.9	363.1
195.0		190.0	7.2	29.2
-467.1	7.2	-461.9	1.0	334.3
22.9	0.4	23.3	0.3	50.4
100.2	0.8	101.0	2.1	70.5
144.1	44.4	185.4	5.1	427.2
332.4	-0.1	332.3	16.0	245.0
-4882.8	1666.8	-3333.3	82.4	14767.7
-3380.6	1661.6	-1829.5	70.2	12201.0
-1767.1	2.0	-1770.8		1842.3
264.9	3.2	267.0	12.2	724.4
2445.4	18902.6	16868.5	17999.5	271890.3
595.3	0.8	583.6	23.4	827.8
422.1	0.3	594.9	49.2	854.2
12410.6	3657.4	14926.0	7058.1	103729.3
271.5	314.5	567.1	57.6	5531.0
12139.1	3342.9	14358.9	7000.5	98198.3
-7650.7	194.5	-7552.6	495.5	10827.2
-3349.3	15049.6	8299.2	10372.5	155597.1
94.1	7.5	93.3	13.6	494.1
-3315.9	13345.3	7420.9	10320.7	130774.5
-127.5	1696.8	785.0	38.2	24328.5
17.4		17.4	0.8	54.7
5399.1	163.3	7252.2	1971.7	7594.0
3267.3	9.1	3264.6	821.5	2218.1
2131.8	154.2	3987.6	1150.2	5375.9
-6088.2	241.3	-6292.6	206	8425.2
-6088.2	241.3	-6292.6	206.0	8425.2
14219.2	857.1	14561.8	5712.7	54589.3
-111.6	83.8	119.4	72.4	3204.8
-11679.6	17961.7	2169.9	12213.6	214041.5

10–9　续表 4

指标名称	损益及分配		
	财务费用		投资收益
	利息收入	利息费用	
港澳台商控股	-61.5	44.2	
外商控股	45.2	79.8	
其他		7.2	
独立门店	1149.5	22914.0	1161.7
连锁总店（总部）	762.2	3154.7	2026.7
连锁直营店	54.9	56.5	
连锁加盟店	3.6	9.2	0.3
其他	-46.7	1034.5	82.8
大型	732.9	2759.6	2357.3
中型	883.1	20509.4	-120.2
小型	316.4	3455.3	1156.7
微型	-8.9	444.6	-122.3
有店铺零售	2048.6	23064.7	3337.9
便利店	-485.2	0.1	1849.9
超市	-11.0	269.3	
仓储会员店		5.1	
百货店	6.2	3283.3	190
购物中心	-79.4	4664.1	90.3
专业店	2017.3	7292.4	1589.9
品牌专卖店	572.2	7371.0	-382.7
集合店	28.5	179.4	0.5
无店铺零售	-125.1	4104.2	-66.4
网络零售	48.8	3936.8	5.7
电视 / 广播零售	0.6	3.9	
邮寄零售	-0.1	3.7	
电话零售	0.1		
其他	-174.5	159.8	-72.1
有店铺零售	2044.4	25591.7	3337.9
便利店	-447.0	240.1	1900.9
超市	-161	284.8	
仓储会员店		5.1	
百货店	-86.8	7684.4	333.3
购物中心	-53.8	4688.7	90.3
专业店	2031.5	9863.2	1589.9
品牌专卖店	601.7	7426.8	-382.7
集合店	41.3	184.5	0.5
无店铺零售	-63.3	4233.9	-66.4
网络零售	53.3	4074.0	5.7
电视 / 广播零售	0.6	3.9	
邮寄零售	-0.1	3.7	
电话零售	0.1		
其他	-116.3	234.3	-72.1
城镇	-63.7	3322.0	-66.4
其中：城区	84.4	208.4	
乡村	0.4	911.9	
港商投资	-61.5	44.2	
澳商投资	-60.9	29.3	
台投资商	-61.5	44.2	

单位：万元

				人工成本及增值税
营业利润	营业外收入	利润总额	所得税费用	应付职工薪酬（本年贷方累计发生额）
5399.1	163.3	7252.2	1971.7	7594.0
-6088.2	241.3	-6292.6	206.0	8425.2
17.4		17.4	0.8	54.7
6079.8	13708.1	16319.3	13823.9	157226.4
-13042.6	1247.2	-10652.4	3916.3	58775.7
1263.3	1670.1	2329.0	992.2	38307.5
-225.4	6.7	-218.8	2.4	429.3
7681.2	2675.1	10051.0	1442.4	33170.6
10561.9	2571.7	11003.9	7807.4	115292.9
-20349.2	11208.0	-10536.5	6201.6	118012.8
-1659.4	4358.5	1554.1	2325.9	42728.1
13203.0	1169.0	15806.6	3842.3	11875.7
3432.3	16329.1	17019.4	20030.6	271193.7
6096.7	283.8	6377.2	1605.5	9488.6
-6203.0	2089.0	-5204.7	299.6	43697.0
9.6		9.6	0.2	4.0
4339.7	504.5	4043.4	1799.4	8711.4
1097.5	344.0	3213.3	1668.9	10986.8
-3132.3	3470.8	-567.7	7018.4	112497.0
2828.9	9230.7	10395.8	7612.5	84426.4
-1604.8	406.3	-1247.5	26.1	1382.5
-1676.0	2978.1	808.7	146.6	16715.8
-3427.7	1632.8	-1871.8	70.0	12215.2
4.2	1.0	5.2	0.1	44.7
154.6	23.1	143.7	0.5	175.6
-82.6	91.2	8.6	0.2	579.0
1675.5	1230.0	2523.0	75.8	3701.3
1789.3	16573.4	15617.3	20031.3	272602.1
4227.7	308.8	4496.6	1609.6	18771.8
-6869.3	2170.4	-3993.7	651.1	46378.8
25.1		24.5	1.1	43.4
3746.8	815.4	5511.4	3470.9	16591.9
11943.7	358.2	14073.7	4302.4	11748.3
-5319.0	3763.2	-2472.3	7039.5	114789.9
1203.0	9255.2	8789.6	7615.4	87569.3
-1393.5	410.6	-1076.9	30.5	1772.0
-314.1	4002.7	2689.5	969.8	45849.2
-1277.2	2684.9	791.1	893.3	41124.2
4.2	1.0	5.2	0.1	44.7
67.4	111.2	144.6	0.5	619.8
-82.6	91.2	8.6	0.2	579.0
1102.6	1425.2	2077.1	77.2	5926.6
783.8	3810.5	3632.2	946.8	43479.9
1474.2	1234.7	2175.7	843.0	29974.9
-1097.9	192.2	-942.7	23.0	2369.3
5399.1	163.3	7252.2	1971.7	7594.0
2421.3	128.2	4240.2	1157.8	6053.3
2250.6	149.0	4089.4	1157.8	6351.7

10-10 限额以上住宿和餐饮业

指　标	法人企业数（个）	执行《2006年企业会计准则》企业数（个）	年初存货	期末资产负债 流动资产合计
总计	**521**	**284**	**48336.6**	**456613.1**
一、住宿业	**186**	**90**	**7321.5**	**193712.7**
旅游饭店	111	54	5367.8	150546.8
旅游饭店	111	54	5367.8	150546.8
一般旅馆	72	34	1929.7	42255.4
经济型连锁酒店	29	11	407.9	9922.0
其他一般旅馆	43	23	1521.8	32333.4
其他住宿业	3	2	24.0	910.5
其他住宿业	3	2	24.0	910.5
内资企业	186	90	7321.5	193712.7
国有企业	7	6	1343.5	35180.7
集体企业	1			23.4
有限责任公司	32	27	2318.7	71341.5
国有独资公司	9	8	364.9	11258.2
其他有限责任公司	23	19	1953.8	60083.3
私营企业	146	57	3659.3	87167.1
私营独资企业	3	1	365.2	1035.5
私营有限责任公司	143	56	3294.1	86131.6
国有控股	24	21	2252.3	56738.6
集体控股	1			23.4
私人控股	160	68	4845.9	133110.3
其他	1	1	223.3	3840.4
大型	1	1	697.0	25780.5
中型	11	9	1860.3	65257.3
小型	150	71	4545.4	93057.3
微型	24	9	218.8	9617.6
城镇	184	89	7303.2	193201.7
其中：城区	165	80	6564.0	153204.6
乡村	2	1	18.3	511.0
二、餐饮业	**335**	**194**	**41015.1**	**262900.4**
正餐服务	317	181	39456.2	236297.0
正餐服务	317	181	39456.2	236297.0
快餐服务	5	5	1362.4	19582.9
快餐服务	5	5	1362.4	19582.9
饮料及冷饮服务	7	5	109.3	1775.3

法人企业财务状况（一）

单位：万元

应收帐款	存货	固定资产原价	累计折旧	# 本年折旧
71296.5	**51536.3**	**834490.7**	**381685.7**	**32369.9**
35519.2	**7324.2**	**530311.5**	**251257.9**	**20525.9**
23633.4	5535.1	449342.8	216029.5	16867.2
23633.4	5535.1	449342.8	216029.5	16867.2
11678.7	1770.3	80521.9	35013.6	3607.7
2386.1	587.2	39021.3	6806.6	2730.2
9292.6	1183.1	41500.6	28207.0	877.5
207.1	18.8	446.8	214.8	51.0
207.1	18.8	446.8	214.8	51.0
35519.2	7324.2	530311.5	251257.9	20525.9
1416.0	1566.7	206000.6	109655.6	7623.1
		112.8	89.5	2.8
11898.1	2138.1	226182.5	103886.7	6342.3
606.1	370.3	82225.3	33030.9	1865.5
11292.0	1767.8	143957.2	70855.8	4476.8
22205.1	3619.4	98015.6	37626.1	6557.7
-85.8	408.0	1592.9	1036.8	36.5
22290.9	3211.4	96422.7	36589.3	6521.2
3855.0	2426.4	339755.9	171687.3	11516.0
		112.8	89.5	2.8
30600.0	4571.5	147146.6	59948.2	8592.4
1064.2	326.3	43296.2	19532.9	414.7
110.1	731.4	62466.0	45332.5	1756.6
11235.5	2139.1	332761.7	127120.9	11227.5
21949.5	4109.2	124690.9	74866.6	7417.8
2224.1	344.5	10392.9	3937.9	124.0
35464.8	7240.2	529858.8	251079.1	20493.6
32998.6	6451.7	482982.9	239786.8	17509.3
54.4	84.0	452.7	178.8	32.3
35777.3	**44212.1**	**304179.2**	**130427.8**	**11844.0**
26926.3	42238.3	272718.5	116458.2	10125.3
26926.3	42238.3	272718.5	116458.2	10125.3
7087.9	1712.7	30267.9	13331.6	1452.6
7087.9	1712.7	30267.9	13331.6	1452.6
36.1	85.0	704.1	299.1	62.5

10-10 续表

指 标	法人企业数（个）	执行《2006年企业会计准则》企业数（个）	年初存货	
				流动资产合计
咖啡馆服务	2	1	4.7	548.5
其他饮料及冷饮服务	5	4	104.6	1226.8
餐饮配送及外卖送餐服务	1			351.6
餐饮配送服务	1			351.6
其他餐饮业	5	3	87.2	4893.6
小吃服务	2		42.1	619.8
其他未列明餐饮业	3	3	45.1	4273.8
内资企业	331	190	39770.9	256205.9
国有企业	1	1	94.7	277.8
股份合作企业	1		9.5	122.0
有限责任公司	56	40	27865.4	78474.9
国有独资公司	4	2	184.1	1346.8
其他有限责任公司	52	38	27681.3	77128.1
私营企业	273	149	11801.3	177331.2
私营独资企业	11	4	270.2	880.3
私营合伙企业	1			0.3
私营有限责任公司	259	143	11501.5	174829.4
私营股份有限公司	2	2	29.6	1621.2
港、澳、台商投资企业	2	2	427.7	1868.7
港澳台商独资企业	2	2	427.7	1868.7
外商投资企业	2	2	816.5	4825.8
外资企业	2	2	816.5	4825.8
国有控股	13	11	26681.6	48145.8
集体控股	1		55.0	196.6
私人控股	317	179	13034.3	207863.5
港澳台商控股	2	2	427.7	1868.7
外商控股	2	2	816.5	4825.8
大型	2	2	1203.9	6472.9
中型	29	23	29573.2	118442.4
小型	239	131	9610.8	118313.0
微型	65	38	627.2	19672.1
城镇	332	193	40959.8	258385.1
其中：城区	286	162	40077.9	238786.6
乡村	3	1	55.3	4515.3
港商投资	1	1	395.9	1709.9
澳商投资	1	1	395.9	1709.9
台投资商	2	2	427.7	1868.7

单位：万元

期末资产负债				
应收帐款	存货	固定资产原价	累计折旧	本年折旧
21.0		9.5	4.0	2.1
15.1	85.0	694.6	295.1	60.4
168.9		5.6	4.9	2.8
168.9		5.6	4.9	2.8
1558.1	176.1	483.1	334.0	200.8
27.4	37.6	176.9	124.0	28.1
1530.7	138.5	306.2	210.0	172.7
35608.5	42876.3	274857.5	117664.5	10459.8
	99.0	1452.7	1375.4	56.6
15.1	4.8	246.0	137.6	14.1
9132.1	27931.1	181522.2	58498.4	5828.0
54.2	195.0	402.6	314.3	35.5
9077.9	27736.1	181119.6	58184.1	5792.5
26461.3	14841.4	91636.6	57653.1	4561.1
242.8	286.6	1253.6	597.6	221.7
25942.6	14550.1	90021.4	56763.6	4289.4
275.9	4.7	361.6	291.9	50.0
118.1	452.9	14802.1	6005.7	1298.6
118.1	452.9	14802.1	6005.7	1298.6
50.7	882.9	14519.6	6757.6	85.6
50.7	882.9	14519.6	6757.6	85.6
2471.5	26740.4	162038.8	45430.4	4977.8
8.1	39.0	103.7	98.5	32.5
33128.9	16096.9	112715	72135.6	5449.5
118.1	452.9	14802.1	6005.7	1298.6
50.7	882.9	14519.6	6757.6	85.6
161.6	1285.0	29197.4	12666.4	1370.8
11564.4	30046.2	184158.8	62587.9	5759.8
20508.6	12345.2	61993.3	36597.7	4356.5
3542.7	535.7	28829.7	18575.8	356.9
31394.5	44155.4	296991.6	126046.2	11462.8
26881.6	42958.5	293896.5	124613.7	10969.7
4382.8	56.7	7187.6	4381.6	381.2
113.1	410.6	14708.3	5923.3	1285.2
113.1	410.6	14708.3	5923.3	1285.2
118.1	452.9	14802.1	6005.7	1298.6

10-11 限额以上住宿和餐饮业

指 标	期末资产负债			
	固定资产净额	在建工程	资产总计	流动负债合计
总计	**435359.8**	**51335.5**	**1246042.3**	**947140.3**
一、住宿业	**271562.8**	**26377.6**	**610092.6**	**494383.2**
旅游饭店	226294.5	17618.9	482405.7	383467.3
旅游饭店	226294.5	17618.9	482405.7	383467.3
一般旅馆	45046.3	8758.7	124666.0	106835.2
经济型连锁酒店	32068.1	2049.1	52905.4	49470.3
其他一般旅馆	12978.2	6709.6	71760.6	57364.9
其他住宿业	222.0		3020.9	4080.7
其他住宿业	222.0		3020.9	4080.7
内资企业	271562.8	26377.6	610092.6	494383.2
国有企业	96305.0	3769.3	144221.5	99755.1
集体企业	23.3		59.6	373.5
有限责任公司	120699.6	13336.8	236393.0	178801.3
国有独资公司	47714.7	13091.5	76976.0	71672.9
其他有限责任公司	72984.9	245.3	159417.0	107128.4
私营企业	54534.9	9271.5	229418.5	215453.3
私营独资企业	556.1		2245.0	3075.6
私营有限责任公司	53978.8	9271.5	227173.5	212377.7
国有控股	166454.9	16597.9	274607.7	198549.8
集体控股	23.3		59.6	373.5
私人控股	81321.3	9430.2	306065.3	277313.8
其他	23763.3	349.5	29360.0	18146.1
大型	17133.5	3284.1	48009.3	10099.9
中型	205546.3	21998.3	307117.4	260363.0
小型	48747.5	1095.2	240574.2	215742.6
微型	135.5		14391.7	8177.7
城镇	271288.9	26377.6	609246.5	493394.2
其中：城区	236011.9	17961.7	516738.8	397541.9
乡村	273.9		846.1	989.0
二、餐饮业	**163797.0**	**24957.9**	**635949.7**	**452757.1**
正餐服务	146714.9	20090.8	524594.1	403979.4
正餐服务	146714.9	20090.8	524594.1	403979.4
快餐服务	16594.7	4867.1	98480.5	39889.1
快餐服务	16594.7	4867.1	98480.5	39889.1
饮料及冷饮服务	404.8		3652.8	2869.1

法人企业财务状况（二）

单位：万元

应付账款	负债合计	所有者权益	实收资本	#个人资本
160468.5	1106544.7	138845.2	515042.7	48867.9
81366.3	602490.4	12482.2	190604.4	27449.3
62547.8	483943.5	3417.4	155084.4	10362.9
62547.8	483943.5	3417.4	155084.4	10362.9
18121.1	114466.2	10124.6	34810.0	17086.4
2379.0	51400.5	1504.9	9159.6	5463.4
15742.1	63065.7	8619.7	25650.4	11623.0
697.4	4080.7	-1059.8	710.0	
697.4	4080.7	-1059.8	710.0	
81366.3	602490.4	12482.2	190604.4	27449.3
32804.7	144826.9	-680.6	50073.9	
	373.5	-313.9	53.3	
14330.3	212915.3	23477.7	95565.3	5056.3
2896.9	81061.8	-4085.8	7772.1	
11433.4	131853.5	27563.5	87793.2	5056.3
34231.3	244374.7	-10001.0	44911.9	22393.0
2102.1	3117.3	-872.3	2780.0	2000.0
32129.2	241257.4	-9128.7	42131.9	20393.0
39982.1	275081.0	-548.5	59207.2	
	373.5	-313.9	53.3	
39006.2	308544.9	2475.6	93994.9	27449.3
2378.0	18491.0	10869.0	37349.0	
4019.0	38599.3	9410.0	2985.0	
35848.6	299239.6	7877.8	112849.9	3292.9
40704.8	246844.7	-1018.8	73376.9	23663.9
793.9	17806.8	-3786.8	1392.6	492.5
81079.9	601501.4	12625.1	190193.4	27138.3
77124.5	502009.6	19609.2	174192.0	22188.4
286.4	989.0	-142.9	411.0	311.0
79102.2	504054.3	126363.0	324438.3	21418.6
70853.4	427483.4	91578.3	308954.8	19717.6
70853.4	427483.4	91578.3	308954.8	19717.6
5551.0	66647.9	31832.6	13038.5	310.0
5551.0	66647.9	31832.6	13038.5	310.0
185.7	3900.5	-247.7	375.8	1.0

10-11 续表

指 标	期末资产负债			
	固定资产净额	在建工程	资产总计	流动负债合计
咖啡馆服务	5.5		1506.3	2320.7
其他饮料及冷饮服务	399.3		2146.5	548.4
餐饮配送及外卖送餐服务	0.7		352.3	197.3
餐饮配送服务	0.7		352.3	197.3
其他餐饮业	81.9		8870.0	5822.2
小吃服务	4.3		748.5	402.3
其他未列明餐饮业	77.6		8121.5	5419.9
内资企业	147596.1	23822.8	556802.8	418360.0
国有企业	77.3		370.0	306.8
股份合作企业	108.4		287.5	25.4
有限责任公司	121474.0	13392.7	271651.8	150978.9
国有独资公司	39.7		3621.1	3150.2
其他有限责任公司	121434.3	13392.7	268030.7	147828.7
私营企业	25936.4	10430.1	284493.5	267048.9
私营独资企业	356.6		1864.8	2891.5
私营合伙企业			0.3	0.3
私营有限责任公司	25510.1	10430.1	280762.4	263555.1
私营股份有限公司	69.7		1866.0	602.0
港、澳、台商投资企业	8454.9	1135.1	32094.0	19318.0
港澳台商独资企业	8454.9	1135.1	32094.0	19318.0
外商投资企业	7746.0		47052.9	15079.1
外资企业	7746.0		47052.9	15079.1
国有控股	116544.4	736.8	212465.7	97950.7
集体控股	5.2		301.7	445.0
私人控股	31046.5	23086	344035.4	319964.3
港澳台商控股	8454.9	1135.1	32094.0	19318.0
外商控股	7746.0		47052.9	15079.1
大型	16189.5	1135.1	78499.0	34086.1
中型	120775.2	10411.3	335668.8	231773.8
小型	21857.4	13402.4	182683.5	159113.9
微型	4974.9	9.1	39098.4	27783.3
城镇	160991.1	24957.9	628628.4	449894.6
其中：城区	159772.0	24957.9	602745.7	429586.4
乡村	2805.9		7321.3	2862.5
港商投资	8443.5	1135.1	31552.4	19007.0
澳商投资	8443.5	1135.1	31552.4	19007.0
台投资商	8454.9	1135.1	32094.0	19318.0

单位：万元

应付账款	负债合计	所有者权益	实收资本	#个人资本
21.6	3088.9	–1582.6	3.8	1.0
164.1	811.6	1334.9	372.0	
	197.3	155.0	190.0	190.0
	197.3	155.0	190.0	190.0
2512.1	5825.2	3044.8	1879.2	1200.0
4.0	405.3	343.2	124.2	
2508.1	5419.9	2701.6	1755.0	1200.0
76110.0	443064.8	108252.1	317599.8	21418.6
259.4	306.8	63.2	430.0	
16.1	25.4	262.1	100	100
15367.3	153276.4	118422.6	145065.8	1166.6
642.6	3263.2	357.9	194.6	
14724.7	150013.2	118064.7	144871.2	1166.6
60467.2	289456.2	–10495.8	172004.0	20152.0
390.3	2904.6	–1039.8	694.9	11.0
	0.3			
59933.7	285949.3	–10720.0	170309.1	19641.0
143.2	602.0	1264.0	1000.0	500
996.7	24519.7	7574.3	5100.0	
996.7	24519.7	7574.3	5100.0	
1995.5	36469.8	10536.6	1738.5	
1995.5	36469.8	10536.6	1738.5	
4757.3	98884.8	113580.9	102423.7	1131.6
122.8	445.0	–143.3	100.0	
71229.9	343735.0	–5185.5	215076.1	20287
996.7	24519.7	7574.3	5100.0	
1995.5	36469.8	10536.6	1738.5	
2932.7	60618.7	17880.3	6738.5	
35222.1	235202.7	100466.1	129789.5	2381.6
36447.4	167641.8	15041.7	183567.7	17688.2
4500.0	40591.1	–7025.1	4342.6	1348.8
76851.2	497549.0	125547.0	321438.3	18418.6
70088.8	476605.1	121155.3	314940.8	16287.6
2251.0	6505.3	816.0	3000.0	3000.0
937.2	24208.7	7343.7	5000.0	
937.2	24208.7	7343.7	5000.0	
996.7	24519.7	7574.3	5100.0	

10-12 限额以上住宿和餐饮业

指标	损益及分配			
	营业收入		营业成本	税金及附加
		主营业务收入		
总计	**597485.0**	**585117.5**	**320879.9**	**6586.0**
一、住宿业	**177945.7**	**172276.9**	**86601.2**	**4005.4**
旅游饭店	130900.1	126135.0	71709.4	3581.3
旅游饭店	130900.1	126135.0	71709.4	3581.3
一般旅馆	45265.5	44361.8	14474.0	423.4
经济型连锁酒店	18272.2	18230.6	6334.0	265.8
其他一般旅馆	26993.3	26131.2	8140.0	157.6
其他住宿业	1780.1	1780.1	417.8	0.7
其他住宿业	1780.1	1780.1	417.8	0.7
内资企业	177945.7	172276.9	86601.2	4005.4
国有企业	49382.1	45523.6	35941.1	2062.7
集体企业	122.3	117.0	107.7	1.7
有限责任公司	51570.1	50348.1	20302.4	1421.8
国有独资公司	13867.2	13653.1	4249.4	481.3
其他有限责任公司	37702.9	36695.0	16053.0	940.5
私营企业	76871.2	76288.2	30250.0	519.2
私营独资企业	1511.8	1511.8	547.2	0.6
私营有限责任公司	75359.4	74776.4	29702.8	518.6
国有控股	82331.1	77520.6	47439.0	3055.6
集体控股	122.3	117.0	107.7	1.7
私人控股	90282.1	89536.9	34376.3	606.0
其他	5210.2	5102.4	4678.2	342.1
大型	23679.8	20370.4	18086.0	918.3
中型	58925.7	58242.2	29422.1	2492.6
小型	88872.0	87923.3	35244.0	580.7
微型	6468.2	5741.0	3849.1	13.8
城镇	176237.7	170568.9	85341.5	3993.4
其中：城区	158450.2	152822.1	79211.4	3656.6
乡村	1708.0	1708.0	1259.7	12.0
二、餐饮业	**419539.3**	**412840.6**	**234278.7**	**2580.6**
正餐服务	288161.7	281976.1	162476.7	2481.6
正餐服务	288161.7	281976.1	162476.7	2481.6
快餐服务	107479.7	107479.7	55255.5	88.4
快餐服务	107479.7	107479.7	55255.5	88.4
饮料及冷饮服务	7699.4	7699.3	4588.9	3.1

法人企业财务状况（三）

单位：万元

其他业务利润	销售费用	管理费用	财务费用	
				利息收入
1904.0	**210906.6**	**116814.8**	**7871.7**	**401.3**
−378.8	**60586.5**	**65232.4**	**3230.4**	**318.7**
−888.5	38082.6	48176.1	2060.7	203.4
−888.5	38082.6	48176.1	2060.7	203.4
509.7	21484.1	16241.8	1093.3	115.4
0.1	8732.3	6375.7	821.6	17.8
509.6	12751.8	9866.1	271.7	97.6
	1019.8	814.5	76.4	−0.1
	1019.8	814.5	76.4	−0.1
−378.8	60586.5	65232.4	3230.4	318.7
−1029.2	2670.1	22388.7	73.3	41.1
		70.3	−0.1	0.1
4.7	25067.5	17728.1	1313.3	127.1
4.8	8404.5	3498.5	52.2	22.8
−0.1	16663.0	14229.6	1261.1	104.3
645.7	32848.9	25045.3	1843.9	150.4
−1.4	1196.6	210.4	1.3	
647.1	31652.3	24834.9	1842.6	150.4
−1024.4	22998.1	27866.9	760.8	147.6
		70.3	−0.1	0.1
645.6	37249.1	33318.4	2486.3	150.9
	339.3	3976.8	−16.6	20.1
−4425.5	799.3	6754.5	33.0	4.3
3396.2	22008.4	24540.6	1581.5	119.8
650.5	36427.9	32077.1	1593.3	187.3
	1350.9	1860.2	22.6	7.3
−379.3	60269.5	64766.6	3228.6	318.3
−379.2	52601.4	57681.0	1805.6	317.8
0.5	317.0	465.8	1.8	0.4
2282.8	**150320.1**	**51582.4**	**4641.3**	**82.6**
2282.8	109848.5	40318.8	2433.4	70.8
2282.8	109848.5	40318.8	2433.4	70.8
	36734.1	7897.6	2146.3	10.8
	36734.1	7897.6	2146.3	10.8
	2794.6	507.6	24.8	

10-12 续表

指 标	损益及分配			
	营业收入		营业成本	税金及附加
		主营业务收入		
咖啡馆服务	3400.0	3400.0	3053.7	1.1
其他饮料及冷饮服务	4299.4	4299.3	1535.2	2.0
餐饮配送及外卖送餐服务	1959.5	1959.5	1633.1	0.9
餐饮配送服务	1959.5	1959.5	1633.1	0.9
其他餐饮业	14239.0	13726.0	10324.5	6.6
小吃服务	1171.1	1171.1	599.2	0.6
其他未列明餐饮业	13067.9	12554.9	9725.3	6.0
内资企业	320540.7	313925.5	185107.6	2519.3
国有企业	3.4	3.4	8.1	5.6
股份合作企业	352.2	352.2	126.5	5.6
有限责任公司	71332.6	69372.2	39879.6	1877.9
国有独资公司	2498.4	2440.8	1522.6	5.6
其他有限责任公司	68834.2	66931.4	38357.0	1872.3
私营企业	248852.5	244197.7	145093.4	630.2
私营独资企业	3721.9	3721.9	1837.0	4.3
私营合伙企业	375.2	375.2	169.0	0.1
私营有限责任公司	243465.7	238810.9	142406.0	622.1
私营股份有限公司	1289.7	1289.7	681.4	3.7
港、澳、台商投资企业	29211.1	29211.1	9671.0	21.0
港澳台商独资企业	29211.1	29211.1	9671.0	21.0
外商投资企业	69787.5	69704.0	39500.1	40.3
外资企业	69787.5	69704.0	39500.1	40.3
国有控股	24131.2	23362.8	18234.3	1649.7
集体控股	896.6	896.6	459.9	0.1
私人控股	295512.9	289666.1	166413.4	869.5
港澳台商控股	29211.1	29211.1	9671.0	21.0
外商控股	69787.5	69704.0	39500.1	40.3
大型	98158.7	98158.7	48916.2	60.5
中型	106230.2	105459.7	61319.1	1839.0
小型	196110.0	191924.4	111348.5	661.6
微型	19040.4	17297.8	12694.9	19.5
城镇	416415.6	409716.9	231682.5	2578.6
其中：城区	383099.2	376763.5	210972.8	2539.7
乡村	3123.7	3123.7	2596.2	2.0
港商投资	28454.7	28454.7	9447.2	20.4
澳商投资	28454.7	28454.7	9447.2	20.4
台投资商	29211.1	29211.1	9671.0	21.0

单位：万元

其他业务利润	销售费用	管理费用	财务费用	利息收入
	20.2	262.3	19.3	
	2774.4	245.3	5.5	
	0.4	279.3	10.2	0.2
	0.4	279.3	10.2	0.2
	942.5	2579.1	26.6	0.8
	455.5	111.1	0.7	
	487.0	2468.0	25.9	0.8
2282.8	115685.0	44168.7	2620.1	68.4
	186.8	677.5	−0.2	
	163.1	33.5	0.2	
574.8	33802.4	10569.1	429.5	36.3
	729.4	228.0	0.3	0.7
574.8	33073.0	10341.1	429.2	35.6
1708	81532.7	32888.6	2190.6	32.1
	1957.8	511.0	42.4	0.2
	107.3	57.8	1.3	
1708.0	79147.8	32084.5	2136.4	31.9
	319.8	235.3	10.5	
	17672.4	1333.0	641.9	14.2
	17672.4	1333.0	641.9	14.2
	16962.7	6080.7	1379.3	
	16962.7	6080.7	1379.3	
364.6	7437.5	7484.6	78.7	30.4
	453.5	17.1	4.3	
1918.2	107794.0	36667.0	2537.1	38
	17672.4	1333.0	641.9	14.2
	16962.7	6080.7	1379.3	
	33980.9	7410.4	2020.3	14.2
844.3	44855.2	13293.2	1099.0	48.5
1162.6	68110.4	26445.6	1455.5	18.9
275.9	3373.6	4433.2	66.5	1
2282.8	150131.8	51139.2	4640.0	82.6
2281.5	140777.1	47725.4	4417.8	81.6
	188.3	443.2	1.3	
	17069.5	1333.0	641.8	14.2
	17069.5	1333.0	641.8	14.2
	17672.4	1333.0	641.9	14.2

10-13 限额以上住宿和餐饮业

指标	损益及分配			
	财务费用 利息费用	投资收益	营业利润	营业外收入
总计	**4096.6**	**-94.2**	**-66315.7**	**7359.0**
一、住宿业	**1780.4**	**-72.9**	**-41568.7**	**2701.0**
旅游饭店	714.2	4.7	-32250.9	2108.4
旅游饭店	714.2	4.7	-32250.9	2108.4
一般旅馆	990.2	-88.6	-8779.6	578.5
经济型连锁酒店	797.2	7.9	-4682.4	77.2
其他一般旅馆	193.0	-96.5	-4097.2	501.3
其他住宿业	76.0	11	-538.2	14.1
其他住宿业	76.0	11	-538.2	14.1
内资企业	1780.4	-72.9	-41568.7	2701.0
国有企业	40.6		-13762.6	410.2
集体企业			-57.3	
有限责任公司	468.1	11.0	-13859.9	1766.8
国有独资公司	14.8		-2802.9	1254.4
其他有限责任公司	453.3	11.0	-11057.0	512.4
私营企业	1271.7	-83.9	-13888.9	524.0
私营独资企业			-445.8	9.9
私营有限责任公司	1271.7	-83.9	-13443.1	514.1
国有控股	499.9		-19370.5	1960.3
集体控股			-57.3	
私人控股	1277.0	-72.9	-17965.2	632.9
其他	3.5		-4175.7	107.8
大型			-2911.3	225.0
中型	909.4		-21065.9	1548.5
小型	865.7	-72.9	-16955.3	890.9
微型	5.3		-636.2	36.6
城镇	1779.7	-72.9	-41220.9	2699.0
其中：城区	984.3	-80.8	-36330.6	2578.8
乡村	0.7		-347.8	2.0
二、餐饮业	**2316.2**	**-21.3**	**-24747.0**	**4658.0**
正餐服务	1576.6	-51.3	-30945.7	4149.5
正餐服务	1576.6	-51.3	-30945.7	4149.5
快餐服务	730.8		5933.8	399.9
快餐服务	730.8		5933.8	399.9
饮料及冷饮服务		30.0	-130.8	9.6

法人企业财务状况（四）

单位：万元

		人工成本及增值税	
利润总额	所得税费用	应付职工薪酬（本年货方累计发生额）	应交增值税
-61415.9	1845.8	144658.2	10602.0
-40455.3	-216.9	63573.8	3446.3
-31447.2	-267.0	49680.4	2688.2
-31447.2	-267.0	49680.4	2688.2
-8483.8	50.1	13705.0	745.1
-4815.8	11.1	3697.9	250.2
-3668.0	39.0	10007.1	494.9
-524.3		188.4	13.0
-524.3		188.4	13.0
-40455.3	-216.9	63573.8	3446.3
-14137.6		27191.7	617.1
-57.3		132.4	0.1
-12135.8	-291.9	19965.8	1597.4
-1562.7	2.9	7123.0	550.3
-10573.1	-294.8	12842.8	1047.1
-14124.6	75.0	16283.9	1231.7
-435.9	0.1	351.9	9.1
-13688.7	74.9	15932.0	1222.6
-18138.3	-301.5	40230.4	1814.1
-57.3		132.4	0.1
-18095.1	84.6	19202.5	1579.0
-4164.6		4008.5	53.1
-3356.8		13048.6	351.2
-19661.9	7.4	26146.5	1098.3
-16388.3	-226.9	23908.6	1937.1
-1048.3	2.6	470.1	59.7
-40108.5	-216.9	63081.1	3424.1
-35332.0	-222.6	59974.4	3053.5
-346.8		492.7	22.2
-20960.6	2062.7	81084.4	7155.7
-27259.4	445.5	64626.9	4804.2
-27259.4	445.5	64626.9	4804.2
5957.6	1574.2	14090.9	2301.0
5957.6	1574.2	14090.9	2301.0
-139.8	24.4	1702.5	19.5

10-13 续表

指 标	损益及分配			
	财务费用 利息费用	投资收益	营业利润	营业外收入
咖啡馆服务			66.1	6.5
其他饮料及冷饮服务		30.0	−196.9	3.1
餐饮配送及外卖送餐服务	10.0		36.5	21.8
餐饮配送服务	10.0		36.5	21.8
其他餐饮业	−1.2		359.2	77.2
小吃服务			3.9	1.4
其他未列明餐饮业	−1.2		355.3	75.8
内资企业	1660.2	−51.3	−31010.4	4580.5
国有企业			−874.4	929.0
股份合作企业			23.3	2.8
有限责任公司	320.4	−3.1	−14828.1	1845.9
国有独资公司		3	17.4	10.4
其他有限责任公司	320.4	−6.1	−14845.5	1835.5
私营企业	1339.8	−48.2	−15331.2	1802.8
私营独资企业	41.2		−630.4	37.1
私营合伙企业			39.8	
私营有限责任公司	1289.0	−48.2	−14779.6	1721.6
私营股份有限公司	9.6		39.0	44.1
港、澳、台商投资企业	656	30	233.5	5.5
港澳台商独资企业	656.0	30	233.5	5.5
外商投资企业			6029.9	72.0
外资企业			6029.9	72.0
国有控股	114.1	−3.1	−10679.7	1137.3
集体控股			−38.3	7.9
私人控股	1546.1	−48.2	−20292.4	3435.3
港澳台商控股	656.0	30.0	233.5	5.5
外商控股			6029.9	72.0
大型	656		6297.9	76.3
中型	646.1	−5.1	−15484.7	1234.6
小型	982.3	−16.2	−14016.4	2347.1
微型	31.8		−1543.8	1000.0
城镇	2315	−21.3	−24639.7	4658.0
其中：城区	2154.4	−21.3	−24995.3	4472.0
乡村	1.2		−107.3	
港商投资	656		265.5	4.3
澳商投资	656		265.5	4.3
台投资商	656.0	30.0	233.5	5.5

		人工成本及增值税	
利润总额	所得税费用	应付职工薪酬（本年贷方累计发生额）	应交增值税
69.5		654.6	0.7
-209.3	24.4	1047.9	18.8
58.3		152.9	
58.3		152.9	
422.7	18.6	511.2	31.0
3.8	2.9	191.8	2.5
418.9	15.7	319.4	28.5
-26926.1	559.4	69021.0	4896.3
54.6		368.4	
26.1	0.7	122.4	3.4
-13100.9	67.7	20931.4	731.7
21.1	0.3	478.6	5.5
-13122.0	67.4	20452.8	726.2
-13905.9	491.0	47598.8	4161.2
-593.6	0.3	1107.7	27.0
39.8		81.5	1.0
-13435.2	488.7	46240.6	4092.3
83.1	2	169.0	40.9
219.1	44.8	10944.9	2259.4
219.1	44.8	10944.9	2259.4
5746.4	1458.5	1118.5	
5746.4	1458.5	1118.5	
-9571.7	3.0	9792.6	468.4
-32.2		187.9	3.9
-17322.2	556.4	59040.5	4424
219.1	44.8	10944.9	2259.4
5746.4	1458.5	1118.5	
5998.8	1502.2	11836.3	2256.9
-14299.4	173.5	29033.0	2131.2
-12067.6	375.4	38475.0	2678.0
-592.4	11.6	1740.1	89.6
-20853.3	2042.8	80786.4	7153.0
-21383.9	1821.8	75124.0	6839.0
-107.3	19.9	298.0	2.7
249.9	43.7	10717.8	2256.9
249.9	43.7	10717.8	2256.9
219.1	44.8	10944.9	2259.4

10-14　对外贸易进出口情况（海关数）

单位：亿元

指　标	2022 年	2021 年	比 2021 年增长（%）
地区进出口总额	**1467.07**	**1852.35**	**-20.2**
出口总额	971.82	1153.14	-14.6
进口总额	495.25	699.21	-29.2

10-15　三资企业情况

指　标	单位	2022 年	2021 年	比 2021 年增长（%）
年内新批三资企业	个	41	64	-35.9
总投资额	万美元	40595	119994	-66.2
合同外资额	万美元	23208	50317	-53.9
实际利用外商投资额	万美元	30526	17260	76.9

10-16　旅游情况

指　标	单位	2022 年	2021 年
一、重点监测景区接待游客情况			
接待人数	万人次	629.47	532.87
门票收入	万元	22703.9	10368.44
旅游经营收入	万元	33721.9	12439.19
二、星级饭店数	个	**40**	**37**

注：原指标旅游人数和旅游总收入已取消。2022 年度重点监测景区为晋祠博物馆、太原市动物园、采薇庄园、太山景区、太原植物园、太原古县城、太原方特东方神画。其中太山景区和太原植物园 2021 年开始营业。

第十一篇

财政、金融、税务和物价

李红令　董永新　刘文婷
张　媛　郭亚斐　苏　菡
刘嘉信

资料整理、审核

李红令　董永新　刘文婷
张　媛　郭亚斐　苏　菡
刘嘉信

11-1　一般公共预算收入

单位：万元

指　标	2022年	2021年
一般公共预算收入	**4374837**	**4234439**
一、税收收入	**3323438**	**3360677**
增值税	1291959	1331439
企业所得税	461720	380221
个人所得税	135640	114783
资源税	135584	97882
城市维护建设税	303407	300763
房产税	168164	161638
印花税	122627	145830
城镇土地使用税	48436	45641
土地增值税	173226	274218
车船税	83643	88666
耕地占用税	26124	13631
契税	368817	401913
环境保护税	4091	4052
二、非税收入	**1051399**	**873762**
专项收入	243889	533682
行政事业性收费收入	103895	81267
罚没收入	64270	90622
国有资本经营收入	395	500
国有资源（资产）有偿使用收入	548229	42440
其他收入	90721	125251

11-2　一般公共预算支出

单位：万元

指　标	2022年	2021年
一般公共预算支出	**7158959**	**6289857**
一般公共服务支出	575869	680952
公共安全支出	347715	345550
教育支出	978136	980932
科学技术支出	155377	344096
文化旅游体育与传媒支出	84614	113428
社会保障和就业支出	1032927	950149
卫生健康支出	519275	427660
节能环保支出	195439	218742
城乡社区支出	1588486	976971
农林水支出	289254	316245
交通运输支出	160119	181413
资源勘探工业信息等支出	485649	247335
商业服务业等支出	126204	51954
金融支出	8130	1027
自然资源海洋气象等支出	90256	67045
住房保障支出	260929	188131
粮油物资储备支出	37209	23533
灾害防治及应急管理支出	66113	62649
其他支出	54845	15447
债务付息支出	102166	96163
债务发行费用支出	247	435

11-3　一般公共预算收入分级情况

单位：万元

指　标	全市	地级	县区
本年收入合计	**4374837**	**2044265**	**2330572**
一、税收收入	**3323438**	**1278813**	**2044625**
增值税	1291959	413615	878344
企业所得税	461720	240844	220876
个人所得税	135640	70656	64984
资源税	135584	18151	117433
城市维护建设税	303407	110967	192440
房产税	168164	60316	107848
印花税	122627	39997	82630
城镇土地使用税	48436	16229	32207
土地增值税	173226	89243	83983
车船税	83643	29593	54050
耕地占用税	26124	1436	24688
契税	368817	186921	181896
环境保护税	4091	845	3246
二、非税收入	**1051399**	**765452**	**285947**
专项收入	243889	51313	192576
行政事业性收费收入	103895	56764	47131
罚没收入	64270	44726	19544
国有资本经营收入	395		395
国有资源（资产）有偿使用收入	548229	524059	24170
其他收入	90721	88590	2131

11-4　一般公共预算支出分级情况

单位：万元

指　标	全市	市级	县级	乡镇级
本年支出合计	**7158959**	**3077809**	**3994720**	**86430**
一般公共服务支出	575869	163333	380326	32210
公共安全支出	347715	236371	111342	2
教育支出	978136	354451	623681	4
科学技术支出	155377	18254	137123	
文化旅游体育与传媒支出	84614	63645	20952	17
社会保障和就业支出	1032927	424587	600535	7805
卫生健康支出	519275	251391	263424	4460
节能环保支出	195439	36744	157818	877
城乡社区支出	1588486	994439	584773	9274
农林水支出	289254	18542	247654	23058
交通运输支出	160119	97621	62210	288
资源勘探工业信息等支出	485649	6452	479197	
商业服务业等支出	126204	111126	15078	
金融支出	8130	8130		
自然资源海洋气象等支出	90256	18336	71867	53
住房保障支出	260929	97271	157895	5763
粮油物资储备支出	37209	32731	4243	235
灾害防治及应急管理支出	66113	23748	39981	2384
其他支出	54845	33832	21013	
债务付息支出	102166	86602	15564	
债务发行费用支出	247	203	44	

11-5　金融机构（含外资）本外币信贷收支

单位：亿元

指　标	2022 年末余额	2021 年末余额
资金来源	**21777.38**	**19704.64**
一、各项存款	18288.01	15924.02
（一）境内存款	18277.42	15918.88
1. 住户存款	7822.92	6625.57
（1）活期存款	1966.67	1693.46
（2）定期及其他存款	5856.25	4932.10
2. 非金融企业存款	6672.09	5815.89
（1）活期存款	3270.99	2920.07
（2）定期及其他存款	3401.10	2895.82
3. 机关团体存款	2462.59	2496.22
4. 财政性存款	1027.72	691.55
5. 非银行业金融机构存款	292.11	289.66
（二）境外存款	10.58	5.14
二、金融债券	94.00	99.00
三、卖出回购资产	10.15	0.19
四、借款及非银行业金融机构拆入	78.52	54.21
五、联行往来（净）	2060.34	2210.20
六、应付及暂收款	573.65	548.28
七、各项准备	489.79	517.81
八、所有者权益	910.87	850.31
其中：实收资本	455.82	455.82
九、其他	-727.95	-499.39
资金运用	**21777.38**	**19704.64**
一、各项贷款	18162.14	16589.00
（一）境内贷款	18156.95	16588.67
1. 住户贷款	2685.03	2660.28
（1）短期贷款	335.59	304.61
消费贷款	181.14	181.19
经营贷款	154.45	123.42
（2）中长期贷款	2349.44	2355.67
消费贷款	2209.18	2214.05
经营贷款	140.26	141.62
2. 企（事）业单位贷款	15471.92	13895.40
（1）短期贷款	2999.60	3038.70
（2）中长期贷款	10475.62	9434.45
（3）票据融资	1971.26	1381.29
（4）融资租赁	23.17	37.43
（5）各项垫款	2.28	3.52
3. 非银行业金融机构贷款	0.00	33.00
（二）境外贷款	5.18	0.33
二、债券投资	2383.05	1865.26
三、股权及其他资产	768.47	805.48
四、买入返售资产	91.34	79.95
五、存放非银行业金融机构款项	60.47	51.31
六、联行往来（净）	0.00	0.00
其中：境内存放二级准备金	65.16	63.24
七、金银占款	0.00	0.00
八、中央银行外汇占款	0.00	0.00
九、应收及预付款	201.89	200.77
十、投资性房地产	0.66	0.69
十一、固定资产	109.38	112.18

注：1. 本表机构包括中国人民银行、银行业存款类金融机构、银行业非存款类金融机构。

2. 原“非金融企业及机关团体贷款”指标名称更改为“企（事）业单位贷款”。

11-6　金融机构（含外资）人民币信贷收支

单位：亿元

指　标	2022 年末余额	2021 年末余额
资金来源	**21560.31**	**19412.66**
一、各项存款	17982.06	15512.13
（一）境内存款	17972.13	15507.46
1. 住户存款	7761.93	6566.40
（1）活期存款	1936.93	1663.78
（2）定期及其他存款	5825.00	4902.62
2. 非金融企业存款	6430.48	5474.47
（1）活期存款	3210.17	2814.81
（2）定期及其他存款	3220.31	2659.66
3. 机关团体存款	2460.92	2494.71
4. 财政性存款	1027.72	691.55
5. 非银行业金融机构存款	291.09	280.32
（二）境外存款	9.93	4.68
二、金融债券	94.00	99.00
三、卖出回购资产	10.15	0.19
四、借款及非银行业金融机构拆入	0.00	0.00
五、联行往来（净）	2232.91	2426.47
六、应付及暂收款	568.61	508.88
七、各项准备	488.94	516.42
八、所有者权益	909.77	849.16
其中：实收资本	455.82	455.82
九、其他	-726.13	-499.60
资金运用	**21560.31**	**19412.66**
一、各项贷款	17947.70	16298.32
（一）境内贷款	17942.52	16298.12
1. 住户贷款	2684.81	2660.16
（1）短期贷款	335.37	304.48
消费贷款	180.93	181.06
经营贷款	154.45	123.42
（2）中长期贷款	2349.44	2355.67
消费贷款	2209.18	2214.05
经营贷款	140.26	141.62
2. 企（事）业单位贷款	15257.70	13604.96
（1）短期贷款	2817.16	2775.22
（2）中长期贷款	10443.91	9407.56
（3）票据融资	1971.26	1381.29
（4）融资租赁	23.17	37.43
（5）各项垫款	2.21	3.46
3. 非银行业金融机构贷款	0.00	33.00
（二）境外贷款	5.18	0.21
二、债券投资	2383.05	1865.26
三、股权及其他资产	768.47	805.48
四、买入返售资产	91.34	79.95
五、存放非银行业金融机构款项	60.45	51.30
六、联行往来（净）	0.00	0.00
其中：境内存放二级准备金	65.16	63.24
七、金银占款	0.00	0.00
八、中央银行外汇占款	0.00	0.00
九、应收及预付款	199.28	199.49
十、投资性房地产	0.66	0.69
十一、固定资产	109.38	112.18

注：本表机构包括中国人民银行、银行业存款类金融机构、银行业非存款类金融机构。

11-7　税务系统税收入库情况

单位：万元

指　标	2022年	2021年
合　计	5704284	6429598
一、按税种分（不含海关代征）		
国内增值税	2262992	3034853
国内消费税	299717	335449
企业所得税	1259233	1110066
个人所得税	372906	313712
资源税合计	339403	237945
城市维护建设税合计	223300	227775
房产税合计	113557	131380
印花税合计	79137	102777
城镇土地使用税合计	37753	37759
土地增值税合计	154156	249640
车船税合计	69698	77259
车辆购置税	145060	197497
耕地占用税合计	8033	8035
契税合计	328014	358076
环境保护税合计	5755	5738
其他税收合计	5570	1637
二、按经济类型分（含海关代征）		
国有企业	380766	462170
集体企业	9492	26731
股份合作公司	14808	2373
联营企业	342	14
有限责任公司	2659876	3118582
股份有限公司	1545625	1637496
私营企业	683658	724418
港、澳、台商投资企业	24142	39447
外商投资企业	43657	62045
个体经营	27035	30227
其他企业	465659	464429

注：税收入库不含省直二分局和综改区税务局数字。

11-8 居民消费价格指数（以上年同期为 100）

指 标	2022 年	2021 年
居民消费价格总指数	**102.1**	**101.0**
一、食品烟酒	**104.1**	**100.7**
1. 食品	104.8	99.9
(1) 粮食	105.0	101.4
(2) 薯类	122.9	96.2
(3) 豆类	99.7	102.2
(4) 食用油	107.2	105.1
(5) 菜及食用菌	106.2	106.1
(6) 畜肉类	97.0	87.6
(7) 禽肉类	99.3	93.1
(8) 水产品	102.7	107.5
(9) 蛋类	108.1	115.5
(10) 奶类	98.2	100.3
(11) 干鲜瓜果类	114.3	102.4
(12) 糖果糕点类	102.2	100.5
(13) 调味品	104.5	101.9
(14) 其他食品类	104.1	102.2
2. 茶及饮料	100.5	101.3
3. 烟酒	102.0	101.9
(1) 卷烟	101.8	102.1
(2) 酒类	102.4	101.4
4. 在外餐饮	103.4	102.7
二、衣着	**102.1**	**100.2**
1. 服装	102.0	100.3
2. 鞋类	102.4	99.9
三、居住	**100.4**	**99.4**
1. 租赁房房租	99.4	99.4
2. 住房保养维修及管理	107.9	100.9
3. 水电燃料	100.5	102.3
4. 自有住房	98.9	98.2
四、生活用品及服务	**100.7**	**100.4**
1. 家具及室内装饰品	100.3	101.0
2. 家用器具	99.5	99.5
3. 家用纺织品	102.0	99.5
4. 家庭日用杂品	99.7	100.3
5. 个人护理用品	101.6	98.2
6. 家庭服务	102.5	108.6
五、交通通信	**104.3**	**104.6**
1. 交通	106.4	105.5
2. 通信	98.5	102.4
六、教育文化娱乐	**101.0**	**103.5**
1. 教育	101.1	101.5
2. 文化娱乐	101.0	107.1
七、医疗保健	**100.1**	**99.4**
1. 药品及医疗器具	99.5	97.9
2. 医疗服务	100.5	100.2
八、其他用品及服务	**100.8**	**97.3**
1. 其他用品	98.7	100.3
2. 其他服务	103.1	94.1

11-9　商品零售价格指数（以上年同期为 100）

指　标	2022 年	2021 年
商品零售价格指数	**103.8**	**102.8**
一、食品	**104.4**	**100.6**
1. 粮食	105.0	101.4
2. 薯类	122.9	96.2
3. 豆类	99.7	102.2
4. 食用油	107.0	104.7
5. 菜及食用菌	106.2	106.1
6. 畜肉类	97.0	87.7
7. 禽肉类	99.3	93.1
8. 水产品	102.7	107.5
9. 蛋类	108.1	115.5
10. 奶类	98.2	100.3
11. 干鲜瓜果类	114.3	102.4
12. 糖果糕点类	102.2	100.5
13. 调味品	104.5	101.9
14. 其他食品类	104.1	102.2
15. 餐饮业零售	103.4	102.7
二、饮料、烟酒	**101.7**	**101.8**
1. 茶及饮料	100.5	101.3
2. 卷烟	101.8	102.1
3. 酒类	102.4	101.3
三、服装、鞋帽	**101.9**	**100.2**
1. 服装	101.9	100.2
2. 鞋帽袜	102.2	99.9
3. 其他衣着配件	97.7	99.6
四、纺织品	**102.3**	**100.2**
1. 服装材料	101.3	101.9
2. 床上用品	102.4	100.0
五、家用电器及音像器材	**98.9**	**100.0**
1. 家庭设备	99.5	99.5

11-9 续表

指　标	2022 年	2021 年
2. 文娱用耐用消费品	95.2	101.7
3. 专业音像器材	104.7	100.4
六、文化办公用品	**100.0**	**103.0**
七、日用品	**100.7**	**99.9**
1. 日用百货	102.9	99.8
2. 厨具餐具茶具	101.9	97.7
3. 清洗用品	97.8	100.6
4. 其他日用品	100.0	100.2
八、体育娱乐用品	**102.7**	**100.6**
1. 体育户外用品	106.8	100.0
2. 娱乐用品	102.4	100.7
九、交通、通信用品	**98.9**	**101.3**
1. 交通运输机械	98.8	99.9
2. 通信器材	99.1	107.1
十、家具	**100.4**	**100.7**
十一、化妆品	**101.3**	**98.0**
十二、金银饰品	**97.6**	**100.6**
十三、中西药品及医疗保健用品	**99.5**	**98.1**
1. 医疗卫生器具	97.9	90.8
2. 中药	101.9	101.4
3. 西药	99.2	97.9
4. 保健器具及用品	98.9	99.9
十四、书报杂志及电子出版物	**101.8**	**100.6**
1. 教材及参考书	108.7	101.6
2. 书报杂志及音像制品	95.5	99.7
3. 计算机办公软件	95.8	99.9
十五、燃料	**119.9**	**119.7**
1. 煤炭及制品	130.0	143.8
2. 石油及制品	116.7	113.7
十六、建筑材料及五金电料	**103.1**	**101.2**
1. 建筑装璜材料	104.6	101.1
2. 五金水暖	100.6	101.3

第十二篇

科教、文卫、体育和民政

资料整理、审核

张　琳　刘红芳　张　星
付贵凤

12-1　2021 年规模以上工业企业 R&D 人员情况（一）

分　组	企业数（个）	R&D 人员合计（人）	# 参加项目人员	# 管理和服务人员	# 女性	# 研究人员	# 全时人员	# 非全时人员
总　计	**818**	**13834**	**12844**	**990**	**2625**	**5411**	**10255**	**3579**
一、按企业规模分组								
大型企业	38	9511	8831	680	1671	3713	7032	2479
中型企业	81	2553	2384	169	586	1057	1918	635
小型企业	578	1750	1610	140	366	638	1287	463
微型企业	121	20	19	1	2	3	18	2
二、按登记注册类型分组								
内资企业	790	13135	12181	954	2546	5268	9784	3351
港、澳、台商投资企业	8							
外商投资企业	20	699	663	36	79	143	471	228
三、按国民经济行业分组								
采矿业	81	1615	1517	98	242	689	584	1031
制造业	677	11764	10900	864	2331	4473	9567	2197
电力、燃气及水的生产和供应业	60	455	427	28	52	249	104	351
四、按隶属关系分组								
中央	64	6482	5915	567	1349	3187	5194	1288
地方	754	7352	6929	423	1276	2224	5061	2291

12-2　2021 年规模以上工业企业 R&D 人员情况（二）

分　组	R&D 人员折合全时当量合计（人年）	# 研究人员	# 基础研究人员	# 应用研究人员	# 试验发展人员
总　计	**8533**	**3341**	**6**	**1576**	**6951**
一、按企业规模分组					
大型企业	6014	2318		1434	4580
中型企业	1391	610	6	126	1259
小型企业	1117	412		16	1101
微型企业	11	1			11
二、按登记注册类型分组					
内资企业	8116	3250	6	1576	6534
港、澳、台商投资企业					
外商投资企业	417	91			417
三、按国民经济行业分组					
采矿业	511	218		306	205
制造业	7704	2949	6	1190	6507
电力、燃气及水的生产和供应业	318	174		80	239
四、按隶属关系分组					
中央	4390	2148	6	979	3406
地方	4143	1193		597	3545

12-3 2021年规模以上工业企业R&D经费支出（一）

单位：万元

分 组	R&D经费内部支出	按活动类型分组			按支出用途分组				
		基础研究支出	应用研究支出	试验发展支出	经常费支出	#人员劳务费	资产性支出	土建工程	仪器设备
总 计	579765	84	110108	469574	565074	91413	14692	3187	11505
一、按企业规模分组									
大型企业	492752		108134	384618	480196	71773	12556	3119	9437
中型企业	43965	84	1258	42624	43080	10202	885	52	833
小型企业	42662		716	41946	41412	9400	1251	16	1235
微型企业	386			386	386	38			
二、按登记注册类型分组									
内资企业	574377	84	110108	464186	559829	90269	14548	3186	11361
港、澳、台商投资企业									
外商投资企业	5388			5388	5245	1144	144	1	144
三、按国民经济行业分组									
采矿业	41331		21218	20113	37394	19449	3937	205	3732
制造业	535013	84	88499	446430	525169	71095	9844	2955	6890
电力、燃气及水的生产和供应业	3421		391	3031	2511	869	911	27	883
四、按隶属关系分组									
中央	402102	84	82072	319947	394603	50978	7499	2952	4547
地方	177663		28036	149627	170471	40435	7193	235	6958

12-4　2021 年规模以上工业企业 R&D 经费支出（二）

单位：万元

分组	R&D 经费内部支出				R&D 经费外部支出				
	按资金来源分组								
	政府资金	企业资金	境外资金	其他资金		对境内研究机构支出	对境内高等学校支出	对境内企业支出	对境外支出
总　计	48483	530384		899	23348	3648	3433	16258	9
一、按企业规模分组									
大型企业	41739	450214		800	17246	3425	3312	10509	
中型企业	5354	38518		93	4812	151	87	4567	8
小型企业	1390	41266		6	1290	72	34	1182	1
微型企业		386							
二、按登记注册类型分组									
内资企业	48267	525211		899	23329	3648	3433	16239	9
港、澳、台商投资企业									
外商投资企业	216	5173			19			19	
三、按国民经济行业分组									
采矿业		41331			1698	676	501	521	
制造业	48483	485632		899	17118	830	2080	14199	9
电力、燃气及水的生产和供应业		3421			4532	2142	852	1538	
四、按隶属关系分组									
中央	47141	354069		893	17811	2762	2092	12957	
地方	1342	176315		6	5537	886	1341	3301	9

12-5 各类学校及各级教育基本情况

单位：人

分 类	学校（所）	在校生数	招生数	毕业生数	教职工数	# 专任教师数
高等教育	**53**	**768067**	**255301**	**183291**	**41448**	**27250**
研究生教育	4	54862	19897	13978		
普通高等教育	47	521442	153631	139410	41126	27068
成人高等教育	2	191763	81773	29903	322	182
中等职业教育	**49**	**61411**	**19596**	**17878**	**5644**	**4482**
中等技术教育	30	35397	10587	11600	3357	2368
成人中等专业教育	2	9900	2974	2992	1020	911
职业高中教育	17	16114	6035	3286	1267	1203
技工学校	**27**	**46344**	**15975**	**13042**	**3078**	**2145**
普通中学	**219**	**222302**	**77693**	**69922**	**28747**	**20154**
高中	91	79133	27331	26262	28747	7441
初中	128	143169	50362	43660		12713
小学	**409**	**358448**	**62050**	**51957**	**22111**	**22727**
幼儿园	**800**	**129076**	**37845**	**39656**	**21095**	**11132**
特殊教育	**9**	**1501**	**273**	**319**	**446**	**252**
工读学校	**1**	**586**	**202**	**199**	**84**	**77**

12-6 研究生教育基本情况

单位：人

学校名称	在校生数	招生数	毕业生数
总 计	**54862**	**19897**	**13978**
山西大学	11125	4031	2554
太原科技大学	3542	1268	810
中北大学	6241	2236	1486
太原理工大学	11534	3970	2546
山西农业大学	4071	1675	1194
山西医科大学	6960	2299	1578
山西师范大学	3830	1369	1334
太原师范学院	1281	595	316
山西财经大学	4519	1809	1757
山西中医药大学	1408	522	326
中国辐射防护研究院	78	30	14
北方自动控制技术研究所	76	29	20
中国日用化学工业研究院	38	13	12
山西省中医药研究院	159	51	31

12-7　普通高等教育基本情况

单位：人

学校名称	校数	在校生数	招生数	毕业生数	教职工数	#专任教师
总　计	47	521442	153631	139410	41126	27068
山西大学	1	24320	6197	5900	3192	2119
太原科技大学	1	24797	6201	5490	1914	1444
中北大学	1	34754	8808	8526	2771	2199
太原理工大学	1	31769	8076	7740	4240	2520
山西农业大学	1	24847	6395	5417	4513	1391
山西医科大学	1	24326	5494	5497	1963	1505
山西师范大学	1	18377	5450	5772	2361	1674
太原师范学院	1	24477	5944	6336	1576	1213
山西财经大学	1	17017	4019	4380	1826	1232
山西中医药大学	1	10660	2329	2621	988	780
太原学院	1	15513	3991	4557	1155	732
山西省财政税务专科学校	1	8614	3416	2219	423	290
山西警察学院	1	5984	1776	2180	484	293
山西艺术职业学院	1	3841	769	1399	640	426
山西药科职业学院	1	7247	2789	2158	326	262
山西应用科技学院	1	15036	4322	4285	1045	650
山西财贸职业技术学院	1	8842	3901	1997	234	208
山西林业职业技术学院	1	6295	2489	1900	322	235
山西职业技术学院	1	15703	5906	5170	742	568
山西金融职业学院	1	5995	2065	3743	251	180
太原城市职业技术学院	1	8767	3764	1521	424	313
山西医科大学晋祠学院	1	1202		1031	191	99
山西财经大学华商学院	1	971		1067	90	

12-7 续表

单位：人

学校名称	校数	在校生数	招生数	毕业生数	教职工数	# 专任教师
山西工商学院	1	19007	5440	4476	1022	550
山西体育职业学院	1	2836	1360	1093	190	102
山西警官职业学院	1	2917	1253	988	183	108
山西国际商务职业学院	1	7267	3559	893	159	104
太原旅游职业学院	1	3732	688	2013	387	277
山西旅游职业学院	1	10050	2063	1934	303	225
山西电力职业技术学院	1	3328	1163	1199	373	283
太原工业学院	1	17303	4001	4305	1157	883
山西老区职业技术学院	1	5310	2848	1001	97	44
山西经贸职业学院	1	9144	3927	2338	460	350
山西铁道职业技术学院	1	7467	2936	1410	187	148
山西青年职业学院	1	4862	1456	1397	225	159
山西工程职业学院	1	16654	4955	5274	800	623
山西传媒学院	1	9722	2687	2232	629	540
太原幼儿师范高等专科学校	1	6428	2352	1814	369	295
山西卫生健康职业学院	1	17172	7050	2506	348	235
山西能源学院	1	8732	2488	1715	523	428
山西省政法管理干部学院	1	1576	690	502	144	78
山西工程科技职业大学	1	28581	8614	11414	1714	1200
太原化学工业集团有限公司职工大学	1				35	24
山西机电职工学院	1				3	
太原钢铁（集团）有限公司职工钢铁学院	1				67	35
山西兵器工业职工大学	1				41	34
山西省职工工艺美术学院	1				39	10

12-8　成人高等教育基本情况

单位：人

学校名称	学校（所）	在校生数	招生数	毕业生数	教职工数	# 专任教师数
总　计	2	191763	81773	29903	322	182
太原理工大学		33448	13160	6318		
中北大学		36260	13889	5853		
山西财经大学		17523	5850	3846		
山西大学		25375	10328	3381		
太原科技大学		9765	3932	1533		
山西师范大学		11446	4269	1469		
山西医科大学		1975	456	1261		
太原师范学院		7661	3278	830		
太原工业学院		1572	1055	555		
山西开放大学	1	371	153	367	219	110
山西中医药大学		983	251	356		
山西兵器工业职工大学		825	459	321		
山西农业大学		1412	639	253		
太原学院		1803	1632	208		
山西能源学院		538	538	134		
山西机电职工学院		327	8	121		
山西省财政税务专科学校		754	462	112		
山西省职工工艺美术学院		307	151	87		
山西工程科技职业大学		52		64		
太原钢铁（集团）有限公司职工钢铁学院		86	41	55		
太原化学工业集团有限公司职工大学		438	145	53		
山西旅游职业学院		235	207	51		
山西艺术职业学院		163	40	47		
山西电力职业技术学院		9	8	44		
山西工程职业学院		1619		36		
山西应用科技学院		841	707	21		
太原城市职业技术学院		22	9	10		
山西卫生健康职业学院				1		
山西职业技术学院		953	736			
太原开放大学	1	35000	19370	2516	103	72

12-9 中等技术教育基本情况

单位：人

学校名称	学校（所）	在校生数	招生数	毕业生数	教职工数	# 专任教师数
总 计	30	35397	10587	11600	3357	2368
太原市卫生学校	1	2786	952	875	146	117
太原市财贸学校	1	1974	586	515	113	93
太原市文化艺术学校	1	857	144	335	123	96
太原市体育运动学校	1	560	169	144	97	47
太原生态工程学校	1	1388	518	85	205	121
太原市财政金融学校	1	1136	459	321	188	168
太原市交通学校	1	1595	709	183	152	128
太原幼儿师范学校	1			393	33	33
太原铁路技术中等专业学校	1				360	116
山西省现代经贸学校	1	2986	928	886	119	79
山西省大众传媒学校	1				36	21
山西省四方中等技术学校	1	2176	745	854	99	74
太原学院						
太原旅游职业学院						
太原幼儿师范高等专科学校		1141	308	392		33
山西省中医学校	1	908	157	637	59	33
山西广播电影电视学校	1	260	37	33	43	30
山西省经贸学校	1	1671	493	549	101	84
山西省司法学校	1	1926	723	634	119	69
山西省邮电学校	1				61	27
山西省工贸学校	1	63		85	108	94
山西省财政会计学校	1					
山西省贸易学校	1	1472	463	532	132	104
太原铁路机械学校	1	3483	944	1060	282	222
山西省工业管理学校	1	1450	564	641	135	106
山西省城乡建设学校	1	1200	317	334	101	64
山西省特殊教育中等专业学校	1	250	101	104	111	49
山西税务学校	1				46	33
山西省建筑工程技术学校	1	1339	451	605	135	85
山西省好艺中等专业学校	1			164	53	32
山西省应用技术学校	1	66	14	130	84	45
山西省人民武装学校	1					
山西省畜牧兽医学校	1	2948	520	483	116	100
山西艺术职业学院		1290	209	365		56
山西药科职业学院						
山西职业技术学院						
山西体育职业学院		472	76	244		9
山西国际商务职业学院						
山西老区职业技术学院				17		
山西兵器工业职工大学						
山西省政法管理干部学院						

12-10　成人中等专业教育基本情况

单位：人

学校名称	学校（所）	在校生数	招生数	毕业生数	教职工数	专任教师数
总　计	2	9900	2974	2992	1020	911
太原广播电视中等专业学校	1	573	239	83	58	46
山西省农业广播电视学校	1	9262	2735	2791	962	834
山西煤炭职工联合大学		65		118		31

12-11　职业高中教育基本情况

单位：人

学校名称	学校(所)	在校生数	招生数	毕业生数	教职工数	# 专任教师数
总　计	17	16114	6035	3286	1267	1203
太原市第五职业中学校	1	1469	510	372	127	74
太原市综合高级中学校	1	1211	393	285	147	115
太原市第七职业中学校	1	693	235	91	88	78
清徐县职业教育中心	1	2003	759	554	122	117
太原市杏花岭区中等职业技术学校	1	157	95	44	28	28
太原市第四职业中学校	1	264	80	35	84	77
太原市晋源区高级职业中学	1	398	52	44	25	11
太原市小店区第一职业中学校	1	1245	494	311	55	50
阳曲县高级职业中学校	1	856	294	184	75	62
太原市大昌职业高中	1	1520	587	267	104	61
太原市尖草坪区职业中学校	1	1123	386	111	75	74
古交市职业中学校	1	974	332	198	53	47
太原市新大陆立达职业高中	1	972	592	87	85	61
娄烦县职业中学校	1	393	108	86	43	28
太原市财政金融学校						
太原广播电视中等专业学校						
太原市第九中学校						
太原市行知宏实验中学校						
太原市第十六中学校		475	163	153		31
太原市第五十六中学校						
太原孤残儿童特殊教育学校		55	13	14		18
太原市聋人学校		205	77	75		41
太原市盲童学校		29	11	7		9
太原市长安综合中学校		2072	854	368		115
太原市信仁邦综合职业中学	1				105	61
太原市扬帆职业高级中学	1				51	45
太原市新希望职业高中	1					

12-12 中学基本情况（一）

单位：人

分 类	学校（所）	班数（个）			在校生数			招生数		
		合计	高中	初中	合计	高中	初中	合计	高中	初中
总 计	219	5085	1734	3351	222302	79133	143169	77693	27331	50362
1. 教育部门办	179	4150	1487	2663	187919	70077	117842	66788	24030	42758
地方企业办										
民办	38	915	247	668	33673	9056	24617	10642	3301	7341
其他部门办	2	20		20	710		710	263		263
2. 城区	154	3983	1430	2553	177053	66167	110886	62796	22975	39821
镇区	38	817	231	586	34652	10067	24585	11451	3374	8077
乡村	27	285	73	212	10597	2899	7698	3446	982	2464
3. 小店区	44	1119	354	765	49401	15568	33833	17782	5363	12419
迎泽区	19	775	279	496	36020	13236	22784	13085	4565	8520
杏花岭区	36	797	287	510	33764	13108	20656	11871	4712	7159
尖草坪区	22	350	139	211	14635	6457	8178	5022	2245	2777
万柏林区	26	721	243	478	32346	11138	21208	11302	3891	7411
晋源区	14	318	90	228	13669	4191	9478	4593	1367	3226
清徐县	22	399	148	251	17339	6527	10812	5829	2203	3626
阳曲县	13	238	74	164	9242	3047	6195	2923	1044	1879
娄烦县	4	94	30	64	4499	1456	3043	1512	500	1012
古交市	19	274	90	184	11387	4405	6982	3774	1441	2333

12-13 中学基本情况（二）

单位：人

分 类	毕业生数			教职工数	专任教师		
	合计	高中	初中		合计	高中	初中
总 计	69922	26262	43660	28747	20154	7441	12713
1. 教育部门办	55901	23064	32837	19769	16566	6271	10295
地方企业办							
民办	13824	3198	10626	8891	3541	1170	2371
其他部门办	197		197	87	47		47
2. 城区	54315	21910	32405	21773	15642	6101	9541
镇区	11703	3373	8330	5127	3319	1053	2266
乡村	3904	979	2925	1847	1193	287	906
3. 小店区	15692	5415	10277	7634	4173	1443	2730
迎泽区	10743	4381	6362	3185	2763	1119	1644
杏花岭区	10730	4268	6462	4033	3019	1299	1720
尖草坪区	4675	2087	2588	2131	1557	595	962
万柏林区	9005	3673	5332	3645	3001	1060	1941
晋源区	4381	1482	2899	1919	1399	418	981
清徐县	5776	2144	3632	2063	1722	646	1076
阳曲县	3602	971	2631	2100	998	345	653
娄烦县	1441	467	974	558	393	115	278
古交市	3877	1374	2503	1479	1129	401	728

注：按教育局资料分类整理。

12-14　小学基本情况

单位：人

分　类	学校（所）	班数（个）	在校生数	招生数	毕业生数	教职工数	专任教师
总　计	409	9454	358448	62050	51957	22111	22727
1. 教育部门办	383	8287	319654	55876	47038	19815	19388
地方企业办							
民办	19	1047	33855	5235	4308	2014	3037
其他部门办	7	120	4939	939	611	282	302
2. 城区	279	7245	295851	52184	41863	17234	17752
镇区	52	1270	45574	7455	6786	2870	2982
乡村	78	939	17023	2411	3308	2007	1993
3. 小店区	75	2461	102034	17794	13712	3688	4615
迎泽区	38	979	39416	7734	5659	2511	2441
杏花岭区	58	1303	54910	9540	7917	3150	3225
尖草坪区	43	794	26711	4389	4253	1932	1944
万柏林区	65	1530	62169	11047	8641	4954	4413
晋源区	43	656	22845	3919	3085	1873	1927
清徐县	46	744	21965	3575	3617	1649	1696
阳曲县	12	336	9430	1469	1516	496	767
娄烦县	3	210	5579	702	975	545	571
古交市	26	441	13389	1881	2582	1313	1128

注：按教育局资料分类整理。

12-15　幼儿园基本情况

单位：人

分　类	幼儿园（所）	班数（个）	在园幼儿	教职工数	#专任教师	#保育员
总　计	800	5322	129076	21095	11132	4057
1. 教育部门办	79	773	20185	2516	1722	294
集体办	270	1047	23398	3048	1781	485
地方办	62	530	14804	2408	1260	473
事业单位办	19	173	5510	909	449	144
部队办	3	19	522	107	50	14
民办	359	2692	61522	11638	5674	2562
其他部门办	8	88	3135	469	196	85
2. 城区	555	4093	102203	17605	9027	3435
镇区	109	693	17276	2454	1370	470
乡村	136	536	9597	1036	735	152
3. 小店区	156	1120	28222	4516	2352	932
迎泽区	91	630	15283	2812	1465	501
杏花岭区	116	831	19993	3632	1827	696
尖草坪区	75	534	12923	2094	1094	412
万柏林区	90	743	19440	3353	1700	676
晋源区	92	410	8554	1512	828	273
清徐县	88	532	12569	1504	941	249
阳曲县	43	147	3266	566	278	118
娄烦县	14	97	2287	265	169	53
古交市	35	278	6539	841	478	147

注：按教育局资料分类整理。

12-16 文化事业情况

单位：人

指 标	单位	2022年
影剧院数	个	58
影厅数	座	414
专业、民营艺术表演团体	个	25
#演职人员	人	1875
博物馆	个	21
图书馆	个	11
图书馆藏书量	万册	679.06
文化宫	个	4
文化馆(包括群众艺术馆)	个	12
少年宫	个	3

12-17 专业表演团体情况

名 称	演职人数（人）	演出场次（场）	演出收入（万元）	观众人数（万人次）	总支出（万元）	全部职工工资（万元）
总 计	**1249**	**1535**	**3614.0**	**93.58**	**20718.4**	**7924.6**
山西省京剧院	158	93	5.2	6.51	2165.3	1042.8
山西省晋剧院	226	242	1042.0	11.94	6559.7	2314.0
山西省歌舞剧院	248	151	566.4	9.06	2369.5	986.4
山西省话剧院	153	98	400.7	3.50	1803.0	575.6
山西省曲艺团	48	176	451.1	18.00	644.8	249.0
山西华晋舞剧团	49	194		16.50	746.4	601.1
山西华夏之根艺术团	31	122	402.5	3.97	949.5	331.9
太原市实验晋剧艺术团有限责任公司	25	74	167.8	4.00	618.0	79.4
太原市实验晋剧艺术院有限责任公司	42	104	188.1	6.50	1098.4	154.3
太原市歌舞杂技团	160	150	87.6	4.50	1656.6	937.6
太原市话剧团	49	50	151.3	2.50	1067.9	342.5
太原舞蹈团	60	81	151.3	6.60	1039.3	310.0

注：专业艺术团体共25个，市5个、省7个，民营13个。演职人员1875人，其中专业1249人，市336人、省913人，民营626人。

12–18　影剧院及票房收入情况

名　称	影厅数（个）	座位数（座）	票房收入（元）
总　计	**414**	**50334**	**213563020**
太原影都	10	1172	1842384
太原市宽影幕影院	6	831	2076491
山西剧院	11	1717	16992980
太原市长风剧场	6	855	2905936
太原星美影城	4	530	1595824
太原横店电影城（王府井店）	9	900	5848085
太原中影新影都影城（和信店）	7	1048	4214504
太原市奥斯卡国际影城	10	1507	5789077
太原同至人横店影视电影城	8	1535	3118247
太原贵都横店电影城	5	524	2001945
太原市金逸影城（北美店）	7	831	4392615
太原市金刚里影城	9	742	3517840
太原华邦影城(潮流汇店)	7	875	2408620
清徐县宏凯影院	3	278	250772
太原博纳国际影城	10	1621	14913658
太原市万达影城（龙湖店）	14	2658	16357928
太原市大地影院（八方商贸城店）	6	859	1778790
太原市恒大嘉凯影城（未来城店）	6	857	2658617
阳曲县红全源数字影院	3	207	
古交市宏凯数字影院	3	210	415027
太原市铜锣湾国际影城	14	1231	10863311
太原市玉影影院西华苑店	7	318	1394131
太原市太原 ume 影城	12	1252	4336750
太原市九达国际影城	7	922	2046907
太原市等艺术影院	7	855	4699693
太原市全美影院	8	777	8312756
太原市阳曲县嘟唛国际影城	3	163	290383
太原市恒大嘉凯影城（绿洲店）	7	1183	3743930
保利影城	6	895	4658546

12-18　续表

名　称	影厅数（个）	座位数（座）	票房收入（元）
欢乐大都会影城	5	450	871891
金逸影城（万国店）	6	1196	2910036
万象影城 IMAX 店	8	1653	14388314
微影时光星空影院	2	76	179795
古交柒聚影城	4	499	1842702
九达影城（朝阳街店）	10	618	1351508
星际影城	16	1183	1408339
博纳国际影城（晋阳街店）	7	934	4794624
清徐宏达数字影院	3	202	392981
太原聚影汇影城	9	1324	3829647
中影盛隆国际影城	6	436	8312756
太原完美世界影城顶好店	6	787	
太原市华映影城	6	505	1081041
太原市中影星辉国际影城	7	610	4072143
太原市斐波时代影院	10	1123	4968573
太原市横店电影城康达店	6	487	2014015
太原市奥斯卡影城尖草坪店	6	559	1110168
太原市 CGV 影院（公元时代店）	8	1072	6036917
太原市恒大嘉凯影城（御景湾店）	6	1130	2658617
太原市恒大嘉凯影城（恒大城店）	6	1126	2161445
太原市中影天悦影城	6	758	1249991
太原市时代影城 IMAX 华景天地店	9	1264	3998525
太原市中影美时光影城	5	438	895000
太原市 CGV 影院（印象城店）	10	909	3452092
横店金源影城	4	373	
太原市和平影城	4	388	625141
万达影城多彩城店	8	877	1567116
龙城影业解放影城	6	1071	1236009
太原市中影星空影城（泰享里店）	10	933	2727887

12-19　图书出版情况

分　类	合计	图书种数（种）		总印数（万册）	总印张（千印张）	定价总金额（万元）
		新出	重印			
使用《中国标准书号》分类图书合计	3011	1768	1243	12109	1181740	205912
A 马克思主义、列宁主义、毛泽东思想	6	4	2	1	148	56
B 哲学	13	10	3	2	287	113
C 社会科学总论	16	15	1	4	619	282
D 政治、法律	76	61	15	195	13918	2870
E 军事	5		5	2	163	88
F 经济	83	62	21	25	5308	2910
G 文化、科学、教育、体育	1903	967	936	11377	1071373	155891
H 语言、文字	35	20	15	10	1604	392
I 文学	358	273	85	178	23239	9359
J 艺术	110	102	8	177	43209	24132
K 历史、地理	170	101	69	72	10249	5283
N 自然科学总论	4		4	2	200	79
O 数理科学、化学	6	1	5	2	260	102
P 天文学、地球科学	6	3	3	2	279	110
Q 生物科学	15	10	5	6	400	293
R 医药、卫生	72	28	44	30	6414	1521
S 农业科学	8	6	2	2	294	134
T 工业技术	13	11	2	2	284	155
U 交通运输	3	1	2	1	71	40
V 航空、航天	2		2	1	55	26
X 环境科学	12	5	7	3	189	135
Z 综合性图书	95	88	7	15	3177	1941

12-20 报纸出版情况

名　称	刊期	实际出版期数（期）	平均期印数（份）	总印数（万份）	总印张（千印张）
总计（42 种）		**6154**	**27261923**	**191759**	**1586643**
太原日报	周七刊	365	130065	4747	94947
太原晚报	周七刊	365	34908	1274	38224
山西工人报	周七刊	340	80000	2720	27200
山西妇女报	周二刊	104	19600	204	4077
山西政协报	周二刊	95	24359	231	2314
山西法制报	周五刊	236	67396	1591	31811
山西经济日报	周七刊	334	56000	1870	37408
山西科技报	周五刊	226	19000	429	8588
山西广播电视报	周一刊	52	6200	32	645
健康生活报	周四刊	200	6192	124	1238
科学导报	周二刊	88	22000	194	3872
市场信息报	周四刊	174	16000	278	5568
人民摄影	周一刊	52	30000	156	6240
生活晨报	周五刊				
三晋都市报	周六刊				
人民代表报	周三刊	150	110000	1650	33000
老友导报	周二刊	90	59400	535	5346
太原广播电视报	周一刊	52	22000	114	2288
消费时报	周二刊				
山西联通报	周一刊	38	30000	114	570
山西电力报	周一刊				
铁路工程报	周一刊	45	10000	45	450
太钢日报	周六刊	300	10100	303	1515
瓜果蔬菜报	周一刊	50	1000	5	50
集邮报	周一刊				
山西商报	周二刊	101	25000	253	2525
德育报	周二刊	100	50000	500	5000
发展导报	周二刊				
山西市场导报	周二刊	92	39000	359	7176
山西青年报	周五刊	222	31000	688	13764
作文周刊	周六刊	288	13500	389	7776
学英语报	周一刊	52	7469098	38839	194197
语文报	周七刊	365	166163	6065	60650
英语周报	周一刊	52	11722041	60955	304773
学习方法报	周一刊	52	5772018	30014	150072
数理报	周五刊	260	123700	3216	16081
学习报	周六刊	312	612322	19105	95522
山西日报	周七刊	365	362302	13224	396721
山西农民报	周二刊	91	40405	368	3677
生活文摘报	周二刊	104	32205	335	6699
山西晚报	周五刊	238	24170	575	11505
良友周报	周二刊	104	24779	258	5154

12-21 杂志出版情况

期刊名称	刊期	实际出版期数（期）	平均期印数（册）	总印数（万册）	总印张数（千印张）
总计（173 种）		2596	847075	1757	115091
山西青年	半月刊	24	4000	10	576
小学生	旬刊	36	2552	9	276
党史文汇	月刊	12	25000	30	1200
山西老年	月刊	12	216828	260	14519
山西财税	月刊	12	6350	8	378
山西教育	周刊	48	14600	70	3504
小学语文教学	旬刊	36	20000	72	3758
语文教学通讯	周刊	52	28046	146	9786
晋图学刊	双月刊	6	1500	1	57
教学与管理	旬刊	36	5000	18	990
教育理论与实践	旬刊	36	6000	22	1089
科学之友	月刊	12	3100	4	234
人人健康	半月刊	24	3903	9	929
名作欣赏	旬刊	36	2976	11	1215
山西文学	月刊	12	2200	3	238
火花	月刊	13	1262	2	102
黄河之声	半月刊	24	600	1	184
山西画报	旬月刊	50	7300	37	2716
技术经济与管理研究	月刊	12	1800	2	214
晋阳学刊	双月刊	6	1500	1	102
经济问题	月刊	12	1300	2	161
语文研究	季刊	4	2500	1	50
会计之友	半月刊	24	5050	12	1503
山西农经	半月刊	24	1500	4	544
编辑之友	月刊	12	2500	3	260
经济师	月刊	12	2950	4	655
新闻采编	双月刊	6	1300	1	39
山西大学学报（哲学社会科学版）	双月刊	6	800		76
黄河	双月刊	6	1800	1	135
理论探索	双月刊	6	2500	2	120
五台山研究	季刊	4	10000	4	202
童话大王	月刊				
山西煤炭	季刊	4	650		26
山西林业科技	季刊	5	1100	1	27
大众标准化	半月刊	25	3000	8	928
山西水土保持科技	季刊	4	1000		18
山西大学学报（自然科学版）	双月刊	6	800		76
山西地震	季刊	4	80		1
山西医药杂志	半月刊	24	405	1	85

12-21 续表 1

期刊名称	刊期	实际出版期数（期）	平均期印数（册）	总印数（万册）	总印张数（千印张）
山西化工	月刊	9	4500	4	778
山西中医	月刊	12	1000	1	68
山西农业科学	月刊	12	500	1	45
辐射防护通讯	双月刊	6	500		9
新型炭材料	双月刊	6	400		24
山西水利	月刊	12	1000	1	64
机械管理开发	月刊	12	5000	6	1600
电子工艺技术	双月刊	6	3000	2	91
火力与指挥控制	月刊	13	1500	2	254
燃料化学学报	月刊	12	300		36
煤化工	双月刊	6	4500	3	119
辐射防护	双月刊	6	800		37
生产力研究	月刊	12	700	1	104
记者观察	旬刊	36	7287	26	1952
种子科技	半月刊	24	1500	4	408
山西档案	双月刊	6	2000	1	175
煤炭转化	双月刊	6	500		24
山西冶金	月刊	9	4500	4	810
政府法制	旬刊	37	17998	67	3303
中国保健营养	半月刊	33	500	2	96
前进	月刊	12	31017	37	1846
都市	月刊	12	3050	4	275
生活潮	月刊	12	12800	15	857
山西水利科技	季刊	4	1500	1	34
电力学报	双月刊	6	700		21
量子光学学报	季刊	4	350		10
法制博览	旬刊	36	11000	40	2376
山西林业	双月刊	6	2350	1	52
山西交通科技	双月刊	6	6000	4	249
民间传奇故事	旬刊	36	5000	18	1080
日用化学品科学	月刊	12	3000	4	295
健康向导	双月刊	6	1416	1	39
山西电子技术	双月刊	6	3000	2	136
山西医科大学学报	月刊	12	800	1	74
中华风湿病学杂志	月刊	12	1667	2	104
太原理工大学学报	双月刊	6	1500	1	120
山西财经大学学报	月刊	12	2000	2	234
实用骨科杂志	月刊	12	1200	1	107
山西财政税务专科学校学报	双月刊	6	1200	1	45
山西广播电视大学学报	季刊	4	3000	1	104
中共山西省委党校学报	双月刊	6	1500	1	91
中共太原市委党校学报	双月刊	6	700		26
山西社会主义学院学报	季刊	5	1000	1	29

12-21　续表 2

期刊名称	刊期	实际出版期数（期）	平均期印数（册）	总印数（万册）	总印张数（千印张）
小学教学设计	旬刊	36	18000	65	3383
山西经济管理干部学院学报	季刊	4	500		15
山西省政法管理干部学院学报	季刊	4	1000		35
山西高等学校社会科学学报	月刊	12	1100	1	83
太原理工大学学报（社会科学版）	双月刊	6	500		23
护理研究	半月刊	24	1100	3	385
新作文	旬刊	36	62058	223	11260
中外童话故事	旬刊	36	7556	27	1012
中国中西医结合肾病杂志	月刊	12	2500	3	227
山西建筑	半月刊	24	800	2	299
实用医学影像杂志	双月刊	6	568		30
新美域	季刊	12	1000	1	126
文史月刊	月刊	12	14006	17	840
母婴世界	旬刊	36	3500	13	937
银行家	月刊	12	14690	18	1587
建材技术与应用	双月刊	6	1000	1	29
山西电力	双月刊	6	4000	2	139
实用医技杂志	月刊	12	400		28
临床医药实践	月刊	12	500	1	37
测试技术学报	双月刊	6	1000	1	45
太原师范学院学报（社会科学版）	季刊	4	1000		28
太原师范学院学报（自然科学版）	季刊	4	1000		31
中学课程辅导	旬刊	36	2300	8	821
NBA 特刊	半月刊	24	19000	46	4022
农产品加工	半月刊	24	1300	3	290
山西焦煤科技	月刊	12	1000	1	49
中西医结合心脑血管病杂志	半月刊	24	606	1	216
太原市人民政府公报	月刊	12	1650	2	98
机械工程与自动化	双月刊	6	4000	2	427
日用化学工业	月刊	12	4000	5	484
太原城市职业技术学院学报	月刊	12	300		59
新课程	旬刊	44	3727	16	3099
当代金融家	月刊	12	5742	7	689
校园心理	双月刊	6	4425	3	154
中北大学学报（社会科学版）	双月刊	6	1000	1	45
太原科技大学学报	双月刊	6	800		30
教育	旬刊	44	2350	10	720
中北大学学报（自然科学版）	双月刊	6	1000	1	45
系统科学学报	季刊	4	800		34
映像	月刊	12	1308	2	136
食品工程	季刊	4	900		23
当代农机	月刊	12	2000	2	179
农业技术与装备	月刊	12	1000	1	138

12-21　续表 3

期刊名称	刊期	实际出版期数（期）	平均期印数（册）	总印数（万册）	总印张数（千印张）
文化产业	旬刊	36	479	2	181
全科护理	旬刊	36	875	3	367
新晋商	月刊	12	1750	2	221
铸造设备与工艺	双月刊	6	4000	2	189
科学技术哲学研究	双月刊	6	2180	1	132
村委主任	月刊	6	300		8
测试科学与仪器（英文版）	季刊	4	1000		33
科技创新与生产力	月刊	12	3400	4	367
能源与节能	月刊	12	1000	1	168
现代工业经济和信息化	月刊	12	5000	6	1553
基础医学教育	月刊	12	800	1	74
经济与社会发展研究	旬刊	36	300	1	188
炎黄地理	月刊	12	2000	2	168
科技与创新	半月刊	24	1000	2	313
山西青年职业学院学报	季刊	4	1000		27
经纬天地	双月刊	6	625		29
名家名作	月刊	26	3100	8	838
天工	旬刊	36	3000	11	816
名师在线（中英文）	旬刊	36	1000	4	268
循证护理	半月刊	24	380	1	102
史志学刊	双月刊	6	1350	1	40
指挥与控制学报	季刊	4	1200		45
戏友	双月刊	6	2000	1	63
现代职业教育	旬刊	44	4900	22	3056
中国日用化学品	季刊	4	1000		26
图书情报导刊	月刊	12	100		8
品牌研究	旬刊	36	500	2	235
太原学院学报（社会科学版）	双月刊	6	500		26
太原学院学报（自然科学版）	季刊	4	400		11
武术研究	月刊	12	3200	4	479
山西省人民政府公报	月刊	12	1500	2	90
对联	月刊	24	7000	17	672
智库时代	旬刊	44	280	1	218
山西警察学院学报	季刊	4	900		29
今日农业	半月刊	24	4800	12	461
区域治理	旬刊	43	280	1	213
护理前沿（英文）	季刊	4	700		17
销售与管理	旬刊	36	925	3	336
支部建设	旬刊	36	33878	122	5293
统计学报	双月刊	6	1000	1	44
华北自然资源	双月刊	6	1200	1	89
果树资源学报	双月刊	6	600		21
三晋基层治理	双月刊	6	1200	1	64

12-22　广播、电视主要指标

指　标	单位	省级	市
电视台	座		1
广播电视台	座	1	4
教育电视台	座		1
中短波转播发射台	座	12	1
	千瓦	406	20
电视转播发射台	座	7	3
	千瓦	248	10
有线广播电视传输网络干线总长	公里	8109	8511
有线广播电视实际用户	户	188979	350695
数字电视实际用户	户	188979	350695
广播人口覆盖率	%	98.97	100
电视人口覆盖率	%	99.29	100

注：数据来源于省广电局；太原地区数据包含省级（省广播电视局）以及市（太原市级加县级）。

12-23　电视节目主要情况

指　标	单位	省级	市
节目套数	套	6	9
全年播出节目时间	时：分	51542：30	40401：53
新闻资讯类节目	时：分	5490：31	9420：25
专题服务类节目	时：分	9962：53	6113：20
综艺益智类节目	时：分	4013：00	101：08
影视剧类节目	时：分	18386：53	14798：00
广告类节目	时：分	10406：34	4232：30
其它类节目	时：分	3282：39	5736：30

12-24　广播节目主要情况

指　标	单位	省级	市
节目套数	套	7	8
全年播出节目时间	时：分	57694：00	34689：00
新闻资讯类节目	时：分	3413：30	10066：30
专题服务类节目	时：分	25028：30	7925：24
综艺益智类节目	时：分	10858：30	1424：56
广播剧类节目	时：分	3527：30	3649：30
广告类节目	时：分	7836：00	3763：40
其它类节目	时：分	7030：00	7859：00

12-25 卫生机构、床位和人员情况（一）

分 类	机构数（个）	床位数（张）	卫生人员（人）					
			合计	卫生技术人员（人）				
				小计	执业医师	执业助理医师	注册护士	药师（士）
总 计	4087	46102	81935	70074	24392	1890	34368	2552
一、医院	160	44472	58481	49673	16204	300	25701	2119
综合医院	71	26403	35923	30946	10124	122	16083	1217
中医医院	18	3664	4264	3683	1288	47	1653	331
中西医结合医院	4	1457	2019	1813	637	21	876	76
民族医院								
专科医院	65	12848	16202	13187	4142	110	7063	493
护理院	2	100	73	44	13		26	2
二、基层医疗卫生机构	3877	1002	18928	17067	7142	1548	7500	375
社区卫生服务中心（站）	338	241	4754	4332	1665	175	2123	154
社区卫生服务中心	58	195	2015	1770	582	58	846	108
社区卫生服务站	280	46	2739	2562	1083	117	1277	46
卫生院	53	649	888	813	332	137	198	47
街道卫生院								
乡镇卫生院	53	649	888	813	332	137	198	47
中心卫生院	18	234	298	275	118	64	57	14
乡卫生院	35	415	590	538	214	73	141	33
村卫生室	860		1734	793	195	550	47	1
门诊部	440	112	4774	4481	1743	356	2189	45
综合门诊部	36		884	776	322	13	355	13
中医门诊部	29	24	297	255	139	13	79	15
中西医结合门诊部	3		39	39	13	5	20	1
专科门诊部	372	88	3554	3411	1269	325	1735	16
诊所、卫生所、医务室	2186		6778	6648	3207	330	2943	128
诊所	2056		6167	6060	2933	313	2665	115
卫生所、医务室	130		611	588	274	17	278	13
三、专业公共卫生机构	42	628	3443	2780	924	32	976	58
疾病预防控制中心	14		881	663	358	17	36	6
专科疾病防治院（所、站）	2	30	189	132	47	1	73	3
健康教育所（站、中心）								
妇幼保健院（所、站）	12	598	1588	1351	419	11	724	48
妇幼保健院	7	598	1442	1240	362	4	694	47
妇幼保健所	3		82	70	41	3	14	1
妇幼保健站	2		64	41	16	4	16	
急救中心（站）	1		142	109	55	1	32	
采供血机构	1		288	218	45	2	111	1
卫生监督所（中心）	12		355	307				
计划生育技术服务机构								
四、其他卫生机构	8		1083	554	122	10	191	
疗养院								
卫生监督检验（监测、检测）所（站）								
医学科学研究机构								
医学在职培训机构								
临床检验中心（所、站）	5		736	276	40	7	31	
统计信息中心								
其他	3		347	278	82	3	160	

12-26　卫生机构、床位和人员情况（二）

分　类	卫生人员（人）						
	卫生技术人员（人）				其　他技术人员	管理人员	工勤技能人员
	技师(士)	#检验师	其他	#见习医师			
总　计	**4299**	**2573**	**2267**	**437**	**3304**	**5473**	**4504**
一、医院	3411	1869	1938	389	2726	4473	3533
综合医院	2112	1239	1288	312	1422	2602	1990
中医医院	209	124	155	13	256	325	206
中西医结合医院	125	73	78	39	42	57	112
民族医院							
专科医院	963	432	416	25	980	1484	1224
护理院	2	1	1		26	5	1
二、基层医疗卫生机构	307	177	195	27	258	631	378
社区卫生服务中心（站）	142	88	73	5	151	203	178
社区卫生服务中心	123	75	53	4	85	100	120
社区卫生服务站	19	13	20	1	66	103	58
卫生院	26	17	73	11	16	27	38
街道卫生院							
乡镇卫生院	26	17	73	11	16	27	38
中心卫生院	5	4	17	2	2	10	16
乡卫生院	21	13	56	9	14	17	22
村卫生室							
门诊部	123	67	25	5	51	373	91
综合门诊部	69	35	4	1	21	100	26
中医门诊部	4	1	5	3	6	34	17
中西医结合门诊部						1	
专科门诊部	50	31	16	1	24	238	48
诊所、卫生所、医务室	16	5	24	6	40	28	71
诊所	12	3	22	6	37	23	55
卫生所、医务室	4	2	2		3	5	16
三、专业公共卫生机构	369	332	115	21	281	289	146
疾病预防控制中心	192	186	54	11	88	101	33
专科疾病防治院（所、站）	6	4	2		33	19	8
健康教育所（站、中心）							
妇幼保健院（所、站）	118	93	31	10	104	85	56
妇幼保健院	106	81	27	10	101	64	41
妇幼保健所	9	9	2		3	12	1
妇幼保健站	3	3	2			9	14
急救中心（站）	3		18			9	24
采供血机构	50	49	9		49	4	17
卫生监督所（中心）			1		7	71	8
计划生育技术服务机构							
四、其他卫生机构	212	195	19		39	80	447
疗养院							
卫生监督检验（监测、检测）所（站）							
医学科学研究机构							
医学在职培训机构							
临床检验中心（所、站）	179	177	19		39	64	393
统计信息中心							
其他	33	18				16	54

12-27　律师工作情况

指　标	单　位	2022 年	2021 年
律师事务所	个	333	312
注册律师人员	人	4302	3702
专职律师	人	3882	3323
兼职律师	人	212	200
法律援助律师	人	9	8
公职律师	人	199	171
聘请常年法律顾问的单位	个	3310	3294
民事、经济诉讼代理	件	28955	30552
刑事辩护及代理	件	4261	5258
非诉讼法律事务	件	3609	4091

12-28　公证和调解工作情况

指　标	单　位	2022 年	2021 年
公证工作			
公证处	个	8	8
公证员（含公证员助理）	人	192	181
办理国内民事公证	件	276755	199920
办理国内经济公证	件	15208	13616
办理涉外公证	件	12585	13702
涉港澳台公证	件	210	141
调解工作			
司法所工作人员	人	415	419
人民调解委员会	个	1624	1585
调解人员	人	8120	8347
调解各类纠纷	件	24821	22282

12-29 体育后备人才及教练员项目分布情况

单位：人

项 目	运动员	教练员
合 计	**2654**	**82**
田径	160	13
自行车	100	3
击剑	103	2
举重	74	9
柔道	132	4
国际摔跤	164	8
跆拳道	80	2
空手道	55	
拳击	57	1
武术套路	77	2
武术散打	59	1
射击	109	6
射箭	64	2
游泳	310	8
跳水	33	2
乒乓球	170	5
篮球	78	6
网球	59	1
体操	60	4
蹦床	49	1
赛艇	11	
皮划艇	46	1
足球	212	1
排球	53	
艺术体操	57	
羽毛球	28	
手球	31	
橄榄球	48	
速度滑冰	18	
短道速滑	19	
花样滑冰	40	
高山滑雪	29	
越野滑雪与滑轮	32	
单板滑雪	37	

12-30 等级裁判员项目分布情况

单位：人

项 目	一级以上裁判员合计	国际级裁判员	国家级裁判员	一级裁判员	二级裁判员
合 计	1256	28	141	1087	3692
田径	109	1	12	96	523
游泳	70		10	60	77
跳水	11	1	1	9	
自行车	54	1	16	37	8
举重	16	3	2	11	
射击	80	1	4	75	6
射箭	50		3	47	
国际摔跤	21	1	2	18	3
柔道	15	1	7	7	4
跆拳道	36	1	3	32	18
拳击	32			32	
体操	43	6		37	2
蹦床	22	5		17	
武术套路	70	2	10	58	176
武术散打	15	1	1	13	
击剑	12		1	11	34
足球	46		3	43	144
篮球	98		8	90	829
排球	29	1	6	22	366
沙滩排球	6	1	5		
乒乓球	66		10	56	873
网球	72	1	13	58	221
羽毛球	74		5	69	345
门球	24		2	22	
台球	3			3	
中国象棋	18		1	17	32
国际象棋	20		1	19	16
围棋	16		3	13	8
健美操	30		2	28	3

12-30　续表

单位：人

项　目	一级以上裁判员合计	国际级裁判员	国家级裁判员	一级裁判员	二级裁判员
体育舞蹈	13		2	11	
健美	10	1	1	8	4
健身气功	8		1	7	
跳伞	1			1	
拔河	2		1	1	
毽球	12			12	
健身秧歌	2		1	1	
电子竞技	6		1	5	
信鸽	30			30	
航模	9		2	7	
定向	5		1	4	

注：本表口径只包括市属管辖数据，不包含省属管辖数据。

12-31　等级运动员项目分布情况

单位：人

项　目	等级运动员合计	一级运动员	二级运动员
合　计	3729	742	2987
田径	604	18	586
游泳	298	30	268
跳水	1	1	
自行车	53	20	33
举重	31	5	26
射击	86	37	49
射箭	51	8	43
国际摔跤	107	18	89
柔道	64	24	40
跆拳道	98	43	55
拳击	62	19	43
体操	18	5	13
蹦床	15	7	8
武术套路	120	5	115
武术散打	131	7	124

12-31　续表　　　　单位：人

项　目	等级运动员合计	一级运动员	二级运动员
击剑	19	5	14
足球	212	43	169
篮球	603	103	500
排球	564	202	362
沙滩排球			
乒乓球	179	61	118
网球	137	4	133
羽毛球	41		41
手球	33		33
门球			
台球			
中国象棋	16	3	13
国际象棋	21	6	15
围棋	23	3	20
健美操	15	4	11
体育舞蹈			
健美			
健身气功			
跳伞			
拔河			
毽球			
健身秧歌			
电子竞技			
信鸽			
航模	3	2	1
定向			
橄榄球	29	5	24
技巧	7		7
中国式摔跤	29	17	12
皮划艇	29	28	1
赛艇	10	9	1
高尔夫	4		4
滑板	2		2
艺术体操	2		2
空手道	12		12

12-32　太原市体育彩票发行情况

年　份	全市体育彩票发行额（万元）	全省体育彩票发行额（万元）	全市体育彩票网点数（个）	全市体育彩票发行额在全省占比（%）
2006	12269	55930	376	21.9
2007	12984	50780	392	25.6
2008	27276	92377	409	29.5
2009	22230	80709	470	27.5
2010	26391	82260	475	32.1
2011	35297	96358	520	36.0
2012	34073	101566	520	33.5
2013	50649	156171	530	32.4
2014	60256	189702	580	31.8
2015	66937	208464	594	32.1
2016	72968	232870	634	31.3
2017	107624	349064	678	30.8
2018	103286	430358	483	24.0
2019	80900	310800	366	26.0
2020	71729	244068	410	29.4
2021	114550	365207	465	31.3
2022	140878	432518	521	32.6

12-33　婚姻登记情况

地　区	结婚登记数（对）	离婚登记数（对）
总　计	**21555**	**6212**
市本级	30	7
小店区	4143	1165
迎泽区	3050	898
杏花岭区	3303	1213
尖草坪区	1655	516
万柏林区	3509	1034
晋源区	1256	302
清徐县	1825	365
阳曲县	942	223
娄烦县	694	222
古交市	1148	267

12-34 社会救济、收养对象情况

地区	城市居民最低生活保障人数（人）	农村居民最低生活保障人数（人）	城市发放最低保障资金（万元）	农村发放最低保障资金（万元）	农村集中五保供养人数(人)	农村分散五保供养人数（人）	各类收养救助机构（个）	各类收养救助机构床位数（张）	收养救助人数(人)
总 计	17332	29768	16078.2	19856.6	2054	1724	20	4443	8192
市本级							3	1262	6278
小店区	380	288	506.4	276.5	38	113	1	200	51
迎泽区	1050	261	1167.4	215.4	8	34			
杏花岭区	2148	779	2322.8	627.3	25	45			
尖草坪区	3744	3312	3505.4	2477.3	73	275	1	231	43
万柏林区	3108	188	2511.2	793.3	28	81	1	57	28
晋源区	450	6280	382.7	3550.8	49	100	1	108	49
清徐县	577	3378	510.7	2392.2	313	155	4	405	244
阳曲县	2711	3785	2344.3	2782.2	395	711	5	629	389
娄烦县	1323	8807	1185.3	4924.2	841		3	1047	831
古交市	1841	2690	1642.0	1817.4	284	210	1	504	279

12-35 优抚对象优待抚恤情况

单位：人

地区	抚恤、补助优抚对象人数	定期定量补助人数	伤残人数
总 计	13020	9847	3173
小店区	2358	1607	751
迎泽区	1064	344	720
杏花岭区	1054	474	580
尖草坪区	1016	825	191
万柏林区	1018	549	469
晋源区	1205	1086	119
清徐县	2716	2586	130
阳曲县	1164	1103	61
娄烦县	747	683	64
古交市	678	590	88

第十三篇

县（市、区）经济概况

资料整理、审核

张妙莲

13-1 小店区国民经济主要指标

指 标	计量单位	2022 年
一、基本情况		
行政区域面积	平方公里	290
乡	个	2
镇	个	1
街道办事处	个	8
二、人口与就业		
户籍户数	户	233036
户籍人口	人	768761
三、综合经济		
（一）地区生产总值	万元	15871737
第一产业增加值	万元	49838
第二产业增加值	万元	8848967
第三产业增加值	万元	6972932
其中：农、林、牧、渔专业及辅助性活动增加值	万元	3471
（二）财政、金融		
地方一般公共预算收入	万元	223863
地方一般公共预算支出	万元	470755
其中：教育支出	万元	106549
科学技术支出	万元	1734
文化旅游体育与传媒支出	万元	2068
社会保障和就业支出	万元	81258
卫生健康支出	万元	44676
农林水支出	万元	23387
四、农业		
（一）生产条件		
耕地面积	公顷	8458
（二）农作物播种面积	公顷	5676.4
粮食作物播种面积	公顷	2482.1
其中：小麦	公顷	27.6
玉米	公顷	2070.7
大豆	公顷	17.6

13-1　续表 1

指　标	计量单位	2022 年
油料播种面积	公顷	
蔬菜播种面积	公顷	2194.1
（三）农产品产量		
粮食总产量	吨	10350
其中：小麦	吨	147
玉米	吨	8827
大豆	吨	36
油料产量	吨	
园林水果产量	吨	2794.8
肉类总产量	吨	3447.5
其中：猪肉	吨	1931.4
牛肉	吨	159
羊肉	吨	113.8
禽肉	吨	1241.4
禽蛋产量	吨	4562.7
奶类产量	吨	37818.9
蔬菜产量	吨	104466
水产品产量	吨	32
（四）农产品质量		
“两品一标”农产品	个	19
“两品一标”农产品基地面积	公顷	420
五、工业		
规模以上工业企业	个	72
六、交通、通讯		
公路里程	公里	584
七、贸易、外经		
社会消费品零售总额	万元	4834968.4
其中：限额以上消费品零售额	万元	3144854.6
亿元及以上商品交易市场	个	2
出口总额	万美元	28150
八、固定资产投资		

13-1　续表 2

指　标	计量单位	2022 年
固定资产投资	万元	2334476
房地产开发投资	万元	1239541
九、教育、科技、文化、卫生		
普通中学	所	44
小学校	所	75
普通中学专任教师	人	4173
小学专任教师	人	4615
普通中学在校学生	人	49401
小学在校学生	人	102034
公共图书馆图书藏量	千册	218
医疗卫生机构床位	张	7764
卫生技术人员	人	13385
其中：执业（助理）医师	人	5216
十、居民生活		
居民人均可支配收入	元	42642
城镇居民人均可支配收入	元	46323
农村居民人均可支配收入	元	25960
十一、社会保障		
提供住宿的民政服务机构	个	3
提供住宿的民政服务机构床位数	张	781
城镇职工基本养老保险参保人数	人	233729
城乡居民基本养老保险参保人数	人	136652
基本医疗保险参保人数	人	528393
其中：城乡居民基本医疗保险参保人数	人	394282
失业保险参保人数	人	140492
城市居民最低生活保障人数	人	380
农村居民最低生活保障人数	人	288
十二、附记指标		
森林面积	公顷	1375
农村义务教育专任教师本科及以上学历比例	%	90

13-2 迎泽区国民经济主要指标

指　标	计量单位	2022 年
一、基本情况		
行政区域面积	平方公里	105
镇		1
街道办事处	个	6
二、人口与就业		
户籍户数	户	168276
户籍人口	人	558841
三、综合经济		
（一）地区生产总值	万元	11173279
第一产业增加值	万元	5318
第二产业增加值	万元	1491565
第三产业增加值	万元	9676396
其中：农、林、牧、渔专业及辅助性活动增加值	万元	332
（二）财政、金融		
地方一般公共预算收入	万元	166375
地方一般公共预算支出	万元	305955
其中：教育支出	万元	55838
科学技术支出	万元	1101
文化旅游体育与传媒支出	万元	1096
社会保障和就业支出	万元	62887
卫生健康支出	万元	34271
农林水支出	万元	6348
四、农业		
（一）生产条件		
耕地面积	公顷	475
（二）农作物播种面积	公顷	115.7
粮食作物播种面积	公顷	102.9
其中：玉米	公顷	52.9
大豆	公顷	2.6

13-2　续表 1

指　标	计量单位	2022 年
蔬菜播种面积	公顷	12.8
（三）农产品产量		
粮食总产量	吨	195
其中：玉米	吨	112
大豆	吨	5
园林水果产量	吨	59.4
肉类总产量	吨	155.6
其中：猪肉	吨	67.9
牛肉	吨	15.9
羊肉	吨	66
禽肉	吨	3.1
禽蛋产量	吨	608.5
蔬菜产量	吨	324.7
水产品产量	吨	100
（四）农产品质量		
“两品一标”农产品	个	
“两品一标”农产品基地面积	公顷	
五、工业		
规模以上工业企业	个	17
六、交通、通讯		
公路里程	公里	147
七、贸易、外经		
社会消费品零售总额	万元	3586832.9
其中 : 限额以上消费品零售额	万元	1642378.3
亿元及以上商品交易市场	个	4
出口总额	万美元	24667
当年实际使用外资额	万美元	
八、固定资产投资		
固定资产投资	万元	1014688
房地产开发投资	万元	670813

13-2 续表 2

指 标	计量单位	2022 年
九、教育、科技、文化、卫生		
普通中学	所	19
小学校	所	38
普通中学专任教师	人	2763
小学专任教师	人	2441
普通中学在校学生	人	36020
小学在校学生	人	39416
公共图书馆图书藏量	千册	139
医疗卫生机构床位	张	10447
卫生技术人员	人	16154
其中：执业（助理）医师	人	5770
十、居民生活		
居民人均可支配收入	元	42674
城镇居民人均可支配收入	元	45811
农村居民人均可支配收入	元	25960
十一、社会保障		
提供住宿的民政服务机构	个	
提供住宿的民政服务机构床位数	张	
城镇职工基本养老保险参保人数	人	109257
城乡居民基本养老保险参保人数	人	29112
基本医疗保险参保人数		259932
其中：城乡居民基本医疗保险参保人数	人	185183
失业保险参保人数	人	60311
城市居民最低生活保障人数	人	1050
农村居民最低生活保障人数	人	261
十二、附记指标		
森林面积	公顷	2825
农村义务教育专任教师本科及以上学历比例	%	95

13-3　杏花岭区国民经济主要指标

指标名称	计量单位	2022年
一、基本情况		
行政区域面积	平方公里	146
镇	个	1
街道办事处	个	11
二、人口与就业		
户籍户数	户	201644
户籍人口	人	637102
三、综合经济		
（一）地区生产总值	万元	9212076
第一产业增加值	万元	13588
第二产业增加值	万元	1850890
第三产业增加值	万元	7347598
其中：农、林、牧、渔专业及辅助性活动增加值	万元	599
（二）财政、金融		
地方一般公共预算收入	万元	160957
地方一般公共预算支出	万元	341741
其中：教育支出	万元	90474
科学技术支出	万元	229
文化旅游体育与传媒支出	万元	826
社会保障和就业支出	万元	84635
卫生健康支出	万元	37872
农林水支出	万元	6228
四、农业		
（一）生产条件		
耕地面积	公顷	782
（二）农作物播种面积	公顷	550
粮食作物播种面积	公顷	495
其中：玉米	公顷	149.4
大豆	公顷	93.4

13-3 续表 1

指标名称	计量单位	2022
油料播种面积	公顷	2.5
蔬菜播种面积	公顷	52.5
（三）农产品产量		
粮食总产量	吨	1142
其中：玉米	吨	508
大豆	吨	150
油料产量	吨	2.5
园林水果产量	吨	1277.3
肉类总产量	吨	694
其中：猪肉	吨	490.4
牛肉	吨	4.5
羊肉	吨	40.3
禽肉	吨	157.5
禽蛋产量	吨	2008.3
蔬菜产量	吨	1938.3
水产品产量	吨	
（四）农产品质量		
“两品一标”农产品	个	1
“两品一标”农产品基地面积	公顷	33.3
五、工业		
规模以上工业企业	个	48
规模以上工业总产值	万元	
其中：农产品加工业产值	万元	
六、交通、通讯		
公路里程	公里	273
七、贸易、外经		
社会消费品零售总额	万元	2291267.7
其中：限额以上消费品零售额	万元	1542385.2
出口总额	万美元	36078
八、固定资产投资		
固定资产投资	万元	906179

13-3 续表 2

指标名称	计量单位	2022
房地产开发投资	万元	330777
九、教育、科技、文化、卫生		
普通中学	所	36
小学校	所	58
普通中学专任教师	人	3019
小学专任教师	人	3225
普通中学在校学生	人	33764
小学在校学生	人	54910
医疗卫生机构床位	张	12125
卫生技术人员	人	18538
其中：执业（助理）医师	人	6572
十、居民生活		
居民人均可支配收入	元	42052
城镇居民人均可支配收入	元	45149
农村居民人均可支配收入	元	25960
十一、社会保障		
提供住宿的民政服务机构	个	
提供住宿的民政服务机构床位数	张	
城镇职工基本养老保险参保人数	人	116203
城乡居民基本养老保险参保人数	人	40412
基本医疗保险参保人数	人	264836
其中：城乡居民基本医疗保险参保人数		193256
失业保险参保人数	人	61309
城市居民最低生活保障人数	人	2148
农村居民最低生活保障人数	人	779
十二、附记指标		
森林面积	公顷	4559
农村义务教育专任教师本科及以上学历比例	%	89

13-4 尖草坪区国民经济主要指标

指标名称	计量单位	2022 年
一、基本情况		
行政区域面积	平方公里	296
乡	个	2
镇	个	2
街道办事处	个	9
二、人口与就业		
户籍户数	户	119766
户籍人口	人	342749
三、综合经济		
（一）地区生产总值	万元	5817647
第一产业增加值	万元	29566
第二产业增加值	万元	4484996
第三产业增加值	万元	1303085
其中：农、林、牧、渔专业及辅助性活动增加值	万元	2032
（二）财政、金融		
地方一般公共预算收入	万元	90069
地方一般公共预算支出	万元	229210
其中：教育支出	万元	46538
科学技术支出	万元	2961
文化旅游体育与传媒支出	万元	1126
社会保障和就业支出	万元	64373
卫生健康支出	万元	19687
农林水支出	万元	12607
四、农业		
（一）生产条件		
耕地面积	公顷	4316
（二）农作物播种面积	公顷	3985
粮食作物播种面积	公顷	3373.9
其中：稻谷	公顷	17.3
小麦	公顷	3

13-4　续表 1

指标名称	计量单位	2022 年
玉米	公顷	2291.6
大豆	公顷	360.1
油料播种面积	公顷	26.5
蔬菜播种面积	公顷	556.3
（三）农产品产量		
粮食总产量	吨	14099
其中：稻谷	吨	72
小麦	吨	12
玉米	吨	11097
大豆	吨	779
油料产量	吨	33.6
园林水果产量	吨	18222.8
肉类总产量	吨	688.1
其中：猪肉	吨	319.8
牛肉	吨	74.9
羊肉	吨	170.3
禽肉	吨	123.1
禽蛋产量	吨	870.8
奶类产量	吨	15031.8
蔬菜产量	吨	27461.2
水产品产量	吨	160
（四）农产品质量		
“两品一标”农产品	个	1
“两品一标”农产品基地面积	公顷	33.3
五、工业		
规模以上工业企业	个	133
规模以上工业总产值	万元	
其中：农产品加工业产值	万元	
六、交通、通讯		
公路里程	公里	394
七、贸易、外经		
社会消费品零售总额	万元	1140662.7

13-4　续表 2

指标名称	计量单位	2022 年
其中：限额以上消费品零售额	万元	155986
出口总额	万美元	111840.7
八、固定资产投资		
固定资产投资	万元	1256819
房地产开发投资	万元	378933
九、教育、科技、文化、卫生		
普通中学	所	22
小学校	所	43
普通中学专任教师	人	1557
小学专任教师	人	1944
普通中学在校学生	人	14635
小学在校学生	人	26711
公共图书馆图书藏量	千册	157
医疗卫生机构床位	张	2595
卫生技术人员	人	4474
其中：执业（助理）医师	人	1682
十、居民生活		
居民人均可支配收入	元	41118
城镇居民人均可支配收入	元	42553
农村居民人均可支配收入	元	25960
十一、社会保障		
提供住宿的民政服务机构	个	1
提供住宿的民政服务机构床位数	张	221
城镇职工基本养老保险参保人数	人	69235
城乡居民基本养老保险参保人数	人	82179
基本医疗保险参保人数	人	233772
其中：城乡居民基本医疗保险参保人数	人	206212
失业保险参保人数	人	30053
城市居民最低生活保障人数	人	3744
农村居民最低生活保障人数	人	3312
十二、附记指标		
森林面积	公顷	5329
农村义务教育专任教师本科及以上学历比例	%	76

13-5 万柏林区国民经济主要指标

指 标	计量单位	2022 年
一、基本情况		
行政区域面积	平方公里	289
街道办事处	个	14
二、人口与就业		
户籍户数	户	196789
户籍人口	人	631826
三、综合经济		
（一）地区生产总值	万元	6204833
第一产业增加值	万元	4976
第二产业增加值	万元	3279158
第三产业增加值	万元	2920699
其中：农、林、牧、渔专业及辅助性活动增加值	万元	293
（二）财政、金融		
地方一般公共预算收入	万元	202624
地方一般公共预算支出	万元	340488
其中：教育支出	万元	115839
科学技术支出	万元	1662
文化旅游体育与传媒支出	万元	1174
社会保障和就业支出	万元	41123
卫生健康支出	万元	25607
农林水支出	万元	5197
四、农业		
（一）生产条件		
耕地面积	公顷	870
（二）农作物播种面积	公顷	303.5
粮食作物播种面积	公顷	274.8
其中：小麦	公顷	0.3
玉米	公顷	120
大豆	公顷	2

13-5 续表 1

指　标	计量单位	2022 年
蔬菜播种面积	公顷	18.6
（三）农产品产量		
粮食总产量	吨	707
其中：小麦	吨	1
玉米	吨	326
大豆	吨	4
园林水果产量	吨	94.9
肉类总产量	吨	51
其中：猪肉	吨	12.5
牛肉	吨	8
羊肉	吨	18.9
禽肉	吨	11.5
禽蛋产量	吨	116.1
奶类产量	吨	166.1
蔬菜产量	吨	598.9
五、工业		
规模以上工业企业	个	36
规模以上工业总产值	万元	
其中：农产品加工业产值	万元	
六、交通、通讯		
公路里程	公里	424
七、贸易、外经		
社会消费品零售总额	万元	2051645.7
其中：限额以上消费品零售额	万元	1108432.3
亿元及以上商品交易市场	个	3
出口总额	万美元	8872
当年实际使用外资额	万美元	
八、固定资产投资		
固定资产投资	万元	1410548

13-5　续表 2

指　标	计量单位	2022 年
房地产开发投资	万元	1205689
九、教育、科技、文化、卫生		
普通中学	所	26
小学校	所	65
普通中学专任教师	人	3001
小学专任教师	人	4413
普通中学在校学生	人	32346
小学在校学生	人	62169
公共图书馆图书藏量	千册	38
医疗卫生机构床位	张	6821
卫生技术人员	人	10762
其中：执业（助理）医师	人	4153
十、居民生活		
居民人均可支配收入	元	42013
城镇居民人均可支配收入	元	43475
农村居民人均可支配收入	元	25960
十一、社会保障		
提供住宿的民政服务机构	个	4
提供住宿的民政服务机构床位数	张	1108
城镇职工基本养老保险参保人数	人	120541
城乡居民基本养老保险参保人数	人	65692
基本医疗保险参保人数	人	355583
其中：城乡居民基本医疗保险参保人数	人	289374
失业保险参保人数	人	66622
城市居民最低生活保障人数	人	3108
农村居民最低生活保障人数	人	188
十二、附记指标		
森林面积	公顷	10722
农村义务教育专任教师本科及以上学历比例	%	78

13-6 晋源区国民经济主要指标

指 标	计量单位	2022 年
一、基本情况		
行政区域面积	平方公里	290
镇	个	3
街道办事处	个	3
二、人口与就业		
户籍户数	户	73332
户籍人口	人	231181
三、综合经济		
（一）地区生产总值	万元	1024609
第一产业增加值	万元	36929
第二产业增加值	万元	368760
第三产业增加值	万元	618920
其中：农、林、牧、渔专业及辅助性活动增加值	万元	2381
（二）财政、金融		
地方一般公共预算收入	万元	52265
地方一般公共预算支出	万元	187980
其中：教育支出	万元	33545
科学技术支出	万元	222
文化旅游体育与传媒支出	万元	3202
社会保障和就业支出	万元	38331
卫生健康支出	万元	16889
农林水支出	万元	16223
四、农业		
（一）生产条件		
耕地面积	公顷	2855
（二）农作物播种面积	公顷	2109
粮食作物播种面积	公顷	1044.7
其中：稻谷	公顷	266
玉米	公顷	672.7
大豆	公顷	33.4
油料播种面积	公顷	3.2

13-6　续表 1

指　标	计量单位	2022 年
蔬菜播种面积	公顷	951.8
（三）农产品产量		
粮食总产量	吨	4966
其中：稻谷	吨	1647
玉米	吨	2982
大豆	吨	67
油料产量	吨	4.2
园林水果产量	吨	2901
肉类总产量	吨	716.9
其中：猪肉	吨	343
牛肉	吨	14.9
羊肉	吨	99.6
禽肉	吨	259.3
禽蛋产量	吨	2790.1
奶类产量	吨	6550.4
蔬菜产量	吨	54100
水产品产量	吨	402
（四）农产品质量		
“两品一标”农产品	个	3
“两品一标”农产品基地面积	公顷	2026.7
五、工业		
规模以上工业企业	个	26
规模以上工业总产值	万元	
其中：农产品加工业产值	万元	
六、交通、通讯		
公路里程	公里	547
七、贸易、外经		
社会消费品零售总额	万元	489334.5
其中：限额以上消费品零售额	万元	324626
出口总额	万美元	1187
八、固定资产投资		
固定资产投资	万元	954075
房地产开发投资	万元	753387

13-6 续表 2

指　标	计量单位	2022 年
九、教育、科技、文化、卫生		
普通中学	所	14
小学校	所	43
普通中学专任教师	人	1399
小学专任教师	人	1927
普通中学在校学生	人	13669
小学在校学生	人	22845
公共图书馆图书藏量	千册	62
医疗卫生机构床位	张	837
卫生技术人员	人	1923
其中：执业（助理）医师	人	844
十、居民生活		
居民人均可支配收入	元	41534
城镇居民人均可支配收入	元	43832
农村居民人均可支配收入	元	25960
十一、社会保障		
提供住宿的民政服务机构	个	1
提供住宿的民政服务机构床位数	张	108
城镇职工基本养老保险参保人数	人	46898
城乡居民基本养老保险参保人数	人	96080
基本医疗保险参保人数	人	179417
其中：城乡居民基本医疗保险参保人数	人	152016
失业保险参保人数	人	27874
城市居民最低生活保障人数	人	450
农村居民最低生活保障人数	人	6280
十二、附记指标		
森林面积	公顷	7664
农村义务教育专任教师本科及以上学历比例	%	83

13-7　清徐县国民经济主要指标

指　标	计量单位	2022 年
一、基本情况		
行政区域面积	平方公里	608
乡	个	5
镇	个	4
二、人口与就业		
户籍户数	户	125569
户籍人口	人	343737
三、综合经济		
（一）地区生产总值	万元	3561857
第一产业增加值	万元	154110
第二产业增加值	万元	2543105
第三产业增加值	万元	864642
其中：农、林、牧、渔专业及辅助性活动增加值	万元	8957
（二）财政、金融		
地方一般公共预算收入	万元	204837
地方一般公共预算支出	万元	408642
其中：教育支出	万元	58592
科学技术支出	万元	1687
文化旅游体育与传媒支出	万元	2560
社会保障和就业支出	万元	55071
卫生健康支出	万元	28052
农林水支出	万元	76856
四、农业		
（一）生产条件		
耕地面积	公顷	24324
（二）农作物播种面积	公顷	24852.8

13-7 续表 1

指 标	计量单位	2022 年
粮食作物播种面积	公顷	17144
小麦	公顷	17.1
玉米	公顷	13385.5
大豆	公顷	66.7
油料播种面积	公顷	89.5
蔬菜播种面积	公顷	6774.4
（三）农产品产量		
粮食总产量	吨	81235
小麦	吨	99
玉米	吨	66193
大豆	吨	131
油料产量	吨	218.7
园林水果产量	吨	62070
肉类总产量	吨	14717.1
其中：猪肉	吨	9154.6
牛肉	吨	888.8
羊肉	吨	1459.5
禽肉	吨	3211.2
禽蛋产量	吨	5336
奶类产量	吨	7579.3
蔬菜产量	吨	410884
水产品产量	吨	1664
（四）农产品质量		
“两品一标”农产品	个	58
“两品一标”农产品基地面积	公顷	4462.3
五、工业		
规模以上工业企业	个	121
六、交通、通讯		
公路里程	公里	1275
七、贸易、外经		
社会消费品零售总额	万元	532611.1
其中：限额以上消费品零售额	万元	60067
出口总额	万美元	2473

13-7 续表 2

指 标	计量单位	2022 年
八、固定资产投资		
固定资产投资	万元	1529567
房地产开发投资	万元	338882
九、教育、科技、文化、卫生		
普通中学	所	22
小学校	所	46
普通中学专任教师	人	1722
小学专任教师	人	1696
普通中学在校学生	人	17339
小学在校学生	人	21965
公共图书馆图书藏量	千册	127
医疗卫生机构床位	张	820
卫生技术人员	人	1608
其中：执业（助理）医师	人	742
十、居民生活		
居民人均可支配收入	元	29473
城镇居民人均可支配收入	元	42350
农村居民人均可支配收入	元	25664
十一、社会保障		
提供住宿的民政服务机构	个	4
提供住宿的民政服务机构床位数	张	570
城镇职工基本养老保险参保人数	人	52907
城乡居民基本养老保险参保人数	人	175916
基本医疗保险参保人数	人	295558
其中：城乡居民基本医疗保险参保人数	人	257837
失业保险参保人数	人	27723
城市居民最低生活保障人数	人	577
农村居民最低生活保障人数	人	3378
十二、附记指标		
森林面积	公顷	4370
农村义务教育专任教师本科及以上学历比例	%	86

13-8 阳曲县国民经济主要指标

指　标	计量单位	2022 年
一、基本情况		
行政区域面积	平方公里	2084
乡	个	5
镇	个	4
二、人口与就业		
户籍户数	户	63770
户籍人口	人	154745
三、综合经济		
（一）地区生产总值	万元	821011
第一产业增加值	万元	88556
第二产业增加值	万元	544996
第三产业增加值	万元	187459
其中：农、林、牧、渔专业及辅助性活动增加值	万元	5223
（二）财政、金融		
地方一般公共预算收入	万元	67699
地方一般公共预算支出	万元	227274
其中：教育支出	万元	26426
科学技术支出	万元	328
文化旅游体育与传媒支出	万元	3869
社会保障和就业支出	万元	44715
卫生健康支出	万元	17359
农林水支出	万元	38598
四、农业		
（一）生产条件		
耕地面积	公顷	30795
（二）农作物播种面积	公顷	24332.6
粮食作物播种面积	公顷	22241.6
其中：玉米	公顷	14032.8
大豆	公顷	1180.1

13-8　续表 1

指　标	计量单位	2022 年
油料播种面积	公顷	90.7
蔬菜播种面积	公顷	1802.8
（三）农产品产量		
粮食总产量	吨	104306
其中：玉米	吨	79278
大豆	吨	3148
油料产量	吨	231.1
园林水果产量	吨	6809.7
肉类总产量	吨	6765.4
其中：猪肉	吨	4804.6
牛肉	吨	449.2
羊肉	吨	712.4
禽肉	吨	797.5
禽蛋产量	吨	10295.6
奶类产量	吨	3250.5
蔬菜产量	吨	85988.9
水产品产量	吨	46
（四）农产品质量		
“两品一标”农产品	个	10
“两品一标”农产品基地面积	公顷	5139
五、工业		
规模以上工业企业	个	71
六、交通、通讯		
公路里程	公里	1289
七、贸易、外经		
社会消费品零售总额	万元	156949.5
其中：限额以上消费品零售额	万元	58053.3
出口总额	万美元	3989
当年实际使用外资额	万美元	
八、固定资产投资		
固定资产投资	万元	1288352

13-8　续表 2

指　标	计量单位	2022 年
房地产开发投资	万元	34048
九、教育、科技、文化、卫生		
普通中学	所	13
小学校	所	12
普通中学专任教师	人	998
小学专任教师	人	767
普通中学在校学生	人	9242
小学在校学生	人	9430
公共图书馆图书藏量	千册	78
医疗卫生机构床位	张	1099
卫生技术人员	人	971
其中：执业（助理）医师	人	347
十、居民生活		
居民人均可支配收入	元	20120
城镇居民人均可支配收入	元	31585
农村居民人均可支配收入	元	13838
十一、社会保障		
提供住宿的民政服务机构	个	5
提供住宿的民政服务机构床位数	张	628
城镇职工基本养老保险参保人数	人	23279
城乡居民基本养老保险参保人数	人	84703
基本医疗保险参保人数	人	130330
其中：城乡居民基本医疗保险参保人数	人	115210
失业保险参保人数	人	10505
城市居民最低生活保障人数	人	2711
农村居民最低生活保障人数	人	3785
十二、附记指标		
森林面积	公顷	40754
农村义务教育专任教师本科及以上学历比例	%	82

13-9　娄烦县国民经济主要指标

指　标	计量单位	2022年
一、基本情况		
行政区域面积	平方公里	1289
乡	个	4
镇	个	3
二、人口与就业		
户籍户数	户	52369
户籍人口	人	125073
三、综合经济		
（一）地区生产总值	万元	450427
第一产业增加值	万元	47918
第二产业增加值	万元	254885
第三产业增加值	万元	147624
其中：农、林、牧、渔专业及辅助性活动增加值	万元	2336
（二）财政、金融		
地方一般公共预算收入	万元	88030
地方一般公共预算支出	万元	240895
其中：教育支出	万元	31139
科学技术支出	万元	74
文化旅游体育与传媒支出	万元	3036
社会保障和就业支出	万元	32147
卫生健康支出	万元	13564
农林水支出	万元	50431
四、农业		
（一）生产条件		
耕地面积	公顷	17237
（二）农作物播种面积	公顷	11219.8
粮食作物播种面积	公顷	9750.9
其中：玉米	公顷	1317.4

13-9 续表 1

指 标	计量单位	2022 年
大豆	公顷	800.1
油料播种面积	公顷	156.4
蔬菜播种面积	公顷	367.6
（三）农产品产量		
粮食总产量	吨	24747
其中：玉米	吨	2729
大豆	吨	1217
油料产量	吨	228.9
园林水果产量	吨	1766.9
肉类总产量	吨	2669.6
其中：猪肉	吨	2027.5
牛肉	吨	241.5
羊肉	吨	245.1
禽肉	吨	146.4
禽蛋产量	吨	1740.8
蔬菜产量	吨	14869.3
水产品产量	吨	640
（四）农产品质量		
“两品一标”农产品	个	2
“两品一标”农产品基地面积	公顷	6746.7
五、工业		
规模以上工业企业	个	20
六、交通、通讯		
公路里程	公里	794
七、贸易、外经		
社会消费品零售总额	万元	53202.7
其中：限额以上消费品零售额	万元	14187.4
出口总额	万美元	7
八、固定资产投资		
固定资产投资	万元	305040

13-9　续表 2

指　标	计量单位	2022 年
九、教育、科技、文化、卫生		
普通中学	所	4
小学校	所	3
普通中学专任教师	人	393
小学专任教师	人	571
普通中学在校学生	人	4499
小学在校学生	人	5579
公共图书馆图书藏量	千册	65
医疗卫生机构床位	张	424
卫生技术人员	人	469
其中：执业（助理）医师	人	244
十、居民生活		
居民人均可支配收入	元	18645
城镇居民人均可支配收入	元	27384
农村居民人均可支配收入	元	11680
十一、社会保障		
提供住宿的民政服务机构	个	3
提供住宿的民政服务机构床位数	张	1047
城镇职工基本养老保险参保人数	人	16489
城乡居民基本养老保险参保人数	人	65663
基本医疗保险参保人数	人	108583
其中：城乡居民基本医疗保险参保人数	人	97694
失业保险参保人数	人	7538
城市居民最低生活保障人数	人	1323
农村居民最低生活保障人数	人	8807
十二、附记指标		
森林面积	公顷	25028
农村义务教育专任教师本科及以上学历比例	%	78

13-10 古交市国民经济主要指标

指 标	计量单位	2022 年
一、基本情况		
行政区域面积	平方公里	1512
乡	个	6
镇	个	3
街道办事处	个	4
二、人口与就业		
户籍户数	户	76680
户籍人口	人	210156
三、综合经济		
（一）地区生产总值	万元	1008108
第一产业增加值	万元	43407
第二产业增加值	万元	706340
第三产业增加值	万元	258361
其中：农、林、牧、渔专业及辅助性活动增加值	万元	1792
（二）财政、金融		
地方一般公共预算收入	万元	283449
地方一般公共预算支出	万元	366616
其中：教育支出	万元	58745
科学技术支出	万元	145
文化旅游体育与传媒支出	万元	2012
社会保障和就业支出	万元	55245
卫生健康支出	万元	25422
农林水支出	万元	27587
四、农业		
（一）生产条件		
耕地面积	公顷	15964
（二）农作物播种面积	公顷	8004.6
粮食作物播种面积	公顷	7116.1
其中：玉米	公顷	1306.5
大豆	公顷	1666.9

13-10　续表 1

指 标	计量单位	2022 年
油料播种面积	公顷	179.1
蔬菜播种面积	公顷	586.7
（三）农产品产量		
粮食总产量	吨	15897
其中：玉米	吨	2775
大豆	吨	2406
油料产量	吨	340.8
园林水果产量	吨	1841
肉类总产量	吨	3653.1
其中：猪肉	吨	2321.1
牛肉	吨	502.2
羊肉	吨	589.7
禽肉	吨	224.2
禽蛋产量	吨	1031.7
奶类产量	吨	431.6
蔬菜产量	吨	34892.5
水产品产量	吨	199
（四）农产品质量		
“两品一标”农产品	个	10
“两品一标”农产品基地面积	公顷	558.7
五、工业		
规模以上工业企业	个	56
规模以上工业总产值	万元	
六、交通、通讯		
公路里程	公里	1004
七、贸易、外经		
社会消费品零售总额	万元	403455.3
其中：限额以上消费品零售额	万元	29439.9
出口总额	万美元	1

13-10 续表 2

指　标	计量单位	2022 年
八、固定资产投资		
固定资产投资	万元	219089
房地产开发投资	万元	4105
九、教育、科技、文化、卫生		
普通中学	所	19
小学校	所	26
普通中学专任教师	人	1129
小学专任教师	人	1128
普通中学在校学生	人	11387
小学在校学生	人	13389
公共图书馆图书藏量	千册	68
医疗卫生机构床位	张	1351
卫生技术人员	人	1790
其中：执业（助理）医师	人	712
十、居民生活		
居民人均可支配收入	元	35235
城镇居民人均可支配收入	元	40027
农村居民人均可支配收入	元	21321
十一、社会保障		
提供住宿的民政服务机构	个	1
提供住宿的民政服务机构床位数	张	378
城镇职工基本养老保险参保人数	人	40220
城乡居民基本养老保险参保人数	人	58593
基本医疗保险参保人数	人	151216
其中：城乡居民基本医疗保险参保人数	人	122255
失业保险参保人数	人	32256
城市居民最低生活保障人数	人	1841
农村居民最低生活保障人数	人	2690
十二、附记指标		
森林面积	公顷	40694
农村义务教育专任教师本科及以上学历比例	%	79